EL TIEMPO
SE ESTÁ
ACABANDO

El Tiempo se está acabando
Español
Time is running out
Spanish

Primera Edición, Primera Impresión
2,500 ejemplares

Publicado anteriormente por Regal Books,
Una División de 'Gospel Light', Ventura, California, U.S.A como
ISBN 0-8307-2466-4

Todas las citas bíblicas han sido tomadas de la Biblia versión Reina-Valera 1960.

Cubierta diseñada por Isabelle Brasche
Páginas Interiores a colores diseñado por Lisa Parkes
Fotografías en la cubierta y páginas interiores por
Rob Birkbeck, Peter van den Berg y Roland Senkel
Tipógrafo: Roland Senkel

Publicado por:

E-R Productions LLC
P.O. Box 593647
Orlando, FL 32859-3647
USA

www.e-r-productions.com

Impreso en Singapore

Índice

Prólogo

En noviembre de 1996, la Facultad de Divinidad de la Universidad "Regent" tuvo el privilegio de recibir en su Recinto Universitario al evangelista alemán Reinhard Bonnke, quien dio una serie de conferencias sobre evangelización mundial. Se le pidió que preparase sus enseñanzas desde su perspectiva como el prominente evangelista de campañas de la década pasada.

La universidad estaba expectante mientras él se dirigía a exponer esta histórica serie. Uno de los grupos más grandes jamás reunidos en la historia de la universidad se congregó en el auditorio 'Moot Court' del Edificio Robertson para oír exponer a Bonnke por horas de enseñanzas inspiradoras. Por las noches, después de haber estado enseñando la mayor parte del día, Bonnke predicaba a multitudes en la abarrotada Iglesia Parkway Temple.

Bonnke ahora ha adaptado estas históricas disertaciones para ser publicadas. Este libro reúne y destila la visión bíblica de Reinhard Bonnke de alcanzar a las multitudes para Jesucristo en esta generación. Bonnke está a la vanguardia del evangelismo.

Sus campañas en el África han atraído hasta 1,6 millones de personas en una sola reunión. Su prédica del Evangelio con demostración de señales y milagros ha sorprendido al mundo y ha traído a millones al reino de Jesucristo. A su rastro, las iglesias han explotado con un nuevo crecimiento y los poderes de las tinieblas han sido puestos al descubierto y derrotados.

Es mi esperanza que esta obra, adaptada de las enseñanzas de Reinhard Bonnke en la Universidad Regent, tome su lugar como uno de los mejores recursos para las generaciones futuras, de la misma manera que las enseñanzas en "Avivamientos de la Religión", de Carlos Finney, sirvieron para inspirar a generaciones previas a confiar en Dios por un mover poderoso del Espíritu Santo.

Vinson Synan
Decano de la Facultad de Divinidad
Universidad Regent
Virginia Beach, Virginia

Introducción

El Tiempo es esencial

Si 10.000 personas viven cerca de su iglesia, entonces de acuerdo a las estadísticas cuatro de ellas mueren cada semana. Entonces, ¿está bien si sólo uno de los 10.000 es salvo cada mes, o incluso cada semana? ¡Encuentro imposible exagerar la urgencia de compartir el evangelio! El mejor trabajo en la Tierra es predicar las buenas nuevas, y la más grande necesidad en el mundo es la necesidad del evangelio.

El mundo está en una condición crítica, desesperado por el poder transformador de Cristo; mientras tanto el diablo planea esconder de nosotros este hecho obvio. Su política de matanza y genocidio fracasó en impedir el nacimiento de nuestro Salvador (vea Mateo 2:16-18) y después, Su resurrección. La única otra alternativa de Satanás era impedir la prédica del evangelio.

Al principio, el diablo usó principalmente la persecución y los falsos evangelios con ese propósito, pero a través de los siglos ha construido un arsenal considerable. Un arma sutil favorita que despliega es cambiar nuestras prioridades. A Satanás no le importa lo mucho que trabajemos por nuestras iglesias, en tanto que nuestro trabajo nos impida causar estragos a su reino malvado a través de la difusión del evangelio.

¡Cuidado! Podemos estudiar la doctrina, establecer compañerismo, predicar prosperidad o cultivar nuestras propias almas de formas que no nos acerquen más al cumplimiento de la comisión de Cristo de predicar el evangelio a todas las naciones. No seamos engañados. Estamos revolcándonos en engaño cuando permitimos que "buenas" actividades excluyan el trabajo más urgente de todos.

JADEANDO POR EL EVANGELIO

Toda vida no redimida clama por el evangelio, como el pez a la orilla del río jadea por agua. Muchos en el mundo han perdido toda esperanza. Ellos han visto los límites de la ciencia, la tecnología, la medicina, la política y la educación, y se van a los narcóticos para olvidar: drogas, bebidas y misticismo religioso.

> Toda vida no redimida clama por el evangelio, como el pez a la orilla del río jadea por agua.

Como la Hidra mítica, a la maldad le crecen dos cabezas por cada una que le cortamos. Este monstruo necesita el puñal de la cruz de Cristo clavado en su corazón.

Sólo el evangelio puede curar la calamidad del mundo. No predicar el evangelio es equivalente a ¡esconder la medicina del paciente! Isaías comentó, *"¿Por qué querréis ser castigados aún? ¿Todavía os rebelaréis? Toda cabeza está enferma, y todo corazón doliente"* (Isaías 1:5). Algunas veces nuestros cuerpos se curan a sí mismos, pero muy frecuentemente se necesita la medicina. Pero cuando se trata de la salvación, no hay otro remedio para el hombre más que el poder sobrenatural del evangelio. Su objetivo y el mío es poner este maravilloso remedio en la mesa. Uno nunca puede forzar una cura a alguien, ni siquiera recurriendo a amenazas, si el paciente decide no tomarla. La gente que rechaza el evangelio simplemente morirá, a menos que Dios en su misericordia intervenga.

POR QUÉ LA HUMANIDAD SUFRE

Cuando reporteros de los medios de comunicación me entrevistan, una de las preguntas que me hacen más frecuentemente es: ¿por qué Dios permite tanto sufrimiento en el mundo? Muchas veces yo mismo me he preguntado lo mismo, tal vez no por las mismas razones que plantean los desconfiados reporteros, sino porque yo genuinamente sufro cuando veo a otros sufrir. Entonces, ¿por qué Dios permite el sufrimiento? Usted también le podría preguntar al Secretario de Transportes de EE.UU. por qué él permite accidentes en las autopistas. Sin duda, el objetaría la acusación implícita en su pregunta, mostrando las reglas muy definidas para las autopistas. "Cada vez que la ley es violada", él respondería, "los ofensores se ponen en peligro a sí mismos y a otros. Como resultado ocurren los accidentes y el sufrimiento".

La gente sufre principalmente por una razón: ellos han escogido ignorar el libro de reglamentos de Dios, la Biblia, y como resultado todo ha ido terriblemente mal. Nuestro bondadoso creador conoce exactamente cómo hemos sido hechos y lo que nos hará daño. Consecuentemente, con un corazón cariñoso y protector Él dice, "No debería …". Sus mandamientos no son edictos dictatoriales diseñados para aguar nuestra diversión; más bien son el manual de instrucciones del fabricante. Dios sabe que nuestra psiquis no puede controlar el pecado, y que estamos abrumados y atormentados por nuestras propias transgresiones. Pocos argumentarán contra la sabiduría que hay en leer el manual de instrucciones antes de usar un electrodoméstico nuevo. La gente tiene cuidado de no malograr un reproductor de CDs o una lavadora nueva, pero extrañamente, parece que a muchos no les importa destruir sus propios espíritus y almas con el veneno del pecado.

¿Empieza a ver más claramente la desesperada necesidad del evangelio y por qué es tan insistente, tan urgente, el clamor del corazón de Dios que compartamos la verdad?

EL PLANETA PRÓDIGO

La maravilla suprema del evangelio es su comprensión actual de la vida; una vida de calidad tan insondable y permanente que no puede desvanecerse en toda la eternidad. Otras religiones pueden decir que tienen las respuestas a la miseria presente del individuo, pero ¿en qué le beneficia al hombre alcanzar armonía con la naturaleza si aún pierde su alma?

Jesús ofrece vida eterna... ahora. Jesús dijo, *"Yo soy la resurrección y la vida; el que cree en mí, aunque esté muerto, vivirá. Y todo aquél que vive y cree en mí, no morirá eternamente. ¿Crees esto?"* (Juan 11:25-26). ¿Urgente? El mundo necesita su precioso regalo de vida eterna hoy.

Cuando Dios hizo el mundo, lo llenó de una inagotable provisión de los placeres más puros. Toda maravilla, gusto y deleite vienen del bondadoso corazón de Dios para con sus hijos. Y cuando caminamos en los caminos de Dios, todo el mundo es nuestro. Pero cuando le resistimos, ponemos trabas a sus gloriosos planes para nuestras vidas y le damos la espalda a sus buenas dádivas.

La raza humana ha logrado destreza en el arte y la ciencia de la aniquilación. Matanza masiva de niños en nuestros colegios y clínicas de aborto aprobadas por el Estado; escenas de matanza, tanto reales como imaginarias, en las pantallas de nuestros televisores; la desenfrenada devastación del medio ambiente; la continua prueba de armas de destrucción masiva; todo lo que nos rodea es una clara evidencia de los estragos del pecado. Hacemos la guerra, odiamos, atropellamos la hermosa Tierra, y estropeamos todo lo que Él nos ha dado.

Esto es lo que ocurre por apartarse de Dios. La mayoría de los males humanos son hechos por el hombre. Pero aún hay poder en el evangelio para revertir ese proceso fatal. La verdad nos hará libres, llamándonos a volver a hacer Su voluntad, que siempre es por el bien de todos nosotros. Dios ama su planeta pródigo, y si volvemos, disfrutaremos de un alegre recibimiento del Padre.

¡LO HE VISTO OCURRIR!

Dios está arrasando poderosamente algunas partes del mundo con el evangelio, abriendo camino a la salvación. He visto pecados perdonados, armonía racial lograda, crimen erradicado, matrimonios restaurados, familias unidas de nuevo, personas malvadas transformadas en santas, adictos liberados, enfermos incurables sanados, y muchas otras sanidades milagrosas.

Muchas veces después de nuestras campañas evangelísticas en África, la policía local ha reportado una repentina y dramática disminución del crimen. ¡Las vidas de las personas están siendo cambiadas! Nunca me olvidaré de cómo en el país de Burkina Faso, muchos objetos grandes (refrigeradores robados y otros muebles de casa) fueron traídos al campo de prédica por la gente arrepentida que quería limpiar sus casas de productos robados. ¡La policía necesitó varios camiones para retirar todas las cosas! Esta escena gloriosa se ha repetido en muchos otros países. El evangelio da a todos los que lo reciben la dignidad de hijos e hijas de Dios. Hombres que una vez fueron crueles son regenerados y andan como príncipes. ¡Aleluya! ¡Qué gran razón para predicar el evangelio! ¿Puede haber algo más emocionante, aventurero y digno que valga la pena? ¿Qué más es digno del esfuerzo de tu vida?

> El evangelio da a todos los que lo reciben, la dignidad de hijos e hijas de Dios

Nada menos que la salvación de este mundo está en juego. Ciertamente, Jesús no pensó que era una pérdida de Su tiempo sanar a los enfermos y alimentar a las multitudes debilitadas. Él abrió la puerta a la persecución por sanar a un hombre con la mano seca, y desde ese momento había un precio sobre su cabeza (vea Mateo 12:10-13). Pero aquella persona le interesaba a Jesús, y su brazo tenía que ser restaurado, no importaba el costo que el Hijo del Hombre habría de pagar.

REFLEJOS DE LA REALIDAD

¿Por qué la música es tan valiosa para tantos? Cuando somos conmovidos por una música inspirada, frecuentemente tenemos una visión momentánea de lo eterno. Sin embargo, la música sólo sugiere infinidad, la melodía hace eco de una grandeza distante a la que no se puede igualar. Aquella infinidad es Dios mismo, y lo que la música simplemente sugiere nos es dado cuando recibimos la salvación a través de Jesucristo y empezamos a adorarle.

Dios es nuestro ambiente natural. *"Porque en él vivimos, y nos movemos, y somos"* (Hechos 17:28). Hasta que oigamos y obedezcamos el evangelio, hasta que le encontremos, permaneceremos enjaulados. Hombres y mujeres en todas partes se golpean la cabeza contra las barras de la prisión que han sido forjadas por su propio materialismo e incredulidad. Su propio dinero los tiene cautivos. Lo profundo llama a lo profundo y lo alto a lo alto dentro de nuestras almas. Nuestro arte, nuestra poesía, nuestras obras de belleza no son sino expresiones de criaturas aprisionadas que vagamente recuerdan la gloria del aire libre y las montañas. Aunque son buenas en sí mismas, estas expresiones permanecen como un simple reflejo de la realidad. Jesús es la realidad detrás de todo lo que vemos o hacemos. ¡Su evangelio nos libera de ataduras, permitiéndonos venir a nuestro verdadero elemento, nuestra herencia prevista!

Hasta que encuentren y acepten la verdad, los habitantes de este mundo estarán deambulando por los desechos del desierto, explorando los horizontes donde el amanecer nunca llega, buscando el evasivo elixir de la felicidad. Los incrédulos extraen cualquier bebida que pueden de la tierra seca del resentimiento, la duda y el odio. Pero *"el Espíritu y la Esposa dicen: Ven.*

> El trabajo de los discípulos fué testificar, no de preocuparse por los tiempos o estaciones.

Y el que oye, diga: Ven. Y el que tiene sed, venga; y el que quiera, tome del agua de la vida gratuitamente" (Apocalipsis 22:17).

Una forma de vida que continuamente lleva adelante hacia el día perfecto es predicada en el evangelio. ¿Necesitamos una razón más para predicar el evangelio?

LA SEGUNDA VENIDA

Ellos le preguntaron:

> *Entonces los que se habían reunido le preguntaron, diciendo: Señor, ¿restaurarás el reino a Israel en este tiempo? Y les dijo: No os toca a vosotros saber los tiempos o las sazones que el Padre puso en su sola potestad; pero recibiréis poder, cuando haya venido sobre vosotros el Espíritu Santo, y me seréis testigos en Jerusalén, en toda Judea, en Samaria, y hasta lo último de la tierra. Y habiendo dicho estas cosas, viéndolo ellos, fue alzado, y le recibió una nube que le ocultó de sus ojos. Y estando ellos con los ojos puestos en el cielo, entretanto que él se iba, he aquí se pusieron junto a ellos dos varones con vestiduras blancas, los cuales también les dijeron: Varones galileos, ¿por qué estáis mirando al cielo? Este mismo Jesús, ⌐ ha sido tomado de vosotros al cielo, así vendrá c⁄ habéis visto ir al cielo* (Hechos 1:6-11).

Jesús habló frecuentemente con sus discípulos acerca del Reino, así que, naturalmente, ellos preguntaron sobre esto. Ellos querían saber cuándo sería, y si Israel volvería al lugar que le correspondía. Jesús les dijo que esos asuntos no les concernían a ellos, pero les dijo: *"... y me seréis testigos en Jerusalén, en toda Judea, en Samaria, y hasta lo último de la tierra."* (Hechos 1:8).

Ellos estaban preguntando a Jesús cuándo haría algo; Él les cambió la pregunta y les dijo que ellos debían hacer algo.

El trabajo de los discípulos fue testificar, no preocuparse de los tiempos y las sazones. Ellos conocían las profecías que habían leído en Daniel y en otros libros, y los ángeles les recordaron que vendría el día cuando Cristo volvería. Por tanto los discípulos salieron y predicaron el evangelio, y el regreso de Jesús fue una parte esencial de su mensaje al mundo.

Hay una diferencia entre predicar el regreso de Jesús y tratar de establecer los tiempos y fechas de cuándo esto ocurrirá. A través de dos milenios, e incluso hoy en día, han habido cientos de predicciones. Estudiando las profecías, la gente se ha preocupado por los tiempos y las fechas, tomando este o aquel versículo y desarrollando especulaciones alrededor de esos versículos. Han hecho casi una ciencia menor de la interpretación de las profecías y lo han llamado escatología. Se han elaborado claros modelos del futuro. Diversos libros han establecido el programa divino para el futuro con cada cosa escrita en diagramas y gráficos que captan la atención de la vista. En 1930 fue escrito un libro sobre la venida de Cristo titulado 'El Próximo Evento Más Grande del Mundo'. Efectivamente, el siguiente evento más grande del mundo fue la Segunda Guerra Mundial. Este tipo de cálculos y análisis sólo ha servido para enfriar el testimonio de la Iglesia sobre el retorno de Jesús.

El evangelismo debería ser el pensamiento, el impulso detrás de cada agenda, si queremos una iglesia que esté viva. Cuando los líderes de la iglesia menosprecian el evangelismo, ¿cómo puede prevenir en la iglesia el estancamiento y la esterilidad? Si el pueblo de Dios no ve el ganar gente para Cristo como su propósito general, llegan a ser sólo oidores, disfrutadores de sermones, críticos de coros o jueces de líderes. La iglesia no es un restaurante para gastrónomos espirituales que están cultivando un paladar discriminatorio por la comida del púlpito; es una cantina para trabajadores. Con trabajo por hacer, los miembros de la iglesia no tienen tiempo para criticar. Un caballo que está dedicado a hacer su trabajo de tirar de una carga nunca da coces.

EL OBJETIVO DE LA IGLESIA

El objetivo primario en cada culto de la iglesia (reuniones de oración, estudios bíblicos, reuniones de jóvenes, prácticas del coro y cultos de Santa Cena) debe ser evangelístico. ¿Por qué todos los cultos no han de ser abiertos para los de fuera? Especialmente en la Santa Cena, cuando se come y bebe los emblemas del pan y el vino, deberíamos asegurarnos de que la iglesia esté llena de gente sin Dios. Aquella copa de vino tinto es el predicador más grande del mundo. Es el evangelio en una copa, una oportunidad para invitar a los pecadores a aceptar el sacrificio de la cruz. Algunas iglesias excluyen a la gente de fuera de la Santa Cena. ¡Qué oportunidad perdida! La preciosa sangre de Jesús nos limpia de todo pecado. ¿Tan sólo el limpio ha de venir a la fuente?

Si una iglesia ha intentado y fracasado en sus esfuerzos en el evangelismo, es tiempo para una re-evaluación seria de los mismos. El evangelismo exige el proceso de pensamiento más intenso. El trabajo del comité de finanzas es salvar almas, no ahorrar dinero. Cualquier fondo adicional debe ir al verdadero negocio de la iglesia: salvar al mundo.

PREDESTINACION Y EVANGELISMO

Predestinación, la doctrina controvertible de que Dios ha pre-seleccionado a todo creyente a pesar de nuestros esfuerzos evangelísticos, es un tópico académico de discusión de alto nivel teológico. Sin embargo, mi enfoque es el de no quedarnos atrapados en la teoría, sino hacer el trabajo de evangelista. ¿Mi respuesta para este debate tan largo? Cortar todas las polémicas y salir a la acción.

Sea que la gente esté entre los elegidos o no, quiero asegurarme de que cada hombre, mujer y niño haya escuchado el evangelio. No voy a poner en riesgo el destino eterno de ninguna alma en base a deducciones doctrinales o teorías. No hay nada en el Nuevo Testamento que diga que no debemos predicar el evangelio, ni nada que diga que no debemos hacer lo mejor que podamos para persuadir a la gente de entrar al Reino. Eso es lo que hago.

Sólo sabremos la verdad cuando vayamos al cielo. Si todos los que encuentro allí estaban predestinados, está bien. Pero ciertamente no quiero que nadie en el cielo me diga, "¿Estabas seguro de que yo era un elegido? ¿Por qué no me predicaste el evangelio a mí? Apostaste a que tus ideas eran correctas y jugaste a los dados con mi alma. Yo podría haber ido al infierno en vez de haber venido aquí".

> La iglesia no es un restaurante para gastrónomos espirituales. Es una cantina para trabajadores.

EL EVANGELISTA REACIO

Si usted lee toda la Biblia empezando desde el Génesis, no encontrará que se diga nada sobre el evangelismo hasta que llegue al pequeño libro de Jonás, un libro que sobresale del resto de los libros de la Biblia. Es casi el *vade mecum* del evangelista, un manual personal para uso diario.

Aunque a la mayoría de la gente le es familiar el relato de Jonás, muchos (incluidos algunos cristianos) no creen que aquello ocurrió. Piensan que hay algo dudoso sobre esto. Sin embargo, Jesús y sus contemporáneos lo consideraban historia, no una fábula o siquiera una parábola. Y quien quiera que haya escrito el relato de Jonás supo cómo escribirlo. Este pequeño libro merece nuestra atención especial.

El profeta Jonás vivió cerca de 800 años antes de Cristo. Él escuchó el llamado de Dios para ir a Nínive, la última capital del Imperio Asirio. Estaba junto al río Tigris, a 600 millas en línea recta al este de donde vivía Jonás. Sin embargo, en vez de ir a Nínive, Jonás compró un billete de barco con dirección a Tarsis – es decir, hacia el oeste – en dirección opuesta. Él estaba desesperado por huir de su obligación; Nínive era el último lugar al que él quería ir.

Vea la forma como se describe la huida de Jonás. Jonás 1:3 dice que él bajó a Jope. Luego bajó al barco, y luego bajó al interior de la nave (versículo 5). Después, cuando vino la tormenta, los marineros tomaron a Jonás y lo echaron (bajaron) al mar, un gran pez se lo tragó, y bajó hasta la barriga del gran pez. Debe de haberse sentido muy 'bajo' – abajo en la boca. Luego oró y dijo al Señor, *"Me echaste a lo profundo... Descendí a los cimientos de los montes"* (Jonás 2:3,6). Cuando el pez vomitó a Jonás, y Dios habló, el texto dice: *"Y se levantó Jonás"* (Jonás 3:3). Cuando Dios nos envía a predicar nos eleva ¡nos levantamos!

Tengamos un poco de simpatía por Jonás, porque Nínive tenía una temible reputación. Uno o dos de sus reyes fueron totalmente crueles, de los peores que hayan vivido en la tierra. Se placían en atrocidades y crueldades tan monstruosas que incluso hoy en día nos espantan. Si yo tuviera que describirlas, probablemente ustedes no dormirían esta noche, y si durmiesen,

sería más que suficiente para darles pesadillas. Ciertamente
Jonás no disfrutaba de pensar en una confrontación con hombres como aquéllos. ¿Cómo esperaría un extranjero predicar
contra ellos y salir vivo? Por supuesto, finalmente fue, y Níni-ve
se arrepintió de sus perversidades. La prédica de Jonás pare-cía
haber sido efectiva.

Pero Jonás estaba perturbado por el resultado final. El quería ver
el juicio de Dios caer sobre Nínive, y ¿quién le culparía? Él había
advertido a la ciudad que Dios la iba a destruir. Su maldad había
llegado a oídos de Dios, y lo que merecían era el juicio. Pero la
ciudad se arrepintió y Dios detuvo su juicio, por lo menos por
algún tiempo. Menos de 200 años después, Nínive fue completamente destruida.

EL PROFUNDO DISCERNIMIENTO DE JONAS

Ahora, éste es el verdadero asunto de la historia de Jonás, y habla
a todo evangelista que haya salido alguna vez a hacer la obra de
Dios. Jonás había predicado juicio, y el juicio no llegó. Eso era lo
que precisamente había temido que sucedería. De hecho, Jonás
nunca quiso predicar contra la ciudad, porque si su prédica tenía
éxito, ¡Dios cambiaría su plan acerca del juicio! Después, recri-
minó a Dios diciendo: ... *"Ahora, oh Jehová, ¿no es esto lo que
yo decía estando aún en mi tierra? Por eso me apresuré a huir a
Tarsis; porque sabía yo que tú eres Dios clemente y piadoso, tardo
en enojarte, y de gran misericordia, y que te arrepientes del mal"*
(Jonás 4:2).

Jonás tenía un profundo discernimiento del carácter de Dios. En
todos los 39 libros del Antiguo Testamento, esta declaración del
profeta sobresale como algo excepcional. Jonás sabía que Dios
tiene un corazón de bondad sin igual. Más que eso, él sabía que
las misericordias de Dios se extienden más allá de los bordes

de Israel, al territorio enemigo, abarcando incluso a los gentiles. Pocos en Israel habrían creído que esto podía ser cierto. En
aquella época de oscuridad espiritual, sólo el Espíritu Santo le
podría haber mostrado esto al profeta. De alguna forma él supo
que Dios podía ser tan amable con los gentiles como con Israel,
incluso con los peores pecadores de la Tierra. Es por eso que
él fue – y es por eso que no quería ir. Parte de él quería que
esta nación malvada recibiera lo que realmente merecía, pero al
mismo tiempo sabía que Dios no era así. Jonás quería venganza,
pero Dios era, y todavía es, un Dios de perdón.

Jonás conocía la compasión de Dios; pero él mismo no tenía
compasión. Cualquier persona que se levanta a hablar de Cristo
sabe muy bien lo que Jonás sabía. Entre los salvos es de conocimiento general que Dios es amor, bondadoso, misericordioso
y compasivo. Pero personalmente ¿nos sentimos de esa manera
con respecto a los perdidos? Jonás no lo hizo. Él predicaba sólo
por el sentido de responsabilidad u obediencia. No puede haber
nada peor para un evangelista, o para cualquiera que predica
la Palabra de Dios. El evangelismo no consiste sólo en expresar
palabras sobre el amor lastimero de Dios, o en detallar la teología. El corazón del evangelista debe latir al mismo compás que el
latir del corazón de Dios, expresando los anhelos y la compasión
de su corazón.

La necesidad en el evangelismo tiene dos partes: la verdad, y la
gente que lo refleja. Algunas personas dicen que "predicar lo que
es correcto" es suficiente. No lo es. El Espíritu Santo tiene una
parte en esto, poniendo en nuestros corazones el ingrediente
que falta: *"porque el amor de Dios ha sido derramado en nuestros
corazones por el Espíritu Santo que nos fue dado"* (Romanos 5:5).
El amor de Dios en Cristo es más que una parte de la teología sistemática, y se supone que ha de cobrar vida en aquéllos
que lo declaran. Podemos predicar en lenguas de fuego cuando

tenemos su fuego en nuestro interior. ¿Cómo haces que el fuego queme? Conoce la Palabra de Dios por ti mismo. Es la Palabra de Dios para ti.

Jonás fue un predicador y profeta poco común en el sentido de que no quería tener éxito. Esperaba que nadie en Nínive se diera cuenta del mensaje que predicaba. Pero aún el rey en su trono quedó alarmado de sus pecados, y decidió hacer algo al respecto. Si ponemos la palabra de Dios en nuestros labios, debemos saber lo que estamos haciendo. Pues es un fuego de gran poder con el que no se debe 'jugar'.

MÁS ALLÁ DE ISRAEL:
VISIÓN MUNDIAL POR LOS PERDIDOS

Entre los profetas del Antiguo Testamento, Jonás fue el único que salió de Israel, y predicó abiertamente la palabra del Señor en las calles de una tierra extranjera. Había un parentesco de espíritu entre Jonás y Jesús. Jonás es el único profeta con el que el propio Jesús se asocia. Él habló de éste como la señal para Israel (Mateo 12:39). Jonás tenía una carga dada por Dios por una ciudad gentil. El siguiente en llevar tal carga fue Jesucristo mismo. Su corazón era lo suficientemente grande como para cargar a todo Israel, y a todo el mundo gentil.

Ningún otro profeta de Israel llevó alguna vez la palabra del Señor al mundo exterior, excepto cuando ellos mismos fueron llevados como cautivos de guerra. En Babilonia, algunos mantuvieron su testimonio del Señor, el Dios de Israel. Leemos de esto en los libros de Daniel y Esther. Pero las tribus del norte fueron absorbidas y perdidas en el Imperio Asirio. En el Salmo 137 se nos dijo, *"Y los que nos habían llevado cautivos nos pedían que cantásemos …"*, ellos dijeron, *"Cantadnos algunos de los cánticos de Sion"*. Pero su respuesta fue: *"¿Cómo cantaremos cántico de*

Jehová en tierra de extraños?" (Salmo 137:3-4). ¡Qué lástima!, aquellos cantos podrían haber presentado al Dios vivo al mundo exterior.

La preocupación de Dios por sus criaturas se extiende a todos por igual, incluso a los más resentidos y malvados. Sin embargo, Jonás no se sintió de esa manera, y no simpatizaba con su comisión. Él trató de huir de Dios. Pero Dios estaba decidido a que fuese, y envió la tormenta en el mar cuando Jonás trataba de escapar. Era una tormenta de protesta por parte de Dios a la actitud de Jonás, desprovista de toda compasión.

Dios hizo de Jonás una excepción extraordinaria. Lo forzó a hacer lo que se suponía, Israel debería haber hecho pero nunca lo hizo. Dios levantó a Israel para dar a conocer el nombre del Señor en toda la Tierra (Salmo 67; 96; Ezequiel 36:23). Incluso la primera iglesia fue completamente judía por aproximadamente 20 años. Tal vez, Jonás, a pesar de todas sus faltas, fue uno de los profetas más grandes.

EL EVANGELISMO ES LA INICIATIVA DE DIOS

La iniciativa de salvar Nínive vino de Dios, no de Jonás. Porque Dios no desea la muerte de ninguna persona, sino que se arrepientan (2 Pedro 3:9). La iniciativa para el evangelismo viene de Dios, y Dios nos llama y equipa para este trabajo. Fue Él quien dio a algunos el ser evangelistas (Efesios. 4:11). Al principio, Jonás actuó por iniciativa propia, y partió en dirección opuesta, hacia el oeste, a Tarsis, en vez de ir al este. Dios respondió enviando una fuerte tormenta. El Señor ha prometido bendecir y respaldar sus planes divinos. No hay bendición en nuestros propios planes.

Entonces, ¿adónde iba Jonás? ¿Dónde está Tarsis? Varios expertos han estudiado esto, tratando de hallar una explicación. La palabra Tarsis está muy vinculada con la fundición de minerales, plata, oro y estaño. Los barcos de Tarsis eran barcos de tesoros, famosos por el costoso cargamento que llevaban. Llegaron a ser símbolos de riqueza, poder y orgullo. Para Jonás, Nínive sólo representaba sacrificio. Era una decisión difícil: ¿Nínive con su amenaza, o Tarsis con su dinero?

¿Estamos tú y yo a disposición de la mejor oferta de pago? ¿Será el dinero el factor que decida nuestras carreras? Mamón y el ministerio no se reconcilian. Aquél que sirve mejor se beneficia más.

DIOS ESTÁ ALLÍ, NO IMPORTA ADÓNDE CORRAS

En el barco a Tarsis, los tripulantes no sabían que Jonás era un profeta, ni tampoco conocían a su Dios. Los marineros eran paganos, pero exhortaron al profeta de Dios por dormir mientras trabajaban en medio de la tormenta. Le dijeron: *"¿Qué tienes, dormilón? Levántate, y clama a tu Dios; quizá él tendrá compasión por nosotros, y no pereceremos"* (Jonás 1:6).

La gente de este mundo espera que el profeta hable, estén o no de acuerdo con lo que dice. Tal vez ellos no quieran adoptar la moral cristiana, o el camino del Señor para sí mismos, pero aún creen que la moralidad es una cosa buena para que otros la practiquen. Si no predicamos lo que ellos saben que creemos, se sienten engañados, defraudados. La iglesia nunca debe dejar de decir lo que es correcto o incorrecto.

Cuando estaba arrinconado, Jonás admitió quién era él. Esto asustó, e incluso espantó a la tripulación. Estos hombres eran convertidos potenciales; reconocieron el poder y la autoridad de Dios. A pesar del pobre testimonio de Jonás, ellos llegaron a creer en el Dios de Jonás: *"Y temieron aquellos hombres a Jehová con gran temor, y ofrecieron sacrificio a Jehová, e hicieron votos"* (Jonás 1:16).

Aquí estaba un hombre que conocía la maravillosa verdad acerca de Dios, pero aun ellos tuvieron que preguntarle quién era su Dios. Con Jonás a bordo del barco, debería haber sido claro quién era su Dios. ¿Conoce la gente quién es tu Dios? Es algo llamativo que la identidad de Dios esté vinculada a los hombres.

Él fue conocido primero a través de la vida de Abraham, y fue llamado el Dios de Abraham. La idea que el mundo tenía acerca de Dios surgió, primeramente, al ver el tipo de hombre que Abraham era. Su vida era un retrato de su Dios, y servía como una recomendación para Él.

> El evangelio es más que una fórmula para llegar al cielo cuando usted muera.
>
> El evangelio ofrece vida, no solamente un cinturón de seguridad.

Cuando Jacobo huyó la primera vez de su casa y de las amenazas de muerte de Esaú, él se refiere al Señor como el Dios de sus padres Abraham e Isaac. Así era como identificaba a Dios, por la manera en que su Dios había forjado sus vidas. Esto trajo un sentir reverente sobre Jacobo. Decidió que un día el Dios de ellos sería su Dios (Génesis 28:21). Él sintió que no podría ser una realidad sino hasta que su propia vida reflejase a su Dios. Si el nombre de Jacob iba a estar asociado con el Dios de sus padres, él quería mantener la reputación de ese Dios.

Evangelismo significa que alguien dirá, "Yo creo en el Dios de mi madre", "en el Dios de Jack" o "en el Dios de Jean". La gente habla de presentar el evangelio en pocas palabras, pero sólo puede ser presentado en una persona. El evangelio es más que

una fórmula para llegar al cielo cuando uno muera. El evangelio
ofrece vida, no solamente un cinturón de seguridad. La esencia
del evangelismo es mostrar cómo es Dios.

Jesús dijo a sus discípulos que el Espíritu de Dios es el Espíritu
de testimonio (Juan 15:26). Hoy en día, frecuentemente hablamos del "evangelismo de poder" – señales y milagros para con-
firmar el evangelio. Pero Jesús dijo que incluso los malvados
harán milagros aunque Él nunca los conoció (Mateo 7:22-23).
Pablo también habló acerca de la demostración del Espíritu
(1 Corintios 2:4). Sin embargo, no podemos hacer otra cosa que
reconocer impresionados la forma en que el apóstol manifestó la
realidad del evangelio en su vida diaria. Él le dijo a los Corintios
que sus vidas eran Epístolas "... conocidas y leídas por todos los
hombres" (2 Corintios 3:2). Al mirarnos, ¿será la gente capaz de
decir: "Así que así es como es tu Dios?"

EL VERDADERO ESPÍRITU DEL EVANGELISMO

Evangelismo significa recomendar a Jesús. El método evangelístico enseñado por Jesús es que debemos recomendarlo a través
de nuestras vidas tanto como a través de nuestras palabras.
Debemos ser "gente de Jesús", o más exactamente, "gente del
Jesús de los evangelios".

Somos la luz del mundo; no hay otra opción (Mateo 5:14). Jonás
huyó de la presencia del Señor, pero llevó una luz en su alma que
de alguna manera brilló. Él escondió su testimonio del capitán
y de la tripulación del barco que abordó en Jope. Pero Jonás
conocía a Dios, y eso se dejó ver incluso cuando trató de huir
de Dios. La tripulación de un barco azotado por la tormenta lo
percibió, y cogieron la visión.

Jonás conocía muy profundamente cómo era Dios: lleno de gracia. ¿Cómo podría él, Jonás, predicar juicio a Nínive, cuando sabía perfectamente bien que Dios era tan bueno y misericordioso? Él perdonaría sus maldades instantáneamente, o más bien a la primera señal de arrepentimiento. Por eso él huyó de la presencia del Señor (Jonás 1:3). Estar donde Dios estaba significaba llevar la fragancia de la gracia en sus vestiduras. La atmósfera estaba infectada de compasión, y Jonás no quería sentir compasión. No tenía inclinación por sonreír amablemente a monstruos como los 'señores' de Nínive.

Evangelismo significa liberación del juicio. Pero Jonás sintió fuertemente que Nínive merecía ser juzgada. Yo pienso que su actitud era comprensible. En el libro de Salmos los sentimientos de Jonás se repiten con frecuencia (por ejemplo, vea Salmo 18:37-42).

Cuando Jesús estuvo viajando con sus discípulos por Samaria, Él quiso estar una noche en un pueblo. Pero los habitantes eran hostiles con los judíos, y no dieron alojamiento al grupo. Los discípulos habían estado disfrutando la experiencia de usar el poder de Dios para sanar con la autoridad que les había sido dada por Jesús. Ellos sabían que Elías hizo caer fuego sobre los soldados enviados para arrestarle (2 Reyes 1:8-14), por tanto propusieron hacer los mismo para exterminar ese pueblo. Después de todo, Dios lo había hecho con Sodoma y Gomorra. Pero Jesús les dijo: *"Entonces volviéndose él, los reprendió, diciendo: Vosotros no sabéis de qué espíritu sois; porque el Hijo del Hombre no ha venido para perder las almas de los hombres, sino para salvarlas. Y se fueron a otra aldea"* (Lucas 9:55-56).

Juan el Bautista tuvo un problema similar. Él predicó el fuego del juicio. Él vino en el espíritu y poder de Elías. Él dijo:

"¡Oh generación de víboras! ¿Quién os enseñó a huir de la ira venidera?", "Y ya también el hacha está puesta a la raíz de los árboles; por tanto, todo árbol que no da buen fruto se corta y se echa en el fuego. Su aventador está en su mano, y limpiará su era, y recogerá el trigo en su granero, y quemará la paja en fuego que nunca se apagará" (Lucas 3:7,9,17).

¡Eso es tan parecido a la prédica del impetuoso Elías que suena irónico cuando Lucas añade, *"Con estas y otras muchas exhortaciones anunciaba las buenas nuevas al pueblo"* (3:18)! ¿Buenas nuevas? ¡¿Fuego del Infierno?!

Luego Juan vio obrar a Jesús, y no vio caer juicios de fuego. Él envió a preguntar a Jesús por si había identificado como el Mesías a la persona equivocada. Jesús envió de regreso a los mensajeros para que describiesen las misericordias de Dios entre los que estaban afligidos y desfallecidos y para dar un mensaje: *"y bienaventurado es aquél que no halle tropiezo en mí"* (Lucas 7:23).

El verdadero espíritu del evangelismo es el amor. Debemos advertir a la gente del peligro del infierno como si ellos fuesen nuestros propios hijos caminando al borde de un volcán.

Elías era el azote de Baal, Jezabel, y su patético esposo Ahab. Jesús no vino como un azote. Él descubrió su propia espalda – no la nuestra – para el azote. Él nos mostró la realidad final detrás del universo, un corazón que late con anhelo y preocupación infinita por cada una de sus criaturas. De hecho, cuanto más hundida en el abismo estaba la gente, más sangró por ellos. Aquel tipo de amor es el verdadero Espíritu del evangelismo.

Yo sé que la gente se está yendo al infierno, y si me importan debo advertirles. Pero debo advertirles como si fuesen mis propios hijos caminando al borde de un volcán. El odio no debe estar presente en nuestra prédica. Nuestra misión es compasión. Debemos sentir la ansiedad más grande por las almas de los pecadores pues el infierno abre su boca para devorarlos. No podemos deleitarnos de satisfacción, y gritar con gozo por los pecadores en el infierno. Advertencias son una cosa, amenazas son otra. Jonás encontró difícil predicar; él disfrutaba predicando la ira pero sabía que Dios no disfrutaba estando enojado. Dios es paciente.

LA VOZ DEL AMOR

A menudo me he preguntado cómo era la voz de Jesús cuando Él habló. Una vez, Jesús anunció siete calamidades contra ciertas ciudades (Apocalipsis 2:1-3:22). Pero me pregunto, ¿cuál era el tono de su voz? Me imagino que Él habló de estos juicios con una voz de dolor. ¡Qué amor llenaba su voz, qué lágrimas llenaban sus ojos, incluso cuando fue a Jerusalén para ser rechazado (Mateo 23:37)! Su corazón se demostraría en su tono de voz. ¿Qué tipo de tono oyó aquella gente privilegiada?

En Lucas 4:22 leemos que ellos *"todos daban buen testimonio de él, y estaban maravillados de las palabras de gracia que salían de su boca"*. La guardia del Templo fue enviada para arrestar a Jesús. Regresaron embelesados y desarmados. Ellos dijeron *"¡Jamás hombre alguno ha hablado como este hombre!"* (Juan 7:46). ¿Cómo sonó cuando Jesús clamó *"Padre, perdónalos, porque no saben lo que hacen"* (Lucas 23:34)?

D. L. Moody habló una vez en Londres a una audiencia de más o menos mil racionalistas. La reunión estaba agresivamente hostil, pero Moody literalmente sollozó, con lágrimas que caían por su barba mientras les rogaba que se volvieran a Cristo. Repentinamente la atmósfera de la reunión se quebró, y cientos se volvieron a Cristo. Aquellas personas nunca más fueron las mismas.

No quiero decir que el evangelio debe volverse un asunto de sollozos, una comedia sentimental. La voz de Jesús hizo mucho más que estimular las emociones de la gente. Sus reacciones no fueron lágrimas sino alegría. Él dijo a sus discípulos que Él habló para darles paz y gozo (Juan 14:27; 15:11). De hecho no había patetismo en las palabras o enseñanzas de Jesús, nada de lo que ahora la gente podría llamar una medicina sentimentalista. El sonido del evangelio debe ser triunfante, seguro, y con una nota de alegría.

Por supuesto, es un camino largo, y en absoluto contraste con la voz preventiva de Jonás para la sentenciada Nínive, pero la gracia y la verdad fueron reveladas a través de Jesucristo. No hay campana que suene más fuerte que el amor.

ENOJO JUSTO Y PRIORIDADES CORRECTAS

Dios le habló a Jonás por medio de una planta que creció por encima de él, y luego se secó. Jonás estuvo fuera de la ciudad por un tiempo, esperando ver qué ocurriría. El sol calentaba mucho, por eso Jonás se hizo una cubierta. Una planta provista por Dios creció sobre él para darle incluso más protección del calor, pero luego se secó durante la noche. Sus raíces fueron destruidas por algún tipo de gusano (Jonás 4:7).

Jonás estaba furioso. Dios dijo: *"¿Tanto te enojas por la calaba-cera?"*. Bueno, Jonás creía que estaba bien enojarse. Aseguraba estar lo suficientemente enojado como para morir (versículo 9). Por tanto Dios presentó su caso. Las últimas palabras del libro de Jonás son las palabras del Señor:

> *Y dijo Jehová: Tuviste tú lástima de la calabacera, en la cual no trabajaste, ni tú la hiciste crecer; que en espacio de una noche nació, y en espacio de otra noche pereció.*

¿Y no tendré yo piedad de Nínive, aquella gran ciudad donde hay más de ciento veinte mil personas que no saben discernir entre su mano derecha y su mano izquierda, y muchos animales? (Jonás 4:10-11).

Para Jonás, la planta parecía más importante que la vida de las personas. Esto tiene que enseñarnos una lección acerca de lo que es importante para nosotros. Hoy en día hay muchas causas justas. Los Estados Unidos son particularmente conocidos en el extranjero por su poderosa presión que afecta la legislación en varios asuntos morales de importancia, como la preocupación por el medio ambiente. Algunos cristianos pueden encontrarse involucrados políticamente o incluso profesionalmente en tales asuntos, y ¿por qué no? la pregunta es, ¿qué escogemos por lo cual estar más enojados?

Los asuntos sociales, ambientales, y morales no son insignificantes para tomarlos a la ligera. Debemos estar enojados sobre muchas de las abominaciones cometidas por la sociedad moderna. ¿Pero qué hay acerca del asunto de la salvación eterna? La gente "Pro-Vida" lucha (justamente) por la vida de los bebés no nacidos, pero ¿qué estamos haciendo por las almas de millones de personas que caminan en las calles de nuestra ciudad?

No todos podemos ser predicadores o evangelistas. Debe haber gente que haga todo tipo de trabajos y que mantenga funcionando la sociedad y nuestras iglesias. Cualquiera que sea nuestra preocupación del cuerpo de vida mortal y los asuntos de la sociedad, el llamado de Cristo para predicar el evangelio a toda criatura aún debe ser nuestro objetivo fundamental.

En otras palabras, podemos ser como Jonás, cuyo problema inmediato era la pérdida de la sombra provista por la planta que ahora estaba seca – o que así pensó. ¿Estamos más turbados por

las especies en peligro de extinción en el Atlántico Norte que
por el peligro en que están aquéllos que rechazan a Cristo?

Jesús, después de resucitar de entre los muertos, y estar próximo
a ascender al cielo, les dio una larga enseñanza acerca del reino
de Dios (Hechos 1:3). Ellos le preguntaron, *"Señor, ¿le devolverás
el reino a Israel en este tiempo?"* (versículo 6). Eso no fue sólo su
prioridad, sino también su interpretación del reino de Dios; es
decir, un asunto nacionalista. Ellos estaban interesados en tiempos y sazones. Jesús les dijo:

> *Y les dijo: No os toca a vosotros saber los tiempos o las
> sazones, que el Padre puso en su sola potestad; pero recibi-
> réis poder, cuando haya venido sobre vosotros el Espíritu
> Santo, y me seréis testigos en Jerusalén, en toda Judea, en
> Samaria, y hasta lo último de la Tierra* (Hechos 1:7-8).

Aquéllas fueron las últimas palabras de Jesús en la Tierra. Cierto,
no todos pueden dejar sus barcos de pesca para ser pescadores de
hombres. Pero la Gran Comisión debe permanecer como la más
alta prioridad para todos los creyentes.

EL EVANGELISMO FUTURO

El mundo puede ser evangelizado más pronto de lo que muchos
creen, en cuanto comencemos el nuevo milenio. Había sólo unos
pocos miles de creyentes cuando Jesús dejó este mundo – tal vez
un cristiano por cada 20.000 personas. Pero en 300 años todo
el Imperio Romano llegó a ser "oficialmente" cristiano. Ahora
se estima que hay más de 600 millones de cristianos nacidos de
nuevo en la Tierra. Eso es una de cada diez personas.

Si nos distraemos con otros asuntos, y dedicamos nuestro tiempo, dinero y energía a preocupaciones meramente políticas y sociales, el testimonio del Evangelio disminuirá. Éste debe aumentar. Necesitamos un último máximo esfuerzo de todos para alcanzar a los otros nueve décimos del mundo. Cuando el evangelio haya sido predicado en todo el mundo como testimonio a todas las naciones, entonces vendrá el fin (Mateo 24:14).

℘

Capítulo 2

El Evangelismo
y el Mundo

Cuando se toman en consideración el alcance y las ramificaciones de la Gran Comisión, uno no puede evitar el quedar impresionado de un modo indeleble por el hecho de que es una expresión del amor de Dios al mundo entero. Es por esto que cualquiera que sea la profesión de un creyente, su ocupación principal es el evangelismo. El evangelismo es una parte indispensable de cualquier ministerio cristiano.

SEA LA LUZ

Cuando Pablo visitó Troas, estuvo predicando toda la noche. Mientras predicaba, un joven llamado Eutico se quedó dormido, y cayó por la ventana. Afortunadamente, Pablo estaba allí para devolverle la vida.

Leemos: *"Y había muchas lámparas en el aposento alto donde estaban reunidos"* (Hechos 20:8). Bueno, hoy en día también hay muchas lámparas en nuestro mundo. Las vírgenes, en la parábola del novio, todas tenían lámparas, pero la mitad de ellas se habían apagado (Mateo 25:8). Por cierto, eso no quiere decir que las lámparas estaban medio apagadas. No podemos estar medio encendidos; porque o alumbramos o somos parte de la oscuridad.

A veces me pregunto si 'a medias' es el promedio general entre los cristianos. La mitad de las vírgenes estaban dormidas. También lo estuvo Eutico, y ¡mira lo que le pasó! La gente que se duerme en el trabajo, aquéllos a quienes sus lámparas se les apagan porque no tienen aceite, están destinados a caer. A lo mejor es por eso que leemos, *"Despiértate, tú que duermes, y levántate de los muertos, y te alumbrará Cristo"* (Efesios 5:14).

Si quieres disipar la oscuridad, no sirve para nada el discutir con ella. Simplemente ¡enciende la luz! Las polémicas no son sustitutos dinámicos de la verdad y del Espíritu Santo. No hay cantidad de oscuridad que pueda extinguir la luz de una sola vela.

Jesús dijo que Juan era *"la antorcha que ardía y alumbraba"* (Juan 5:35). En Juan 1:5,7 leemos que *"la luz en las tinieblas resplandece.* Juan vino *para dar testimonio de la luz"*. Me llama la atención que si la luz ya estaba alumbrando, ¿por qué pues era Juan necesario? Cuando el sol sale, todos lo sabemos, no necesitamos que nadie nos dé testimonio de que es la luz del día.

Entonces, ¿qué es un testigo de la luz? Si miras al cielo, en la mayoría de las noches despejadas la luna está brillando. El hombre ha estado en la luna, y sabe que la luna no genera luz por sí misma. También sabe que todo el espacio que rodea la luna no tiene luz. Si el espacio es oscuro, y la luna no tiene luz propia, ¿por qué brilla tanto? Y ¿cómo puede alumbrarnos? Por supuesto todos sabemos que la luna sólo refleja la luz, y que esa luz proviene del sol. Bueno, si la luz del sol atraviesa el espacio para llegar a la luna, ¿por qué el espacio es tan oscuro, aun alrededor de la luna? ¡La respuesta es en realidad muy elemental!

> No hay cantidad de oscuridad que pueda extinguir la luz de una sóla vela.

La luz en sí es invisible. Sólo se puede saber que hay luz cuando ésta da contra un objeto. La mayor parte del espacio está completamente vacío. No hay nada que pueda captar la luz del sol, o impedir que la luz llegue a la luna. En realidad, el espacio está lleno de luz generada por billones de soles, sin embargo parece ser totalmente oscuro.

El universo está lleno de Dios. El es el Padre de las luces, y toda luz procede de Él. Sin embargo, millones andan en tinieblas. ¿Cómo puede ser? ¿Cómo puede la gente andar en oscuridad espiritual cuando todo el universo está impregnado con la luz de Dios?

Estas personas no pueden ver la luz de las cosas invisibles hasta que alguien capte la luz y la refleje. Los rayos del sol no podrían ser vistos en la tierra si no fuese por el hecho de que iluminan las moléculas de nuestra atmósfera, el polvo y la humedad del aire. El sol emite luz a través de miles de millones de millas, y sin embargo no hay rastro de él hasta que esa luz es reflejada.

Necesitamos algo que nos diga que está allí. La luna es un testigo de la luz. Ella prueba que el sol está alumbrando, porque brilla con la luz del sol. La luna cruza el cielo en una luz solar invisible, y nos transmite lo suficiente para que encontremos nuestro camino.

1 Timoteo 1:17 habla acerca del *"Rey de los siglos, inmortal, invisible"*. La luz de Dios es constante, brillante. Nunca es intermitente. Pero ¿quién la ve? La gente anda en tinieblas. La triste realidad es que la única luz que ellos verán es aquélla que es reflejada. Del mismo modo en que Juan era una *antorcha que ardía y alumbraba*, un testigo de la luz, también lo son todos los creyentes. Se nos ha encomendado que *"andemos en la luz"* (1 Juan 1:7) pues si no lo hacemos, no habrá luz. Un mundo perdido espiritualmente depende de reflectores de luz. Si

encubrimos el evangelio, éste se mantendrá encubierto para aquéllos que están perdidos (2 Corintios 4:3-6).

Voy a resaltar algo aquí. Pablo dice que el rostro de Moisés resplandecía con la gloria de Dios, mas él se cubría con un velo (2 Corintios 3:13). La razón por la cual se ponía el velo no era humildad, aunque él era humilde. Era porque la gloria se desvanecería, y él sabía que sería malo si el pueblo de Israel, que era supersticioso, viese la gloria desaparecer. Ellos llegarían a conclusiones erróneas del efecto perecedero. Por tanto se cubría el rostro para que no supiesen si resplandecía o no.

Lo que Pablo quiere decir es que la luz de Dios, su Gloria, en la era cristiana no se desvanece (2 Corintios 3:18). Es permanente. El velo ha sido quitado porque no hay necesidad de temer que se desvanezca después de un corto tiempo. El Espíritu de Dios no es un fuego que vacila inciertamente alrededor de nuestras vidas. Él mora con nosotros. Podemos andar abiertamente y sin velo ante el mundo, para que la gente vea la gloria de Dios en nosotros.

"Santiago dice que toda buena dádiva ... desciende de lo alto, del Padre de las luces, en el cual no hay mudanza, ni sombra de variación" (Santiago 1:17). El sol genera una sombra al rotar, y la sombra se mueve. Esto se puede ver en un reloj solar, así es como marca la hora. Cuando no hay sombra es que el sol está directamente por encima, en su cenit. Dios nunca hace sombra pues Él está siempre en su cenit. Él nunca se mueve de esa posición perfecta. La luz de Dios es inacabable, no es temporal y siempre está sumamente radiante.

Suya es la luz perpetua que por la eternidad hemos de reflejar. Nuestros rostros no deben ser cubiertos, pues su gloria no va a desaparecer. Estamos siendo transformados de *"gloria en gloria"* (2 Corintios 3:18) – ¡Nos está siendo dada más y más gloria!

¿SOBREVENDRÁN LAS TINIEBLAS EN ESTE PAIS?

¿Por qué yo, un evangelista, debería ir a América? ¿Acaso ya no hay allí luz, más que en la India, Egipto o Benín? Sí, allí hay luz. América tiene el evangelio. Parece que en casi todas las esquinas la cúspide de una iglesia apunta hacia arriba, como un dedo, hacia Dios. ¿Estoy tratando de llevar luz allí donde ya hay en abundancia? ¿Y qué hay de Europa?

¿Recuerda la historia que conté de la tribu que adoraba a la luna? Ellos creían que el sol era estúpido por brillar durante el día cuando había tanta luz. Ellos no consideraron que durante el día hay mucha luz precisamente porque el sol está brillando.

Hay luz en las calles de América y de Europa, pero sólo porque hay cristianos en estos lugares que permiten que sus luces alumbren. Jesús dijo, *"Vosotros sois la luz del mundo"* (Mateo 5:14), por eso estoy encantado de ir y alumbrar con ustedes. Siempre hace falta más luz. Sin los cristianos, la noche vendría rápidamente en muchos países. Los inconversos se saldrían con las suyas, aunque pronto cosecharían lo que han sembrado. Sin una luz guía, habría anarquía total.

Muchas personas en los Estados Unidos y en Europa dicen que pueden llevar vidas decentes sin el cristianismo. Lo dudo. Muchos americanos parece que han olvidado que la idea misma de decencia, en su país, se originó con los antepasados cristianos de esa nación. La gente puede vivir sin respirar, pero sólo por un momento. Puede vivir sin comida ni bebida por unos momentos más, y sin luz aún un poco más, pero no por siempre.

El capital espiritual invertido en América por las generaciones pasadas de creyentes algún día se acabará. No podemos vivir sólo de los dividendos de aquellas inversiones. Debemos ser creadores de riqueza, corredores de riqueza espiritual, las riquezas de la fe. Pondríamos en la cárcel por pedofilia a algunos de esos tan admirados filósofos griegos, si estuviesen vivos hoy. Es Cristo quien salvó a Europa y no Platón. Sólo Cristo puede salvar a América. Ellos dicen que el precio de la libertad es vigilancia constante, mas vigilancia sola fallará si no hay fe en Dios. La libertad es un efecto secundario de la santidad. No se puede tener un efecto sin una causa, y libertad sin fe en Dios lleva a la esclavitud.

Muchos de los países que visito no tienen tradiciones cristianas que moldeen sus principios. Un fundamento reforzado con la fe bíblica es lo que distingue a las naciones, y las extinguirá si la abandonan. Algo parecido ocurrió en mi país, Alemania. Siglos de ideologías liberales y racionalistas, y críticas bíblicas diluyeron la fe cristiana en mi tierra. Débil e inestable como el agua, la región no pudo superarse (Génesis 49:4). Dadas estas condiciones, fue fácil para un régimen sin moral tomar el control. La política barbárica de Hitler y el Tercer Reich no encontraron mayor resistencia.

En el siglo dieciocho, el experimento de un estado sin Cristo trajo un Reino de Terror a Francia, que resultó en el asesinato de dos millones de personas. Gran Bretaña no fue afectada por esta salvajada principalmente por el impacto del avivamiento iniciado por Wesley y Whitefield. Le va a tomar a Rusia por lo menos una generación el recuperarse de los 70 años de ateísmo impuesto.

Aún peor, quizás, son las formas de cristianismo agresivo que han sido corrompidas y mutiladas y son ahora irreconocibles. Ellas devalúan el evangelio con teorías incrédulas, grandes supersticiones, e idolatría. Ellas no imparten libertad porque no ofrecen la verdad. Este mundo está clamando por una evangelización con el evangelio puro.

EL TRABAJO DE UN EVANGELISTA

La Gran Comisión procede de los labios del mismo Cristo y se encuentra en varias formas en los cuatro evangelios, y en el libro de los Hechos. En cada una de ellas el énfasis está en las naciones, las multitudes de personas en el mundo que no son salvas. En el evangelio de Mateo leemos, *"Por tanto, id, y haced discípulos a todas las naciones"* (28:19). Marcos dice, *"Id por todo el mundo y predicad el evangelio a toda criatura"* (16:15). Juan registra el momento más sagrado de Jesús cuando habla con su Padre: *"Como tú me enviaste al mundo, así yo los he enviado al mundo ... para que el mundo crea que tú me enviaste"* (17:18,21).

Algunas personas consideran a los evangelistas aquéllos que traen el avivamiento, es decir, alguien que le da a la Iglesia una sacudida vigorizante una vez al año. ¡Pero el trabajo principal del evangelista es el de ganar almas para Cristo, no el de predicar a cristianos dormidos, y reavivar iglesias muertas! Una campaña evangelística no ha de ser confundida con una reunión social de la Iglesia. Un ministerio evangelístico está apuntando mal si va dirigido a los santos de Dios. El don del evangelismo le ha sido dado al evangelista para entablar relaciones, para Cristo, con hombres y mujeres inconversos.

EL EVANGELISMO ES PARA TODO CRISTIANO

El Nuevo Testamento deja claro que el evangelismo es la función natural de todos aquéllos que siguen a Cristo. En realidad, el evangelismo es seguir a Cristo, pues eso es lo que Él hizo la mayor parte del tiempo. La fe y su propagación son ambas caras de una misma moneda. El creyente no tiene opción; él debe estar involucrado en compartir su fe con otros, o de alguna manera participar en el evangelismo.

Toda religión tiene obligaciones sagradas. Los Sikhs tienen que ponerse un turbante. Los hindúes tienen que abstenerse de la grasa de animales. Los musulmanes tienen que repetir sus oraciones sagradas. Los cristianos tienen la obligación sagrada de testificar de Cristo. El testificar es el quehacer de la fe cristiana. La Iglesia es la entidad para la propagación del evangelio. En sus comienzos, en el siglo uno, la gente se hacía parte de la Iglesia con la expectativa de testificar, aún cuando los riesgos eran grandes.

> La iglesia es la sociedad para la propagación del evangelio.

Incluso antes de su conversión, Pablo sabía que el hablar a otros acerca de Cristo era lo que todo creyente debía hacer, y él perseguía a la Iglesia por cumplir con su deber sagrado. Después de su conversión, él encontró muchos problemas por compartir su fe. Sin embargo, como apóstol mostró un orgullo natural y perdonable de que Dios le había confiado el evange-lio. Siempre hablaba como si eso hubiese sido el acto fortuito más inesperado.

La Iglesia tiene que crecer en número, eso es algo implícito en todo el Nuevo Testamento. También es explícito que:

> *¿Y como predicarán si no fueren enviados? Como está escrito: ¡Cuán hermosos son los pies de los que anuncian la paz, de los que anuncian buenas nuevas!* (Romanos 10:15).

> *Entonces las iglesias tenían paz por toda Judea, Galilea y Samaria; y eran edificadas, andando en el temor del Señor, y se acrecentaban fortalecidas por el Espíritu Santo* (Hechos 9:31).

EL MUNDO EN NUESTRA MIRA

Me parece que una diferencia notable entre las escrituras hebreas y las cristianas es que el Nuevo Testamento pone el mundo en perspectiva. El Antiguo Testamento está confinado en su mayor parte a la decepcionante historia de Israel. Las esperanzas más ambiciosas del pueblo de Israel fueron meramente nacionalistas, su perspectiva era hacia adentro. En el Nuevo Testamento la situación cambia.

De repente hay agitación y entusiasmo. Después de que Cristo les diese el encargo de difundir el evangelio, los hombres de Israel se convirtieron en personas que viajaban por el mundo, proclamando el nombre del Señor por doquier. Jesús les dice en Juan 10:16 *"También tengo otras ovejas que no son de este redil; aquéllas también debo traer"*.

Cuando Él hablaba de su misión y la de su iglesia, Jesús hablaba de pastorear y de cosechar, pero también hablaba de pescar. Un día al andar por la orilla del agua, vio a varios jóvenes pescadores galileos trabajando. Simón y Andrés echaban las redes al mar, mientras que muy cerca de allí Juan y Jacobo remendaban la suyas. Algunos de ellos apenas si habían pasado la adolescencia. Jesús les dijo, *"Venid en pos de mí, y os haré pescadores de hombres"* (Mateo 4:19). El que sean más como ovejas o peces no es importante – Cristo quería atraer la gente hacia Él. Ese es todavía su propósito mayor, y debería de ser el nuestro también.

PESCANDO EN EL MAR

Lo que para Israel significaba 'pescar' y 'mar' debe ser mejor entendido. Los israelitas nunca fueron grandes entusiastas del mar. No pescaban en el Mediterráneo, sino que lo hacían en el ínfimo Mar de Galilea (en realidad un lago). Israel no tenía una

flota de barcos propia; usaban los barcos de Tarsis con tripulación extranjera, iguales al barco en el que Jonás abordó en Jope.

El Antiguo Testamento menciona el mar, pero en raras ocasiones lo describe de una forma favorable. Para los judíos, el mar
era el abismo misterioso, el lugar de los seres innumerables, y el
Leviatán (Salmo 104:25-26), una criatura parecida a las serpientes, que se encorvaba y retorcía. Isaías 27:1 describe al Leviatán
como una serpiente tortuosa, el dragón que está en el mar. El
Salmo 74 habla de los dragones y del Leviatán en las aguas. Un
monstruo marino tragó a Jonás. Casi

> Cuando Jesús nos
> envió a nosotros,
> sus siervos,
> a todas las naciones,
> El sólo tenía en
> mente el éxito.

monstruo marino tragó a Jonás. Casi
al final de su revelación, Juan suelta un
suspiro de alivio y dice que *"el mar ya
no existía más"* (Apocalipsis 21:1).

El mar era un elemento salvaje y trai-
cionero considerado fuera del control
humano. Sólo Dios podía dominar al mar. El Salmo 104:6-7
dice: *"Con el abismo, como vestido, la cubriste* [la tierra]*; Sobre
los montes estaban las aguas. A tu reprensión huyeron"*. Él abrió
camino a través del Mar Rojo para los israelitas, pero a su voz de
mando el mar destruyó al ejército egipcio.

El salmista habla *"del viento tempestuoso que encrespa las ondas del
mar. Suben a los cielos, descienden a los abismos"* (Salmo 107:25-26).
En este pasaje los marineros *"tiemblan y titubean"* como ebrios, y
toda su ciencia es inútil (versículo 27).

Se creía que el mar era un lugar para los muertos, hogar de
espíritus que daban alaridos y deambulaban. Apocalipsis 20:13
dice: *"Y el mar entregó los muertos"*. El viento tenebroso gritaba
como perdidas almas en tormento. Cuando los discípulos vieron
a Jesús andar sobre las aguas, pensaron que era un fantasma, y
se aterrorizaron (Mateo 14:26).

Este miedo a las profundidades también encontró expresión como una alegoría de las naciones.

¡Ay! multitud de muchos pueblos que harán ruido como estruendo del mar, y murmullo de naciones que harán alboroto como bramido de muchas aguas. Los pueblos harán estrépito como de ruido de muchas aguas (Isaías 17:12-13).

El salmo 2:1 habla de naciones que se amotinan. Jesús describe a las naciones de una manera similar en Lucas 21:25-26: *"en la tierra angustia de las gentes, confundidas a causa del bramido del mar y de las olas; desfalleciendo los hombres por el temor"*.

Y sin embargo, a pesar de los peligros, Jesús llamó a sus discípulos a convertirse en pescadores. Él dijo, *"Os haré pescadores de hombres"* (Mateo 4:19), no solamente en Galilea, pero hasta *"lo último de la tierra"* (Hechos 1:8). Al mar de esta humanidad. A todas las naciones. Estos galileos conocían muy poco del mundo. Nunca habían ido lejos de su aldea pesquera. No eran aventureros, mas Cristo los enviaba en la aventura más grande jamás emprendida por el hombre. Ellos habían de pescar hombres y mujeres para Cristo en las enfurecidas aguas del mundo. Allí es donde los pescarían. Ésta era pesca en mar profundo, donde las tempestades rugen, donde los demonios andan sueltos. Las aguas de la adversidad los amenazarían.

Cuando Jesús los llamó, les mostró que Él era el Amo y Señor de los mares. Ellos eran pescadores profesionales; mas Jesús se hizo cargo como el nuevo director ejecutivo de 'Zebedeo e Hijos', comandó una de sus barcas, y les dijo a los pescadores cómo debían hacer su trabajo. ¿El resultado? Jesús produjo una cosecha marítima como nunca antes habían siquiera soñado (Lucas 5:1-11).

Cierta vez, los discípulos estaban atravesando el Mar de Galilea muy lentamente, atrapados por una tormenta implacable. No podían hacer nada más que esperar y orar que se salvasen. Entonces, en una de las más extraordinarias parábolas escenificadas, vieron a Jesús que andaba sobre las aguas. Los elementos naturales nunca habían estado en peores condiciones; el mismo diablo había instigado la furia del lago, sin embargo Jesús andaba calmadamente sobre las olas. No temía al dragón del abismo. Los vientos rugientes y el diablo no lo detuvieron; Él era el Señor, y los tenía bajo la planta de sus pies. Jesús reprendió su ferocidad, y ellos se echaron atrás lloriqueando como perros a los que se les ha dado con el látigo, estuvieron quietos bajo sus pies (Mateo 14:22-33).

Jesús advirtió a sus discípulos que los mandaba a aguas enfurecidas para enseñar a las naciones. La gente los mataría, pensando que le hacían un servicio a Dios (Juan 16:2). Serían como ovejas en medio de lobos (Mateo 10:16). Tenían que estar preparados para dar sus vidas. No sabían nada acerca de la sabiduría griega, de la gran envergadura de imperio romano, o lo que había más allá de los Pilares de Hércules (El estrecho de Gibraltar). El mundo era un océano desconocido lleno de posibles peligros. Mas Cristo había demostrado que Él era el Señor del cielo, de la tierra y del mar. Dondequiera que fueran Él era el Señor.

Ellos fueron como Él les dijo, pescando en aguas turbulentas bajo su dirección. Burlaron los gimientes demonios de la persecución, y desafiaron los vientos de la adversidad. Echaron las redes bajo su comando y de entre las incesantes turbulencias de la humanidad, pescaron y llenaron sus barcas. ¿Qué significa todo esto para nosotros hoy en día?

El mundo de hoy no tiene menos problemas ni es menos peligroso. Y sin embargo el evangelio avanza en todos los frentes.

Como una marea que viene, y llena todas las grietas y rincones, la fe cristiana está inundando el territorio del diablo. Cuando Jesús nos envió a nosotros, sus siervos, a las naciones, Él sólo tenía en mente el éxito. Dos veces ordenó a los discípulos que echasen las redes (Lucas 5:1-11 y Juan 21:1-14). La primera vez fue antes de su resurrección; la segunda vez fue después. Esta última pesca fue mayor que la primera, pero en ninguna de las dos ocasiones las redes se rompieron. Esto era profético.

Los primeros discípulos barrieron los mares con sus redes, pero ahora nos estamos acercando al tiempo del fin. Por todo el mundo vemos como cada día muchísimas más personas son ganadas para Cristo que en el día de Pentecostés. En una cruzada en Liberia, en una sola reunión, vimos 150.000 almas responder al llamado de la salvación. En Nigeria, el total en cada pueblo superaba el millón de personas; Puerto Harcourt: 1,1 millones; Calabar: 1,2 millones y Aba: 1 millón – ¡cada día 180.000 preciosas almas! En Lagos, Nigeria, vimos 3,4 millones de decisiones en tarjetas que habían sido completadas y entregadas durante los seis días de la Campaña Evangelística del Milenio. Y el fluir de gracia continúa creciendo de una campaña evangelística a otra.

¿QUÉ HAY DE LA METODOLOGÍA?

El relato de la reunión de Pablo con el Rey Agripa, nieto de Herodes el Grande, se encuentra en el libro de los Hechos, capítulos 25 y 26. Cara a cara con este gobernante poderoso, Pablo no tuvo miedo de defender lo que creía. Le dijo al rey Agripa, *"Pero habiendo obtenido auxilio de Dios, persevero hasta el día de hoy, dando testimonio a pequeños y a grandes"* (Hechos 26:22). Pablo no discutió los métodos. Él hablaba de Cristo, donde podía y cuando podía – en sinagogas, en las riberas, en las escuelas de filosofía al aire libre, en salas privadas, ante grandes audiencias, en la Acrópolis, a la orilla de los ríos, en los barcos.

> La iglesia no es simplemente un lugar para que los viejos duerman y los jóvenes luzcan sus vestidos. Es un control de descarga de poder para las naciones, designado para inducir una carga dinámica a toda vida.

Incluso, en medio de un terremoto, le testificó a un carcelero que estaba a punto de suicidarse.

Opiniones convincentes de cómo se deben alcanzar hombres y mujeres para Cristo abundan en la Iglesia. Algunos insisten en que es totalmente una iniciativa de Dios. Él repentinamente entra al terreno, visita un área, salva a aquéllos a quienes ha elegido, y se va. Luego el terreno se queda inactivo hasta que otra cosecha esté preparada y sea elegida.

Carlos Finney enseñaba que los avivamientos ocurren cuando seguimos las pautas de avivamiento. Después, las campañas fueron consideradas como la técnica más efectiva. Otros observan y ofrecen una crítica que se opone a todo esfuerzo estructurado. Dicen que sólo vale la pena el testificar cara a cara, uno a uno. El fruto debe ser recogido con la mano, dicen. Estos y otros métodos y medios – arte, música, literatura, trabajo con jóvenes, trabajo en las calles y demás – tienen sus defensores.

En realidad, el análisis de métodos evangelísticos se ha convertido en una ciencia. Estudiamos las reglas para el éxito, las mejores prácticas de negocio, la psicología de la comunicación y la publicidad, aprendemos cómo transmitir por televisión y causar una impresión. Bueno, a lo mejor Dios agradece nuestro esfuerzo sincero de llevar a cabo el trabajo adecuadamente. Simplemente me pregunto si todos nuestros seminarios y estudios pueden igualar el simple entusiasmo que Pablo demostraba cuando le hablaba a pequeños y a grandes según se le presentaban las oportunidades. Su respuesta a cuál es la mejor manera es esta: *"para que de todos modos salve a algunos"* (1 Corintios 9:22).

El medio debe corresponder al momento. La gente habla de lanzarse a la oportunidad, pero creo que Pablo se lanzaba constantemente hasta que la oportunidad venía. Yo predico a grandes congregaciones de gente que no es convertida. Creo que esa es la manera para mí, pero en nuestras campañas intentamos utilizar todos los ministerios y todos los talentos. Andamos con nuestros pies, vemos con nuestros ojos y trabajamos con nuestras manos. El mejor método se da cuando cada uno de nosotros hace lo que mejor sabe hacer, cuando usamos nuestros propios métodos sin imitar a otros. Y créame, alguien se salvará a través de este procedimiento tan peculiar, que de otra manera no lo habría sido.

WHITEFIELD EN LOS EE.UU.

Piense en América. En sus comienzos, un buen cimiento fue echado. Esto es todavía evidente. Unos cien años después de que los Padres Peregrinos pusiesen pie en lo que ahora son los Estados Unidos, un hombre tuvo que desempeñar un papel muy particular en la fundación de esa nación. No era un político, sino un evangelista: Jorge Whitefield.

Whitefield nació y predicó su primer sermón en Gloucester, Inglaterra, una ciudad de 2000 años de antigüedad. Hizo siete giras evangelísticas en América y murió durante su último viaje en 1770. La última vez que se le vio vivo, estaba predicando, con una vela vacilante en su mano, a un grupo de amigos. La iglesia 'Whitefield Memorial' en Gloucester tiene un pórtico de piedra en el que están grabadas las palabras de Whitefield: "El amor de Cristo me constriñe a levantar mi voz como una trompeta".

Frente a la iglesia hay una estatua de Roberto Raikes, quien también proviene de la misma ciudad. Roberto abrió la primera escuela dominical en 1780. Él había visto niños en la calle, como paganos, jugando en las sombras de la gran catedral de 1400 años de antigüedad. Enseñó a esos niños harapientos en una pequeña casa de campo cercana. Todo esto se llevó a cabo no muy lejos de Plymouth, donde los Padres Peregrinos se embarcaron en la 'Flor de Mayo' (Mayflower) para su histórico viaje a América.

PERSPECTIVA: LAS NACIONES

La perspectiva bíblica sobre el evangelismo no es simplemente para individuos sino para naciones enteras. Los profetas del Antiguo Testamento no dirigieron sus misiones en locales alquilados ni hicieron publicidad de su ministerio profético. Ellos hablaron a reyes y gobernantes para influir sobre sus leyes. Elías se presentó ante Ahab y se hizo cargo de la oficina meteorológica por tres años (1 Reyes 17:1; 18:1). Jonás hizo estremecer la ciudad más poderosa de la tierra con su prédica, haciendo temblar a su rey en el trono (Jonás 3:6). Las visiones que Daniel tuvo sobre el futuro predijeron el destino de imperios (Daniel 9-11).

Luego, en los comienzos de la Iglesia, nada fue hecho en rincones escondidos (Hechos 26:26). Jesús mismo fue una figura pública a quien los líderes de la nación tenían que reconocer. Pero aun después de Su muerte los Apóstoles no se escabulleron a una vida confortable en pequeños nidos, ni dirigían iglesias rurales o clubes en jardines, recostándose sobre las puertas de los jardines con una paja en la boca. Ellos soportaron la hostilidad de la muchedumbre abucheante para hacer frente a los rangos más altos en las ciudades. A dondequiera que Pablo fuese, sus enemigos sólo tenían que seguir el tumulto para poder localizarlo. Sin embargo Dios lo arregló todo para que él pudiese estar frente a reyes y gobernantes e incluso ante el emperador romano. Desde entonces, a través de la historia, los gobiernos y gobernantes no han sido capaces de ignorar a la Iglesia.

Debemos ver al evangelio en los términos más altos. Al mismo tiempo que el evangelio es un nuevo orden radical para las ciudades, es nada menos que un salvador de naciones. No es una placentera religión del domingo con un toque de espiritualidad, un poquito de psicología para ayudarnos en el camino. No proveemos oración como un tranquilizante general, ni rociamos azúcar en la taza de café amargo de la vida. No promovemos una marca de meditación 'ora y siéntete mejor', ni tenemos clases de aeróbicos espirituales. La Iglesia no es simplemente un lugar para que los viejos duerman y los jóvenes luzcan su vestimenta. Es un centro de control de descarga de poder para las naciones, designado para inducir una carga dinámica a toda vida.

La filosofía de la Nueva Era y otras creencias similares, simplemente no tienen nada que ofrecer en comparación con el evangelio. ¡Ya pueden las velas intentar alumbrar más que el sol! El evangelio es para el hombre entero, y para el mundo entero. El evangelio no es simplemente un mapa de carreteras que ha sido dejado a un lado del camino para ayudar a peregrinos solitarios a encontrar el camino al cielo; el evangelio provee un cimiento sólido como una roca para nuestras vidas. (¿Por qué ha dejado el Señor 600 millones de personas 'nacidas de nuevo' en la Tierra en lugar de llevárselas a la gloria? Porque Dios trata a través de individuos, y esos 600 millones podrían ganar 600 millones de amigos este año).

Dios no es un mini Dios. Él es el Dios del cielo y de la tierra, de reyes y reinos, presidentes y repúblicas. Él preside sobre el destino eterno de todos nosotros. Esto no quiere decir que un ministerio debiera dirigirse tan sólo a parlamentos o trabajar para lograr cambios en las legislaciones. Una iglesia no es la sede local de un partido político. Ese es el trabajo de políticos cristianos, no el de aquéllos que han sido llamados a declarar las riquezas inescrutables de Cristo. La comisión apostólica es alcanzar a los perdidos de este mundo, no concentrase en proyectos ambientales, asuntos de la vida salvaje o desarrollo social.

Se creyó que la etapa de evangelismo masivo había pasado, para el tiempo en que la última guerra mundial se dio lugar. En realidad, el verdadero evangelismo masivo no se había conocido, y estaba empezando con las reuniones de Billy Graham. En 1949, una campaña evangelística con Tommy Hicks, en Argentina, atrajo a 400.000 personas a una reunión y como resultado 148 iglesias se originaron.

Jesús prometió: *"El que en mí cree, las obras que yo hago, él las hará también; y aun mayores hará"* (Juan 14:12). Eso no tenía nada que ver con sanidades o milagros en el ámbito natural, sino con el trabajo verdadero de Dios: la salvación. Ahora estamos viendo cumplidas las palabras de Jesús.

ENSEÑANZA SOBRE EL AVIVAMIENTO

El tema del avivamiento está en la mente de muchos cristianos hoy en día. Hay ciertos eventos a los que llamamos 'avivamiento'. Ésta es una valoración humana. Por avivamiento, normalmente nos referimos a eventos que son superiores y distintos del trabajo normal del Espíritu Santo. Nosotros mismos decidimos qué eventos son avivamientos y cuáles no lo son, ya que la Biblia no nos da un criterio para diferenciarlos. En realidad, la Biblia no dice nada acerca de ninguna obra del Espíritu que sea única. Nosotros elaboramos nuestras propias medidas para este propósito.

Muchos intentan definir el avivamiento como si fuese una palabra bíblica, pero no lo es. Nosotros identificamos un evento o una serie de ellos como avivamiento, y luego tratamos de definir el término. Si no sabemos lo que queremos decir con avivamiento, ¿cómo podemos definir lo que es y lo que no es avivamiento? Deberíamos saber de lo que hablamos.

La pregunta básica es ¿tiene Dios dos niveles de acción espiritual? El hacer ordinario del Espíritu se da constantemente, todo el tiempo y en todo lugar. Mas ¿hay otra clase de superpoder especial que se pone en marcha cuando Dios pone empeño en hacer las cosas? ¿Podemos aceptar dos categorías de actividad del Espíritu Santo: poder completo y medio poder?

Francamente, no tengo la intención de responder estas preguntas. Simplemente planteo este asunto para resaltar un posible peligro: que muchas personas esperan que Dios actúe, que Dios entre al terreno de juego. Cualesquiera que sean nuestras ideas acerca del avivamiento, la enseñanza clara de Jesús es de predicar el evangelio a toda criatura. No hay salvación fuera de ella. *"Agradó a Dios salvar a los creyentes por la locura de la prédica"* (1 Corintios 1:21).

Muchos insisten en que una campaña evangelística no es avivamiento. Bien, entonces, no le llame avivamiento. Llámelo por lo que es: una campaña. No importa cómo lo llamemos, siempre y cuando se estén liberando almas de Satanás y del pecado (Hechos 26:18). No debemos menospreciar lo que se está haciendo. Por otro lado, se oye frecuentemente orar a las personas diciendo "Señor, hazlo otra vez". La gente quiere que Dios repita un evento que ellos tienen en mente como el modelo a seguir. Quieren una repetición. Pero Dios no da repeticiones, no importa cuánto hayamos apreciado lo que hizo previamente.

Si el avivamiento está destinado para el crecimiento de la Iglesia, lo que vemos hoy es algo que nunca antes, en toda la historia, se había conocido. He sido bendecido con el privilegio de predicar a más de un millón de personas, y de ver con mis propios ojos a un millón de convertidos en una sola reunión. La experiencia y crecimiento de la Iglesia de hoy han eclipsado a aquéllas que se registraron en el libro de los Hechos de los Apóstoles, más de mil veces. En China, por ejemplo, los cristianos esperan sufrir por causa de su fe. Cuando el presidente Mao Tse-tung se hizo cargo de China, había un millón de cristianos. Desde su muerte en 1976, ha habido una expansión de la fe, y las últimas estimaciones alcanzan los 120 millones de cristianos chinos, a pesar de continuas restricciones y amenazas del gobierno.

Mucho de lo que está ocurriendo no adhiere a una fórmula teológica clásica de conversiones o de avivamiento. Personas que aman a Jesús y dan su vida por Él, como ha ocurrido en innumerables ocasiones, no pueden ser creyentes inferiores. Cuando veo decenas de miles clamando por recibir a Cristo en un campo abierto en África, o en un estadio en la India, regocijándose en su experiencia, miro a mi alrededor buscando otro tipo de 'avivamiento' y no lo veo. ¿Podemos dejar esto de lado despectivamente como que no puede ser avivamiento porque no corresponde con alguno de los modelos del siglo dieciocho o diecinueve?

Creo que un avivamiento mundial está aconteciendo. Se ha orado por esto durante suficiente tiempo. Los himnos lo han pedido. Y ahora está en camino. En Corea, un país budista, el 40 por ciento de la población son nacidos de nuevo, incluido un tercio de las fuerzas armadas. Pero, ¿cómo suceden estas cosas? A través del evangelismo… de todo tipo.

Nunca ha habido un verdadero avivamiento sin la predicación del evangelio. Se ha dicho millones de veces que la oración precede al avivamiento. Por supuesto que lo hace. Tiene que ser así porque la gente ora constantemente; por eso cuando el avivamiento viene es fácil decir que ha sido producido a través de la oración. Pero un examen de los archivos revela que el mayor ímpetu que todos los avivamientos históricos han tenido en común era el evangelismo. Cuando la gente salía a evangelizar, aun en los momentos más oscuros e inesperados, Dios siempre honró su palabra. Un número extraordinario de personas venía a Cristo, muchas veces debido a que un número extraordinario de personas oían la Palabra por primera vez.

El avivamiento puede venir a través de una Iglesia avivada o de una Iglesia muerta. El Espíritu de Dios tiene total libertad de movimiento en este mundo, y Él obra en innumerables maneras. Alcemos nuestras velas de manera que cojan cualquier brisa que sople Dios, no importa cuál sea nuestra opinión particular sobre el avivamiento. Si alguien cree que el avivamiento está aún por venir, bien. Mientras tanto, Dios puede salvar multitudes de personas. Una repetición del despertar pasado sería grandioso, pero los eventos de hoy están trayendo mucha más gente a la salvación que ninguna otra cosa antes conocida. Ciertamente, el hacer nuestra parte, el hacer lo que podemos, puede terminar siendo el catalizador que traiga el avivamiento que muchos esperan.

ες

Capítulo 3

Aprendiendo del Maestro

Cuando consideramos tópicos tan importantes como el avivamiento y el evangelismo, tenemos mucho que aprender de Jesús mismo. Algunos de los textos más conocidos y usados en la predicación evangelística provienen de las enseñanzas de Cristo y se encuentran en el Evangelio de Juan. Mucha gente los conoce desde su niñez y generalmente, por lo menos para los mayores entre nosotros, en la versión antigua. Los siguientes son versículos famosos del libro de Juan. Ellos son como una gran pieza musical de la cual usted nunca se cansa. Simplemente ¡relájese con la palabra de Dios! Démonos el gusto de oír algunas de las palabras más hermosas que jamás se hayan escrito.

Mas a todos los que le recibieron, a los que creen en su nombre, les dio potestad de ser hechos hijos de Dios (Juan 1:12).

El siguiente día vio Juan a Jesús que venía a él, y dijo: He aquí el Cordero de Dios, que quita el pecado del mundo (Juan 1:29).

Respondió Jesús: De cierto, de cierto te digo, que el que no naciere de agua y del Espíritu, no puede entrar en el reino de Dios (Juan 3:5).

Porque de tal manera amó Dios al mundo, que ha dado a su Hijo unigénito, para que todo aquel que en él cree, no se pierda, mas tenga vida eterna (Juan 3:16).

*El que en él cree, no es condenado; pero el que no cree, ya
ha sido condenado, porque no ha creído en el nombre del
unigénito Hijo de Dios* (Juan 3:18).

*Mas el que bebiere del agua que yo le daré, no tendrá
sed jamás; sino que el agua que yo le daré será en él una
fuente de agua que salte para vida eterna* (Juan 4:14).

*Y decían a la mujer: Ya no creemos solamente por tu
dicho, porque nosotros mismos hemos oído, y sabemos
que verdaderamente éste es el Salvador del mundo, el
Cristo* (Juan 4:42).

*Yo soy el pan vivo que descendió del cielo; si alguno
comiere de este pan, vivirá para siempre; y el pan que yo
daré es mi carne, la cual yo daré por la vida del mundo*
(Juan 6:51).

*Otra vez Jesús les habló, y les dijo: Yo soy la luz del
mundo; el que me siga no andará en tinieblas, sino que
tendrá la luz de la vida. 24Por eso os dije que moriréis
en vuestros pecados; porque si no creéis que yo soy, en
vuestros pecados moriréis* (Juan 8:12,24).

*Y conoceréis la verdad, y la verdad os hará libres. Así
que, si el Hijo os libertare, seréis verdaderamente libres*
(Juan 8:32,36).

*Yo soy la puerta; el que por mí entrare, será salvo; y
entrará, y saldrá, y hallará pastos. Yo soy el buen pastor;
el buen pastor su vida da por las ovejas* (Juan 10:9,11).

Son tesoros, gemas en el alhajero del Evangelio de Juan.
Simplemente no hay nada como la Palabra de Dios para aprender

como salvar al mundo. Si algo puedo decir de mi experiencia, es esto: un solo capítulo del Evangelio de Juan es tan poderoso y estimulante como la experiencia de cualquier evangelista. Ésta es la fuente original de toda inspiración, la Palabra de Dios.

Así que, para lo que se incluye a continuación, voy a la fuente de todos los recursos. Como el padre de familia que Jesús describió en Mateo 13:52, quiero compartir los tesoros viejos y nuevos.

JUAN EL BAUTISTA

Creo que sería acertado decir que más sermones son preparados sobre el capítulo 3 del libro de Juan que sobre cualquier otro. Una sección importante de este texto trata acerca de Juan el Bautista, el primer evangelista del Nuevo Testamento. Juan es nombrado 19 veces en este Evangelio.

Juan tenía un solo objetivo: hacer volver a Israel a Dios. Su ministerio era para toda la nación. La idea de conversión

> Simplemente no hay nada como la Palabra de Dios para aprender como salvar al mundo.

individual no está enfatizada en el Antiguo Testamento y Juan fue el último de los profetas del Antiguo Testamento. Juan se dirigía a los Fariseos como grupo, pero no les dio esperanza, ni siquiera de arrepentimiento. Él tenía que bautizar a la gente como individuos, pero eso era simplemente parte del trabajo general de volver la nación entera hacia Dios, cumpliendo la profecía de Malaquías (Malaquías 4:5-6).

Cristo *"es el Salvador de todos los hombres, mayormente de los que creen"* (1 Timoteo 4:10). Ese fue el mensaje fundamental de Juan el Bautista. Él llamaba a Israel a empezar de nuevo, para renacer como nación. Israel necesitaba recuperar su condición espiritual perdida delante de Dios. Isaías ya había dicho lo que Juan el Bautista estaba diciendo: *"Mirad a la piedra de donde fuisteis*

cortados, y al hueco de la cantera de donde fuisteis arrancados.
Mirad a Abraham vuestro padre … porque cuando no era más que
uno solo lo llamé, y lo bendije y lo multipliqué" (Isaías 51:1-2).

Juan predicaba, *"arrepentíos, porque el reino de los cielos se ha*
acercado" (Mateo 3:2). Esa era la esperanza de Juan para Israel:
que fuese el reino de Dios. Él habló de Aquél grandioso que
estaba por venir, y esperaba que el Mesías prometido llevase la
nación a la victoria. Ellos tendrían que prepararse para su venida
y estar listos para recibirle.

Israel había declinado desde los días de su gloria original. Todos
confiaban en su identidad nacional. Si uno pertenecía a Israel,
estaba seguro. Todos los Israelitas suponían que tenían la condición de nación favorecida de Dios, como si Dios fuese suyo por
derecho de nacimiento. Esta creencia se ve en Salmos 87:5-6: *"Y*
de Sion se dirá: Éste y aquél han nacido en ella, … Jehová contará
al inscribir a los pueblos: Éste nació allí". Es como si la prueba de
residencia fuese su pasaporte al cielo. Uno es un ciudadano del
reino de Dios, y el resto tiene que pasar por inmigración.

Juan el Bautista tuvo que confrontar este mismo asunto. Él
dijo, *"y no penséis decir dentro de vosotros mismos: A Abraham*
tenemos por padre; porque yo os digo que Dios puede levantar hijos
a Abraham aun de estas piedras" (Mateo 3:9). El hacha había
sido puesta a la raíz del árbol; esto es, la nación, el árbol ances-
tral. Ellos se jactaban de ser los hijos de sus padres y de Israel;
pero Israel podía ser cortado. Por tanto, el mensaje de Juan era:
Arrepentíos. Malaquías había dicho que Elías volvería y que *"Él*
haría volver el corazón de los padres hacia los hijos, y el corazón de
los hijos hacia los padres, no sea que yo venga y hiera la tierra con
maldición" (Malaquías 4:6). El papel de Juan el Bautista fue el
de Elías.

Juan quería que Israel empezara de nuevo. Por lo tanto, trató de llevarlos al punto de partida. Se les pediría comenzar donde Israel había empezado con Moisés. Primero, la gente tenía que venir a Juan en el desierto. Él nunca predicó en una ciudad. Segundo, ellos tenían que pasar por las aguas, exactamente como Moisés había guiado al pueblo de Israel por el Mar Rojo. Él bautizó a una parte representativa de la nación en el Jordán. Pasando por las aguas, la nación podría nacer de nuevo. Tercero, los hijos de Israel tendrían que re-capturar su posición espiritual, lo cual llamaba al arrepentimiento.

Ahora bien, antes de continuar, permítame hacer este comentario sobre la iglesia de hoy. El arrepentimiento debe ser un elemento poderoso en nuestro mensaje evangelístico. Juan el Bautista no se anduvo con rodeos: o la gente se arrepentía, o habría un desastre nacional. Juan fue el evangelista extraordinario. Él fue el prototipo de todo lo que el evangelista debe ser: sin temor, inflexible con respecto al pecado, declarando la justicia y juicio de Dios. De hecho, Jesús mismo empezó su ministerio repitiendo el mensaje de Juan, diciendo, *"Arrepentíos, porque el reino de los cielos se ha acercado"* (Mateo 4:17).

La iglesia frecuentemente es acusada de no proveer un liderazgo moral en la Tierra. Me pregunto si la prédica de justicia y juicio debería ser algo así como la nota dominante. ¿Se ha reducido el evangelio a una promesa de azúcar, un sazonador y todas las cosas agradables? Dios prometió a Israel una tierra que fluye leche y miel, pero la Ley fue colocada en el corazón mismo de la nación. La Iglesia debe proclamar el contraste entre bondad y maldad, correcto e incorrecto, verdadero y falso, bueno y malo. De hecho, el mundo lo espera.

> ¿Se ha reducido el evangelio a una promesa de azúcar, un sazonador y todas las cosas agradables?

JUAN EL BAUTISTA Y NICODEMO

Cerca de la mitad del tercer capítulo de Juan es sobre Juan el Bautista. Pero debemos relacionar a Juan el Bautista con el hombre que vino a Jesús de noche: Nicodemo. Nicodemo había oído el mensaje de Juan. Casi con certeza había creído que Juan era un profeta, y que Israel necesitaba apartarse de sus pecados si querían ver la nación resurgir otra vez para ser poderosa e independiente.

Pero Juan no hacía milagros, y Jesús sí. Nicodemo sabía que Dios estaba con Jesús, que Él era el maestro que había venido de Dios. Por tanto se fue a Jesús buscando comprender acerca de Israel y el Reino. Nicodemo era uno de los maestros principales de Israel, y buscó la verdad para su nación.

Jesús confrontó a Nicodemo cara a cara con la realidad. Juan enseñó que la nación debe nacer de nuevo pasando por las aguas, así como originalmente Israel vino a existencia nacional pasando por el Mar Rojo y el Río Jordán. Pero Jesús dijo que el renacer de la nación requería más que algo físico. Él dijo, *"que el que no naciere de agua y del Espíritu no puede entrar en el reino de Dios"* (Juan 3:5, énfasis mío).

Jesús le habló a Nicodemo no sólo como individuo, sino también como maestro de Israel. Cuando Él le habló de ser nacido de nuevo, Jesús no usó la palabra "tú" en singular. El mensaje del renacimiento no es sólo para individuos, sino también para naciones enteras. Una nación puede ser renacida por la prédica del evangelio. Juan 3:16 dice: *"Porque de tal manera amó Dios al mundo,* y más adelante *todo aquél".* El evangelio es para todo el mundo. Eso es a lo que estamos aspirando en África – un continente lavado en la sangre. África tiene una elección: ser lavada en la sangre de conflictos tribales, o ser lavada en la sangre redentora de Jesús.

PROFETAS: LOS PORTAVOCES DE DIOS

Juan proclamó la palabra del Señor al pueblo de Dios, Israel. Elías habló a Israel... ¡un solo hombre predicando a todas las tribus! Lo que Elías, o cualquier otro profeta fue, la Iglesia lo es hoy. Hemos de hablar sin reservas a naciones enteras. El ministerio de la iglesia es profético. Algunas personas afirman tener un ministerio profético, como si fuesen diferentes de otros cristianos. En realidad, todo el pueblo de Dios ha recibido ahora el Espíritu de profecía, el Espíritu Santo (1 Corintios 12:13; Apocalipsis 19:10). El evangelio es profético.

Jesús confirmó esto. Él dijo: *"Entre los que nacen de mujer no se ha levantado otro mayor que Juan el Bautista; pero el más pequeño en el reino de los cielos mayor es que él"* (Mateo 11:11). Aquéllos que son nacidos del Espíritu, y están en el reino de Dios hoy, son mayores que Juan en este sentido, porque tenemos la gran verdad profética del evangelio.

Ese es nuestro llamado, nuestra responsabilidad. Los profetas deben profetizar. Los testigos deben testificar. Pablo dijo: *"¡ay de mí si no anunciare el evangelio!"* (1 Corintios 9:16). Jeremías intentó no profetizar, pero encontró que la palabra de Dios era como fuego ardiente en sus huesos (Jeremías 20:9). No queramos ser como Jonás e irnos a dormir mientras todos a nuestro alrededor están en peligro.

FUEGO: EL MEDIO DE DIOS

La prédica de la salvación debe ser más que un mero asunto frío. Las conversiones se producen en el fuego. El evangelismo no es una operación clínica; es un evento apasionante. La conversión debe ser del Espíritu. No es una transacción comercial. La prédica infundida por el Espíritu Santo genera convertidos del Espíritu Santo, no convertidos técnicamente o convertidos teológicamente. Creemos con el corazón. La respuesta para esta nación no es la polémica o el debate, sino el testimonio consistente, claro y ardiente de creyentes genuinos. Permítame recordarle, si quiere deshacerse de las tinieblas, ¡deje de discutir y simplemente encienda la luz!

> La conversión debe ser del Espíritu. La predicación infundida por el Espíritu Santo genera convertidos del Espíritu Santo.

En Juan 4, Jesús salió de Israel hacia Samaria. Ignoró todos los protocolos y tabúes sociales y se dirigió directamente a una mujer... ¡una mujer extranjera! Peor aun, Él le pidió de beber de su vasija, que estaba considerada inmunda. Ella era una samaritana, los samaritanos eran gente especialmente detestada por los judíos. Asombrada por el hecho de que Cristo rompió todo protocolo social, ella le habló, y Cristo le reveló su vida pecaminosa. Él sabía que ella era una de las peores mujeres de la ciudad, pero Él le dio el agua de la vida. Ella vino por agua al pozo con su vasija. Cuando Él la envió de regreso, ella dejó la vasija de agua, y llevó el pozo con ella: el pozo de la vida. Jesús reveló su identidad a esta mujer cuando aún no lo había hecho a ningún otro gentil hasta ese momento.

Hay más detalles para considerar aquí. Jesús le había dicho que fuese a traer a su esposo. Ella se fue, y si el hombre con el que estaba viviendo vino o no, no lo sé, ¡pero ella trajo consigo a los esposos de todas las demás! Había vuelto a su pueblo, diciendo, *"Venid, ved a un hombre"*. Esta mujer era muy conocida por sus 'hombres'; había tenido media docena, y aquí estaba el número siete (trayendo a la memoria lo que una vez los saduceos preguntaron a Jesús [vea Mateo 22:23-28] sobre los siete esposos y una esposa: ¿de quién sería la esposa en el cielo?). Ninguna otra persona en la ciudad podría haber hecho el trabajo tan bien. Ella dijo, "Venid, ved a un hombre", y ellos vinieron.

Bien, quizás usted haya leído que en ese tiempo el vestido de los hombres era de color blanco. Así cuando Jesús levantó sus ojos y vio a esta multitud vestida de blanco que venía a verle, dijo a sus discípulos, *"Alzad vuestros ojos y mirad los campos, porque ya están blancos para la siega"* (Juan 4:35). Esta mujer ya estaba trayendo los manojos. Eche una mirada a los versículos 31-34.

Entre tanto, los discípulos le rogaban, diciendo: Rabí, come. Él les dijo: Yo tengo una comida que comer, que vosotros no sabéis. Entonces los discípulos decían unos a otros: ¿Le habrá traído alguien de comer?

Jesús les dijo: *"Mi comida es que haga la voluntad del que me envió, y que acabe su obra"*.

Ninguna danza
ni concierto,
ni película sensacional
puede competir
con ganar un alma
para Cristo

¿Cuál era el trabajo que le traía a Cristo más satisfacción que la comida a un hambriento? El evangelismo. Cuando Jesús hablaba sobre su propia satisfacción o gozo, su deleite procedía de hacer la voluntad de Dios. No fue nunca una emoción repentina que le sobrevenía; más bien fue el resultado de un momento crítico en el que había superado con éxito una etapa en el plan de Dios.

El discípulo no es mayor que Su Señor. Si queremos el gozo de Cristo, debemos hacer lo que Cristo hizo. Para Él, la satisfacción no era el resultado de encontrar algún placer cristiano para competir con el placer del mundo. No era un asunto de estar entretenido con programas de la iglesia en vez de programas seculares. Cristo no compite prometiendo un equivalente religioso a lo que el mundo ofrece, placer por placer. Es completamente diferente. El placer de Cristo es la voluntad de Dios, y su promulgación. Ningún baile, ningún concierto, ninguna película sensacional puede competir con el placer de ganar un alma para Cristo.

"¿No decís vosotros: Aún faltan cuatro meses para que llegue la siega?" (Juan 4:35). Bien, sus discípulos dijeron eso. Eso era un dicho, como decir "Roma no fue construida en un día". Pero la cosecha de la que Él hablaba era la cosecha que estaba ante sus ojos, representada en los manojos que esta mujer había cogido. Pero Israel tenía la tendencia de esperar que la obra de Dios ocurriese 'mañana': mañana vendrá el Reino; mañana se arrepentirá la samaritana; mañana se irán los romanos; mañana aparecerá Dios otra vez con poder como lo hizo durante la salida de Israel de Egipto, y en Sinaí. Ellos tenían un Dios para todos sus ayeres y para todos sus mañanas, pero nada para hoy.

Aquella actitud no es desconocida en tiempos modernos. Smith Wigglesworth dijo una vez, "No es la teología lo que queremos. Es hoy-logía". Hablamos de sembrar, pero poco de cosechar. Jesús dijo que los campos están listos para la siega. No hay la más mínima duda de que en el pasado han habido tiempos cuando se pudo haber tenido una gran cosecha pero no ocurrió. La cosecha fue dejada para unos pocos segadores, generalmente predicadores profesionales, o grandes evangelistas.

Sin embargo, algunas veces, las posibilidades fueron vistas. En el medio siglo que siguió a la muerte de Juan, Wesley vio una expansión del avivamiento metodista en Inglaterra más grande que durante todo el tiempo de su vida.

El General Guillermo Booth dijo que a finales del período victoriano, cualquiera podía colocarse en una esquina en cualquier momento y predicar el evangelio, y multitudes se juntaban para escuchar. Sin embargo uno de los más conocidos evangelistas en Gran Bretaña trató de detener a otros de dirigir campañas porque detractaban su propio éxito. Ofreció a brillantes evangelistas grandes iglesias si dejaban de evangelizar. Él pensó equivocadamente que la cosecha duraría para siempre. Pero el lamento en

Jeremías 8:20 *"es, pasó la siega, terminó el verano, y nosotros no hemos sido salvos"*. El tiempo de ir es siempre, por tanto ¡vayamos ahora!

LA DECLARACIÓN DE PABLO

El asombroso capítulo sexto de 2 Corintios es tal vez, el capítulo más extraordinario jamás escrito sobre el evangelismo. Allí se encuentran palabras abrasadoras y desafiantes procedentes del corazón del apóstol Pablo, el hombre que introdujo el evangelio a Europa por primera vez. Cómo desearía que hubiese espacio aquí para repetirlas palabra por palabra:

> El evangelismo de hoy hace posible el evangelismo de mañana.

En mucha paciencia, en tribulaciones, en necesidades, en angustias; en azotes, en cárceles, en tumultos, en trabajos, en desvelos, en ayunos; en pureza, en ciencia, en longanimidad, en bondad, en el Espíritu Santo, … por honra y por deshonra … como pobres, mas enriqueciendo a muchos (2 Corintios 6:4-10).

Considere la forma en que empieza el capítulo:

Así, pues, nosotros, como colaboradores suyos, os exhortamos también a que no recibáis en vano la gracia de Dios. Porque dice: En tiempo aceptable te he oído, Y en día de salvación te he socorrido. "He aquí ahora el tiempo aceptable; he aquí ahora el día de salvación. No damos a nadie ninguna ocasión de tropiezo, para que nuestro ministerio no sea vituperado (2 Corintios 6:1-3).

Francamente, aunque no soy un erudito ni tampoco un experto en griego, pienso que al traducir las palabras de Pablo de aquel entonces al español de nuestros días, podemos perder la pasión que tienen. Sus emociones y su contexto no son los nuestros, incluso cuando tengamos las palabras correctas. Como evangelista, puede que tenga un pequeño vislumbre de lo que esto realmente significa.

Pablo está rebosando con la maravilla de la gracia divina. Él había recibido gracia, y nunca logró reponerse. El don de la gracia de Dios era tan grande que le impuso la obligación de compartirlo. Él reconoció esta obligación. Pablo sabía que era rico espiritualmente por encima de los sueños de todo practicante religioso que había caminado sobre la Tierra. La peor cosa que él podía pensar era no compartir esa gracia, lo cual hubiese sido *"recibir en vano la gracia de Dios"* (2 Corintios 6:1).

Estaba bien recibir aquella gracia. Los corintios la habían recibido. Ellos lo sabían, y Pablo lo sabía. Les funcionaba. Pero retenerlo para ellos solos, habría significado que todo se desvanecería. A todo costo, y por todos los medios – sin importar el sufrimiento – con la mayor energía, resistencia, y usando todos los recursos a nuestro alcance, tenemos que decírselo a la gente.

Pablo dijo, *"el amor de Cristo nos constriñe"*, porque él estaba convencido de que si Cristo murió por todos entonces *"todos estamos muertos"* (2 Corintios 5:14). El mensaje vital era: Hoy es el día de salvación.

PREPARANDO EL TERRENO

Jesús dijo a sus discípulos, *"Yo os he enviado a segar lo que vosotros no labrasteis; otros labraron, y vosotros habéis entrado en sus labores"* (Juan 4:38). Pienso que Juan le pone un énfasis previsor a las palabras originales de Cristo. Hasta ese momento, los discípulos no habían trabajado. Pero el principio permanece, "El evangelismo de hoy hace posible el evangelismo de mañana".

Hoy, el intelectualismo está de moda. El orgullo – ser demasiado inteligente para las 'cosas de Dios' – es la ruina de nuestra civilización. Los intelectuales están confundidos. Aquéllos que siguen esta moda deben ser tomados de la mano, y guiados hacia la fe en Cristo, con amabilidad y sabiduría. Pero, para la mayoría, debemos aprender a apreciar el inmenso poder del evangelio cuando

> Como el fuego es al calor, así Cristo es a la salvación.

es predicado en su forma original, puro y apasionado. El evangelio tiene un poder extraño y peculiar. Encuentra una abertura, y alcanza el corazón de la persona indirectamente. En comparación, es grosera la mera sutileza o psicología moderna de nuestra parte. La habilidad para entender y manipular la psicología de las masas no puede lograr nada en comparación con el poder del evangelio.

Como hago mención en un libro anterior, hemos estado en lugares donde pioneros como David Livingstone y C.T. Studd habían trabajado. Livingstone dijo que donde había visto poco fruto, otros vendrían con más luz del evangelio, y verían millares venir a Cristo. Uno de los puntos culminantes de mi vida fue el ministrar en Blantyre en Malawi, a la que se le puso el mismo nombre que la pequeña ciudad donde había nacido Livingstone. Livingstone trabajó para Cristo, y murió esforzándose, pero con pocos resultados para mostrar. Pero hizo posible que otros tuvieran éxito, y yo fui uno de ellos. En Blantyre, vimos 150.000 personas volverse a Cristo … ¡en una semana!

Mi oración es que yo pueda trabajar de una forma aceptable, así como Pablo escribe en 2 Corintios 6, de manera que cualquiera que venga después de mí encuentre el terreno menos duro. Cierta vez me llamó la atención que en la parábola del sembrador en Mateo 13, algunas de las semillas cayeron en tierra junto al camino, y las aves vinieron y se las comieron. ¿Qué camino era este? El sembrador mismo lo había hecho, ¡mientras caminaba de un lado a otro! Él estaba endureciendo su propio terreno mientras sembraba y trabajaba. Yo pensé, Dios, ayúdame a no hacer el camino más duro para otros por la forma en que hago lo que tengo que hacer.

Bien, Jesús también preparó el camino para otros. Sólo piense por un momento en la mujer samaritana en el pozo (Juan 4). Algunos años después de la resurrección, otro evangelista, Felipe, fue a Samaria, y encontró el lugar abierto y listo para el evangelio. Había gran gozo en aquel lugar. Jesús no había obrado milagros cuando estuvo allí – por lo menos la Biblia no dice que los haya hecho. Pero muchos milagros de sanidad ocurrieron, y demonios fueron expulsados cuando Felipe fue a Samaria siguiendo las pisadas del Señor. Jesús fue un buen trabajador a quien imitar. Él podía decir, *"Venid en pos de mí, y os haré pescadores de hombres"* sin destruir la zona de pesca.

Pero Jesús también dijo, *"el que siega recibe salario, y recoge fruto para vida eterna"* (Juan 4:36). El gozo de la cosecha … ese es el verdadero gozo. De pronto aquel viejo himno cobra sentido.

> Confiar y obedecer
> Porque no hay otra manera
> De ser feliz en Jesús
> Que confiando y obedeciendo.

Sólo conozco dos obligaciones persistentes en las que Cristo nos llama a confiar y obedecer: el amor y el evangelismo. Tu salario está en el trabajo, y no puedes disfrutar del salario a menos que trabajes.

LA OBLIGACIÓN DE JESÚS

Veamos otra vez la historia de Jesús en Samaria. La situación se resume en Juan 4:4: *"le era necesario pasar por Samaria".* El griego usa un verbo impersonal, 'dei', que significa 'tiene que', 'tiene necesidad de' o 'debe', y es usado 105 veces en el Nuevo Testamento. Sólo en una ocasión quiere decir necesidad física. En todos los otros casos quiere decir una necesidad moral o emocional. En cada uno de estos casos el texto expresa el sentido del Señor por lo que tenía que hacer, una obligación; el mismísimo propósito por el cual estaba en la tierra, y no una mera necesidad física. Por ejemplo, leemos:

Le era necesario al Hijo del Hombre padecer mucho (Marcos 8:31).

Es necesario que también a otras ciudades anuncie el evangelio del reino de Dios (Lucas 4:43).

Me es necesario hacer las obras del que me envió (Juan 9:4).

Es necesario que el Hijo del Hombre sea levantado (Juan 12:34).

Era necesario que él resucitase de los muertos (Juan 20:9).

Para Jesús, el trabajo de salvar hombres y mujeres no debía ser ignorado más que el hecho de que Él y Dios fuesen uno. Este trabajo era Su razón de ser. No solamente Él salvó; Él era la salvación. Como el fuego es al calor, así Cristo es a la salvación. El evangelismo para Él era el verdadero imperativo categórico.

Jesús dijo que su 'comida' era hacer la voluntad de Dios. Luego dijo que había enviado a sus discípulos para hacer las cosas que Él había hecho:

Como tú me enviaste al mundo, así yo los he enviado al mundo (Juan 17:18).

Como me envió el Padre, así también yo os envío (Juan 20:21).

Juan no expone la obligación del evangelismo de la misma manera en que lo hacen los evangelios sinópticos, sin embargo está presente a través de todo el libro de Juan, tanto latente como potente.

LA OBLIGACIÓN DE LOS DISCÍPULOS

Los discípulos son enviados al mundo, un mundo que era, y todavía es, hostil y degenerado. La Iglesia hoy en día debería preocuparse no solamente por el crecimiento de la Iglesia', que podría convertirse en algo semejante al crecimiento comercial en el que se buscan los clientes de otras personas. Alguien dijo que hemos sido llamados a ser pescadores de hombres, no guardas de acuarios, que roban peces de los acuarios de otras personas.

La Iglesia en América tiene un tremendo lago religioso donde pescar. En Europa no hay tal lago religioso, y pocos convertidos potenciales. Europa no sólo ha llegado a ser extremadamente secularizada, sino que parte de la tradición de esos países es estar completamente libre de cualquier tipificación religiosa. Para ganar un alma, las iglesias han tenido que ser muy ingeniosas y emprendedoras. Los líderes trabajan muy duro, dándolo todo, y parece que la mayor parte de la semilla cae en tierra infértil.

Me han dicho que América es una sociedad compuesta por dos grupos principales, los religiosos y los no religiosos, y es muy difícil para el grupo religioso llevar a cabo una invasión efectiva en el otro grupo. Quizás he sido mal informado. Ciertamente eso espero. Incluso hay algunas personas que consideran una pérdida de tiempo salir a alcanzar el mundo de los impíos. No obstante al ver las historias que emergen de América, no creo que sea imposible. Incluso en estos tiempos Dios está resucitando de entre los muertos Lázaros espirituales.

Sea difícil o no, alcanzar a los impíos es nuestra tarea. Si las iglesias americanas son meramente iglesias familiares, que existen por la continuidad de padres a hijos y que subsisten a través del vaivén de miembros de un lugar a otro, entonces más nos vale declarar un estado de emergencia. Tiene que haber un concilio de guerra... guerra total. Lo que se necesita desesperadamente es un llamado a volver a nuestro propósito primario de evangelizar a los perdidos. Somos enviados al mundo, no sólo al entorno cristiano. Somos pescadores de hombres, no sólo alimentadores de ovejas. Estamos aquí para salvar a la nación entera, no sólo a parte de ella.

El mundo allí fuera es un lugar peligroso, un lugar de confesores y mártires. La oposición no es sólo intelectual, sino que algunas veces están armados con pistolas, cuchillos y piedras, como lo he visto. La pregunta es si ese mundo de hecatombe vencerá al mundo del amor de Jesús. ¿Estamos preparados para dejar que eso suceda?

SE PUEDE VENCER LA DECEPCIÓN

Decepciones vendrán, pero no se les debe permitir que nos detengan. Volvamos a Juan 2:23-25 y leamos hasta 3:2, pasando por alto la separación del capítulo. Dice:

En Jerusalén ... muchos creyeron en su nombre, viendo las señales que hacía. Pero Jesús mismo no se fiaba de ellos, porque conocía a todos, y no tenía necesidad de que nadie le diese testimonio del hombre, pues él sabía lo que había en el hombre. Había un hombre de los fariseos que se llamaba Nicodemo, un principal entre los judíos. Éste vino a Jesús de noche.

Algunas personas son frívolas, superficiales y de poco fiar, pero no todos. De hecho, el capítulo uno de Juan termina con la descripción que Jesús hace de Natanael como un Israelita en quien no hay engaño. Nicodemo resultó ser el único hombre entre los líderes gobernantes de Jerusalén que fue fiel a Jesús, y se identificó con Él después de que éste fuese crucificado (Juan 19:39-40). Algunas semillas son sembradas y no llevan fruto. Algunas dan poco, algunas un poco más, y algunas dan mucho. La misma semilla, el mismo sembrador, pero diferente terreno. Todo depende de a quién le esté predicando. Jesús no tuvo ningún éxito en una de las ciudades de Samaria. De hecho, los pobladores ni siquiera le permitieron pasar la noche allí. Pero en Sicar fue diferente.

Más de una vez en África, hemos perdido grandes cantidades de dinero invertido en campañas que fueron canceladas por el gobierno a último minuto. Hemos visto disturbios como Pablo vio en Efeso (Hechos 19:23-34), pero ¿qué importa? Al final, venceremos (1 Juan 4:4). Jesús lo ha prometido.

Con frecuencia Pablo habló de paciencia y perseverancia, que son virtudes necesarias para todo evangelista. Pero sólo Dios las da. Jesús dio el ejemplo. Él dice, *"Venid en pos de mí"* (Mateo 4:19). Bien, Él va por delante. Por tanto alguien debe seguirle. ¿Por qué no lo hace usted?

☙

Capítulo 4

La Fe y el Evangelismo

E l seguir a Jesús requiere fe; en realidad, sin fe es imposible seguirle. El que creyere será salvo (vea Marcos 16:16). El evangelismo es una parte vital para hacer que esto ocurra. El trabajo del evangelista es el de cultivar fe en los corazones de las personas, pero para hacer esto, él mismo ha de tener una fe auténtica. La fe es contagiosa. No se puede contagiar algo que no se tiene. No se puede infectar a alguien con sarampión si uno no lo tiene primero. La fe es primero recibida, y luego transmitida. Usted la recibe de alguien, y otras personas la obtendrán de usted.

La gente habla del don del evangelismo, y debaten sobre lo que realmente significa. En pocas palabras, el don del evangelismo es una fe contagiosa. Para entusiasmar a otros, primero hay que entusiasmarse uno mismo. Voltaire, el famoso ateo francés, decía que él no creía que los cristianos fuesen redimidos, porque no parecían serlo. Los mensajeros cristianos no son sólo cassettes de audio, solamente palabras. Son más bien como videos: palabras e imágenes. Cuando Felipe fue a Samaria, la Biblia nos dice que *"había gran gozo en aquella ciudad"* (Hechos 8:8). La clase de fe que demostraba la vida y prédica de Felipe hacía a la gente jubilosa.

LA FE EN EL EVANGELIO DE JUAN

La palabra fe está claramente ausente en el evangelio de Juan. Juan parece evitarla. En sus tres epístolas se menciona solamente una vez. Esto es sorprendente pues la palabra fe (griego: *pistis*) se encuentra 244 veces en el Nuevo Testamento. En lugar del sustantivo 'fe', Juan prefiere usar el verbo 'creer' (griego: *pisteuo*). Extrañamente, los otros tres evangelios no hacen mucho uso de las palabras 'creer' o 'creyendo': sólo 11 veces en Mateo, 15 veces en Marcos, 9 veces en Lucas, mientras que en el libro de Juan aparecen 100 veces.

La fe es un concepto abstracto. 'Creer' describe una acción. La fe puede ser estática pero creer es dinámico. 'Creer' es una palabra en el evangelio de Juan que es importante para entender el evangelismo, pero hay otra palabra que tiene que acompañarla: 'testificar'.

Puede ser que usted espere encontrar las palabras 'evangelio' o 'evangelismo' en Juan, pero ninguna de ellas se mencionan. Una vez más Juan prefiere usar un término diferente, más dinámico: 'ser testigos' (griego: *martureo*), algunas veces traducido como 'testificar'. Este verbo griego en particular es usado en Juan 33 veces. Ahora bien, estas dos palabras – 'creer' y 'testificar' – representan algo continuo y activo, no estático. Están conectadas: al creer, también estamos testificando.

Juan nunca trata el evangelio como sólo una doctrina, una definición de la verdad en palabras. Siempre hace una referencia a algo que está ocurriendo. Sabe que el evangelio es la verdad. En 2 Juan 9, él dice, *"Cualquiera que se extravía, y no persevera en la doctrina de Cristo, no tiene a Dios; el que persevera en la doctrina de Cristo, ése sí tiene al Padre y al Hijo"*. El evangelio de Juan está escrito para mostrar que el evangelio es un suceso dinámico y continuo (vea Juan 20:31). Es la luz y la verdad. Sus lectores ven exactamente dónde están y adónde irán si deciden creer en Jesucristo.

Juan usa palabras de acción donde le es posible. Por ejemplo, habla de la verdad como algo que brilla continuamente, alumbrando al mundo constantemente, no es sólo una luz que alguna vez brilló. *"Aquella luz verdadera, que alumbra a todo hombre, venía a este mundo"* (Juan 1:9). En el griego, la palabra 'venía' puede ser asociada con 'todo hombre' (como en el versículo antes mencionado), o con la 'luz verdadera', lo que muestra que era la luz verdadera la que venía al mundo.

Una vez más, Juan nunca habla acerca del 'conocimiento' del evangelio o del 'conocimiento' acerca de Dios; pero en cambio habla de 'conocer': algo en lo que uno está en proceso de hacer. Cristo no es alguno de quien usted haya oído hablar, o de quien sepa algo, sino que es alguien a quien usted está conociendo, experimentando, aquí y ahora. Él está con usted.

Para Juan, la fe está viva. No es un credo, algo que se acepta, sino algo que se hace. Como solía decir Smith Wigglesworth, "la fe es un hecho".

UNA FE VIVA

El objetivo de Juan fue el de mostrar que la fe cristiana es algo viviente, no una religión estática. Cristo es vida; creer es vida; el conocerle es vida. Las características de la vida son la reproducción y la adaptación. La Biblia misma es un buen ejemplo: es la palabra viva. Se reproduce en la experiencia humana. *"La palabra del Señor crecía y se multiplicaba"* (Hechos 12:24). Ella habla, y es una fuerza en el

> El evangelio debe ser predicado para hacer de éste el evangelio.

mundo. Algunos piensan que la palabra de Dios no es nada más que antiguos documentos que la iglesia ha preservado, una clase de pieza de museo. No es nada de eso. Está viva. Su actividad es continua.

Las escrituras están hoy con nosotros en virtud de ser la *"palabra de Dios"* (Romanos 3:2), no porque la Iglesia las haya preservado. La Biblia ha preservado a la Iglesia. Existen muchas instituciones para preservar diferentes cosas – el medio ambiente, edificios antiguos, la paz, especies, tradiciones, etcétera - mas gracias a Dios, no hay necesidad de una sociedad para la preservación de las antiguas Escrituras. Lo que está vivo no necesita ser preservado; solamente aquello que está muerto es colocado en líquidos preservantes.

En el Nuevo Testamento, la palabra 'preservar' sólo se encuentra en 2 Timoteo 4:18, Y *"el Señor me librará de toda obra mala, y me preservará para su reino celestial"*, pero la palabra original griega 'sozo' significa 'salvar'. Somos salvos, mas no somos preservados. ¡Tenemos vida eterna! No vamos a ir al cielo como momias, o personas congeladas. La vibrante vida de la eternidad fluye en nuestras almas.

NUESTRO PAPEL ESTÁ CLARAMENTE DEFINIDO

El evangelio debe ser predicado para hacer de éste el evangelio. La Palabra 'evangelio', como probablemente lo sepa, proviene del griego evangelion, que quiere decir buenas nuevas. Si usted se guarda las noticias, entonces no son noticias. Las noticias son informaciones que se transmiten a gran escala. Si se ponen las noticias en un libro, en un estante, se convierten en historia. El evangelio no es historia, aunque es una verdad histórica. El evangelio ocurre. Se convierte en noticia cuando es predicado. Usted puede llamarlo como quiera – teología, la Palabra, la Verdad

– mas si no es articulado, no son buenas nuevas y el término evangelio no es apropiado. La fe no es una verdad que pueda ser encerrada en las páginas de una disertación teológica, puesta en un estante, y llamarla 'evangelio'. Por supuesto que la verdad del evangelio puede ser escrita, mas el evangelio es que usted y yo compartamos la historia de Cristo, cualquiera que sea el método de comunicación que escojamos.

Somos mayordomos del evangelio (1 Corintios 4:1; 1 Pedro 4:10), no sus carceleros. Un mayordomo tiene que usar lo que está bajo su control, no encerrar los tesoros de la verdad protegiéndolos de cualquier daño. La mejor manera de defender la fe es exponiendo el evangelio a sus enemigos; el evangelio es totalmente capaz de encargarse de ellos. Somos mayordomos asignados a distribuir con la liberalidad de Dios las buenas nuevas a todos. La Iglesia no es una fortaleza construida para mantener la verdad intacta, sino una institución filantrópica, un centro de distribución. Eliseo le dio a una mujer una vasija inagotable de aceite, mas Dios nos ha dado un yacimiento petrolífero, un pozo que nunca se secará.

> Eliseo le dio a una mujer una vasija inagotable de aceite, mas Dios nos ha dado un yacimiento petrolífero.

Cuando la fe y el testimonio se combinan, se produce algo similar a una explosión. Pablo dijo que el evangelio es *"el poder de Dios"* (Romanos 1:16). El proclamar el evangelio desata el poder de Dios. Muchas personas oran pidiendo poder, pero el poder está latente dentro del evangelio mismo. Predique la Palabra y el poder será desatado.

Se dice que hay suficiente oxígeno atrapado en las rocas de Marte para restaurar su atmósfera. Bien, ¡hay suficiente 'oxígeno espiritual' guardado en el evangelio para restaurar el mundo entero!

Predíquelo, y la proclamación de Cristo actuará como un catalizador que cause interacción entre el poder del Espíritu Santo y aquéllos que oigan el mensaje. El Espíritu Santo actuará cuando Jesús sea predicado – por ejemplo, convenciendo de pecado a la gente. Pero todo comienza con nuestro creer, y con el hacer lo que se supone debemos hacer. Ponga su fe a trabajar, predique la Palabra, y Dios entrará en acción. Esa es la dinámica del evangelio.

¿QUÉ ES FE VERDADERA?

Hay personas a las que se les podría describir como 'creyentes incrédulos'. Ellos tienen una buena doctrina, pero no tienen confianza. Ellos predican lo que llaman evangelio, mas no tiene vida, es sólo una declaración de su ortodoxia. Cuando un hombre describe la belleza de una hermosa mujer, él puede hacerlo de una manera clínica. Mas si ese hombre está enamorado de ella, entonces lo hará de una manera que demuestra la vivacidad en ella, que es digna de atraerlo a una relación.

Predicar debe ser en sí un acto de fe, totalmente dependiente de Dios. La verdad de Cristo es la semilla que debemos sembrar. Pero sin fe es una semilla que nunca ha sido fertilizada. El evangelio no germinará, brotará, florecerá, ni producirá fruto a menos que sea predicado con fe. *"Exhortándoos que contendáis ardientemente por la fe que ha sido una vez dada a los santos"* (Judas 3) es muy importante, pero no es suficiente. La fe debe ser fructífera,

> El evangelio no es la verdad helada, sino la verdad ardiente.

generadora de vida, *"para que creyendo, tengáis vida en su nombre"* (Juan 20:31). Es un proceso vibrante y vivo. Usted está creyendo, recibiendo, conociendo, viendo, habitando en Él.

El resultado de creer son beneficios que vienen de Dios: Una fe continua posee inducción constante de vida. Jesús no dijo, 'Yo soy el camino y la verdad'; Él dijo *"Yo soy el camino, la verdad y la vida"* (Juan 14:6, énfasis mío). El evangelio no es la verdad helada sino la verdad ardiente.

El episodio de David y Goliat (vea 1 Samuel 17) es un ejemplo perfecto de la diferencia entre la fe activa y pasiva. Israel tenía fe. Ellos habían declarado que Jehová era Dios. Para ellos eso era una gran verdad. Pero bien podían haber dicho – y creído – que la luna estaba hecha de queso verde. Su declaración de fe en Jehová Dios bien podía no haber sido verdad, pues no hizo nada en sus vidas.

Allí estaban ellos, un ejército entero, con el mismo rey, un insulto cobarde, como su líder de batalla. Ellos gritaban el nombre del Señor, y hacían un ruido horrible con sus armas. Ellos creían que eran el pueblo de Dios, y que Él estaba de su lado. Pero eso era todo. No inspiraba ni a un solo soldado a salir de la fila para un enfrentamiento uno a uno con Goliat. Por supuesto, hacer eso requería una fe verdadera, pues nadie en Israel podía aspirar a igualar físicamente a Goliat, ni siquiera el Rey Saúl.

David, el joven pastor, no era del grupo. Mas él se dirigió al valle, estaba enfurecido por las blasfemias del gigante, y declaró que cortaría la cabeza de Goliat. Y lo hizo. *"La fe sin obras es muerta tal y como nos lo dice la Biblia"* (Santiago 2:26).

El evangelismo llama por esa clase de fe activa. Estar testificando, atestiguando, viendo, conociendo, y haciendo. Pero necesitamos algunos fundamentos para esa clase de confianza audaz. El creer en Dios no tiene nada que ver con ser ingenuo, crédulo, o ignorante. Si usted quiere fe, póngala en acción. La seguridad de la fe es como la seguridad de nadar – ¡usted tiene que actuar!

EL DIOS QUE NUNCA CAMBIA

La fe en Dios descansa en la fidelidad de Dios. Lamentaciones 3:22-23 nos dice que *"nunca decayeron sus misericordias. Nuevas son cada mañana; grande es tu fidelidad"*. Éstas son palabras sorprendentes. Jeremías las dijo mientras estaba sentado, mirando hacia Jerusalén, que había sido saqueada, arrasada y convertida en una pila de escombros. Lloró por esa ciudad. Pero sabía que Dios es fiel. A Jeremías no le faltó la fe. El salmo 119:90 nos asegura: *"De generación en generación es tu fidelidad"*.

> Dios
> no obra fuera
> de su carácter.

¿De qué manera es Dios fiel? ¿A quién o qué le es fiel? Dios es fiel a sí mismo. Él siempre es lo que ha dicho que es. Él nunca se falla a sí mismo por hacer cosas que no van con lo que Él realmente es. Lo que ha revelado acerca de su carácter es consistente con lo que hace; Dios nunca obra fuera de su carácter. De ninguna cosa que Él hace jamás podremos decir que: "¡No es Él! Él no es así". En cualquier cosa que hace, Él es fiel a sí mismo. Él es lo que Él dice que es, y Él hace lo que ha dicho que haría. En realidad, Él tiene que hacer ciertas cosas, si es el Dios que dice que es. La certeza de sus promesas descansan en su fidelidad (vea Números 23:19).

Más de una vez en el evangelio de Juan, Jesús abiertamente declara lo que debemos hacer. Él tuvo que hacer ciertas cosas por quien era y es. Las escrituras dicen que, *"Él no puede negarse a sí mismo"* (2 Timoteo 2:13). Él debe obrar de acuerdo a su naturaleza. Si Su naturaleza es amor, entonces Él tiene que amar. Si Él es justicia, entonces Él tiene que ser justo. Dios sólo puede ser lo que Él es: es decir, Dios. Como ser humano, yo debo respirar, comer y andar. Dios debe cuidar, obrar y salvar.

Dios reveló su verdadera identidad desde el principio. Le dijo a Moisés, *"yo soy el que soy"* (Éxodo 3:14). Los expertos han examinado y discutido la variedad de posibles significados e implicancias de esta declaración. Han considerado las palabras gramatical y teológicamente. Pero independientemente de estas consideraciones, el significado es suficientemente claro. Dios está diciendo que Él es fiel – Él es lo que Él es y nunca cambia. Por ejemplo, Él vinculó Su llamado a Moisés con lo que Él había estado diciendo a generaciones previas *"Y me he acordado de mi pacto, que hice con Abraham, Isaac y Jacob"* (vea Éxodo 6:2-5). Cuatro siglos habían pasado, pero Dios no se había olvidado buenamente de lo que Él había prometido a los patriarcas. Lo que Él fue aquel entonces, también Él era 400 años después. Refiriéndose al *"yo soy"* que Abraham conocía, Él pudo decir a Moisés sin ninguna duda, *"yo soy el que soy"*.

Cualquier cosa que Dios haga una vez, muestra como Él será por siempre. Cada acto divino es una señal y profecía de las cosas que Él hará en los tiempos venideros. Cualquier cosa que Él hace es una expresión de su carácter inmutable. Dios mismo lo deja claro: *"Porque yo Jehová no cambio; por esto, hijos de Jacobo, no habéis sido consumidos"* (Malaquías 3:6). Incluso frente a las más grandes provocaciones posibles, Su actitud permanece inconmovible. Él nunca cambia. Él es perfecto, y desviarse de lo que Él es significaría que Él no es perfecto.

Tener fe en Dios quiere decir tener fe en que Dios es siempre lo que Él ha sido. Si Él contesta la oración una vez, podemos estar seguros de que su natural respuesta a la oración es contestarla. Si alguna vez Él ha cuidado de alguien, es porque Él siempre cuida, por tanto, cuidará de todos. Si Él sana a un individuo que sufre, es porque Él es sanador; está en Su naturaleza sanar a la gente. Si Él perdona a una persona arrepentida, es porque Él es Perdonador. Si Él alguna vez salvó a un ser humano, es porque Él es Dios nuestro salvador, cuyo deseo es que todos sean salvos.

DIOS ESTA DISPUESTO

Dios hace lo que Él hace porque quiere hacerlo. Incluso el primer capítulo de Génesis revela a un Dios espontáneo en acción. En ningún momento durante la obra de la creación Él fue incitado a hacer lo que hizo por alguna presión u obligación externa. No hubo un comité de ángeles rondando por allí, sugiriendo que la luz podría ser algo bueno, o diciendo, "¿Y si hubiese un firmamento que divida las aguas?".

Dios no se puso a pensar: "Bueno, supongo que debería hacer un mundo, uno bonito. Si no lo hiciese, no estaría bien. La gente espera más de mí". Ese tipo de consideraciones nunca le afectaron. Él no consultó con Su conciencia, o consideró lo que las futuras generaciones podrían pensar, o lo que la historia diría. Él simplemente quiso crear. Era Su voluntad, Su deseo, Su instinto y Su deleite. Lo que Él quiere hacer es lo que le gusta hacer. No hay nada desapasionado acerca de Dios. Lo que Él hace, lo hace de corazón, con una generosidad noble y con manos abiertas.

> El evangelio refleja el dinamismo espontáneo de Dios.

El evangelio refleja el dinamismo espontáneo de Dios. Cuando Adán cayó, Dios no lo dejó allí. No le dio una clase sobre transigencia moral y sus efectos devastadores. Dios vino para levantarlo, para rehabilitarlo, para tranquilizarlo, para vestirlo y prometerle un futuro. Ese es Dios. Eso lo vemos desde las primeras páginas de la Biblia. Verdaderamente, es eso de lo que la Biblia – Antiguo y Nuevo Testamento – trata. Desde el principio vemos la preocupación (no solicitada) total de Dios por la humanidad.

Este tema es desarrollado a través del Antiguo Testamento. Los principios que encontramos en los evangelios son vistos primeramente en todo lo que Dios hace a través de todo el Antiguo

Testamento. Israel se convierte en el lienzo en el que Dios pinta el cuadro de Su carácter. En los primeros capítulos del Génesis podemos ver que:

1. El mundo estaba destinado al bien.
2. La creación está basada en Su bondad.
3. La historia será forjada para el bien.
4. Dios y la bondad triunfarán sobre el mal.

LA REVELACIÓN DE DIOS EN JESÚS

La revelación de Dios manifiesta su gloria plena en Jesucristo, que es la razón por la que predicamos de Él (vea Juan 1:18). Es Él quien interpreta al Dios del Antiguo Testamento. Su asombrosa y maravillosa vida revela a un Dios asombroso y maravilloso. Jesús cambió las ideas que la gente tenía de Dios al mostrarles quién realmente era Él.

Dios no puede ser mayor que Él mismo, y Jesús nos proporcionó la idea más alta de Dios. Dios no está interesado en nuestras filosofías o nuestros razonamientos acerca de Él, sea que estén bien o mal.

> Dios no está interesado en nuestras filosofías o razonamientos acerca de El, sea que estén bien o mal.

Obtenemos todo nuestro conocimiento del carácter de Dios por la manera en que trata con la humanidad. Esa es nuestra evidencia, y todo lo que necesitamos saber. Dios mismo nos ama, y ha venido a salvarnos. Él quiere que conozcamos su gloria.

Verdaderamente vemos lo que Él es para nosotros cuando está colgado en la cruz. Si usted olvida eso, no sabe nada acerca de Dios. Todo lo demás es cuestión de especulación, y no tiene valor perdurable. Puede que haya otros aspectos de Dios, pues Él es infinito. Mas no sabemos cuáles son. El Antiguo y Nuevo Testamento dejan claro que nuestro conocimiento de Dios es limitado.

Las cosas secretas pertenecen a Jehová nuestro Dios; mas las reveladas son para nosotros y para nuestros hijos para siempre (Deuteronomio 29:29).

Ahora vemos por espejo, oscuramente ... Ahora conozco en parte (1 Corintios 13:12).

Sin embargo, Él ha manifestado sus intenciones perfectamente claras, y nosotros interpretamos lo que hará por lo que nos dicen sus obras ya realizadas acerca de Él.

LA REVELACIÓN DE DIOS

La Biblia es nuestro punto de referencia fundamental si estamos buscando la revelación de Dios. Podemos ver la Biblia de muchas maneras: como el libro de salvación, el libro del Reino, o la Palabra de vida. Pero por encima y más allá de toda otra consideración, la Biblia es la revelación de parte de Dios, de quién Él es, qué es, y lo que podemos esperar de Él.

La fe es fe en el Dios de la Biblia, no es fe en una teoría nuestra de lo que Dios es o debería ser. Sabiendo que Él es todopoderoso, la gente viene a Él con una lista de "cosas para hacer", con 50 tareas diferentes, muchas de las cuales ¡se contradicen la una de la otra! Al mismo tiempo bendicen a Dios y maldicen a su prójimo. Pero Dios no puede contradecirse, porque la coherencia es una de las facetas de su carácter. No hace una cosa ahora y lo opuesto al minuto siguiente.

La verdadera fe está basada en cómo es Dios, y realmente eso sólo lo sabemos por las escrituras. Cuanto mejor entendamos la Biblia, mejor entenderemos a Dios. Es una tarea que ha de durar toda la vida. Para entender a Jesús, mire el Antiguo Testamento. Lo que Dios es allí, Jesús es en el Nuevo Testamento y lo es

hoy. Para entender al Dios del Antiguo
Testamento, mire a Jesús en el Nuevo
Testamento. Jesús muestra la verdadera
naturaleza de Jehová.

> La fe es fe en
> el Dios de la Biblia,
> no es fe en una
> teoría nuestra.

Puede que veamos un cuadro distinto de Dios cuando nos movemos del Antiguo al Nuevo Testamento a menos que apreciemos
la fidelidad eterna de Dios. Puede que cambie de tácticas. Él
viene a las personas tal y como ellas son, y se muestra en un
trasfondo que les es familiar, pero la luz de su amor sigue pene-
trando aún cuando es filtrada a través de un cristal oscurecido.

La luz que viaja a través del aire claro es la misma luz que se
irradia a través de un cielo rojizo, a través de ventanas sucias, o
a través de un prisma. La luz que vino sobre Josué fue la misma
luz que Moisés vio en la zarza ardiente, y la misma luz que los
apóstoles vieron en el día de Pentecostés. Es la misma luz que
Saulo vio en el camino de Damasco, y que Abraham vio como
una lámpara humeante. El amor de Dios puede venir como ira,
o como juicio, pero sigue siendo amor.

Hay una perfecta unidad entre todas las revelaciones que Dios
hace de Sí mismo en la Biblia. Puede que tengamos que buscarla,
pero está allí. Es por eso que constantemente leemos las escrituras, para buscar el corazón de la Palabra, su unidad, que es la
unidad infalible de Dios.

EL MISMO AYER, HOY Y POR LOS SIGLOS

Jesús es el mismo ayer, hoy y por los siglos (Hebreos 13:8) pues
Dios no cambia, a pesar del tiempo o modas. La fe sólo es posible si nuestro Dios es un Dios fiel. Si podemos pensar en alguna
razón por la que Él debe cambiar, entonces nuestra fe es una fe
intelectual.

Algunas personas, que se hacen llamar dispensacionalistas, creen que lo que Dios hace depende del tiempo en el que vivimos. ¿Cambió Dios a medio camino del libro de los Hechos, saltando de una época a otra? Este tipo de percepción divide la Palabra de verdad hasta el punto en que una parte no tiene nada que ver con la otra, y las promesas de Dios son desglosadas en compartimentos herméticos separados. De acuerdo con este punto de vista, Dios no siempre es el mismo de un período histórico a otro, sino que está limitado en lo que pueda hacer de acuerdo al orden actual de las cosas.

Si Dios es el mismo sólo en ciertas circunstancias, entonces Él no es inmutable, y las circunstancias lo cambian tanto como nos cambian a nosotros. El ser humano cambia con el transcurso del tiempo, pero Dios no cambia; Él es flexible pero no de humor cambiadizo. Dividir la Palabra de Dios en tiempos y sazones hace que su fidelidad no tenga ningún significado. Recuerde que *Su verdad* (o Su fidelidad) *perdura por todas las generaciones.*

Si debemos estudiar meticulosamente para saber si tenemos o no a Dios en el contexto dispensacional correcto, nuestra fe se convierte controvertible e inestable. La fe no está basada en interpretaciones de la Escritura, sino en todo el panorama de lo que Dios ha sido desde el principio de los tiempos. Algunos sólo le confían el hacer esto o aquello si han sido persuadidos de que están viviendo en la época correcta. Pero me parece que la Biblia deja un mensaje muy claro: Su fidelidad no está condicionada por el calendario.

> Hay una perfecta unidad entre todas las revelaciones que Dios hace de sí mismo en la Biblia.

DIOS Y LA SANIDAD

En Génesis 20, leemos la historia de Abraham y Abimelec. Ésta es la primera historia de sanidad registrada en las Escrituras. La oración de Abraham trajo perdón y sanidad a toda la casa del rey filisteo, Abimelec. Sin embargo, ésta no fue la idea de Abraham; fue la idea de Dios desde el principio. Dios le dijo a Abimelec que le pidiese a Abraham que orase por él para que sanase.

Esa es la manera en que Dios obra, induciendo a la oración. Cuando Dios quiere hacer algo, Él estimula oración. Él estimuló a Abraham a orar, y estimuló a Abimelec a esperar que las oraciones de Abraham fuesen respondidas. Fue todo de Dios. Y cuando sanó a los de la casa de un poblador filisteo, un hombre pagano, Dios mismo se había comprometido – nunca jamás podría ser de otra manera. Dios había revelado lo que Él era, y no podía retroceder.

> La gente necesita el evangelio, y sus necesidades crean una necesidad en el corazón de Dios: El necesita enviarnos con el evangelio.

Puede que Dios no copie sus propias obras exactamente. Rara vez se repite, pues tiene una provisión infinita de nuevos enfoques y planes. Puede que no sane a todos, pero se ha mostrado como el sanador, y sanar es lo que quiere hacer. Lo que sus obras demuestran es el corazón y carácter inmutable detrás de ellas. Él tiene el mismo amor, la misma voluntad que siempre ha tenido y sus obras no pueden infringir su carácter.

EL IMPERATIVO DIVINO

Como hemos visto, lo que Dios es es lo que Él debe hacer. Dios no puede ser lo que es, y no hacerlo. Si es amor, Él debe amar a alguien. Si es Salvador debe salvar. Debe sanar pues se ha revelado como sanador. En el evangelio de Juan, esto se muestra como los imperativos de Jesús. Cuando Jesús dijo, *"Os es necesario nacer de nuevo"* (Juan 3:7), Él quiso decir que Él mismo tenía que hacerlo por nosotros. No podemos nacer de nuevo por nuestra propia cuenta. Sólo Dios puede hacer tal cosa. Santiago 1:18 declara, *"de su voluntad, nos hizo nacer por la palabra de verdad"*.

El nuevo nacimiento viene por la Palabra de verdad, el evangelio. Si el mundo va a ser salvo, la gente debe oír el evangelio. Si ellos han de oír el evangelio, entonces alguien debe predicarlo: *"¿Y como oirán sin haber quien les predique?"* (Romanos 10:14).

La gente necesita el evangelio, y sus necesidades crean una necesidad en el corazón de Dios: Él necesita enviarnos con el evangelio. Él sabe que debemos nacer de nuevo, y no puede simplemente sentarse en su trono y no hacer nada al respecto. Eso sería completamente contrario a todo lo que Él siempre ha hecho. Él conoce nuestras necesidades, y está bajo apremio para satisfacerlas.

De la misma manera, si nosotros que hemos sido creados a imagen de Dios sabemos de los que pasan hambre en el mundo, tenemos que hacer algo. Sus necesidades crean en nosotros la necesidad de ayudar al necesitado. Si usted y yo tenemos en abundancia, entonces no podemos quedarnos mirando como nuestros prójimos mueren de hambre. Lo mismo es verdad con la comida espiritual. Nuestra necesidad espiritual pone un apremio en el corazón de Dios; nuestra actitud hacia otros debería ser igual.

Cuando Jesús dijo, *"Os es necesario nacer de nuevo"*, tuvo que decir casi inmediatamente después que, *"Es necesario que el Hijo del Hombre sea levantado"* (Juan 3:14). Él usó las mismas palabras, 'es necesario'. Nuestra necesidad se convierte en Su necesidad de satisfacer nuestra necesidad. Jesús vivió bajo una constante sensación de la voluntad imperativa de Dios. Él debe salvar porque nosotros necesitamos ser salvos. Él dijo, *"tengo otras ovejas"* que tienen que ser salvas – *"Aquéllas también debo traer"* (Juan 10:16).

Esta revelación de Dios se convierte en la base para nuestra fe y el evangelismo. El Dios de la Biblia, nuestro Señor Jesucristo, Aquél que nunca cambia, nunca nos fallará. Vamos a su mandato, con nuestra mano en la suya, y le presentamos a un mundo cansado.

UN ASUNTO DE IMPORTANCIA

Déjeme recordarle que la iniciativa no es nuestra; es de Dios. Detrás de todo está moviéndose el Espíritu de Dios. Al ser éste el caso, somos importantes o inútiles para lo que Dios está haciendo.

Dios es nuestro centro, no este mundo. La gente dice que nosotros los cristianos somos excéntricos. Un objeto excéntrico oscila alrededor de un punto que está fuera del centro. Pero eso es lo que la Biblia llama 'el mundo'. No son los creyentes, evangelistas, testigos o cristianos los que son excéntricos, sino el mundo. El mundo oscila mientras gira en torno a sí mismo, mas el creyente está centrado en Dios.

Cuando la gente en la iglesia habla acerca de hacer el evangelio relevante (importante), generalmente quieren decir que necesitamos mostrar que el evangelio tiene algo en común con el mundo de la industria, entretenimiento y comercio. Ellos tienen las cosas al revés. El asunto no es si el mensaje puede relacionarse con este mundo, sino si el mundo se puede relacionar con el mensaje de la Cruz. Si no lo puede hacer, entonces será juzgado en la cruz. Si el mundo no es importante para el evangelio, entonces el mundo está a la deriva; no tiene ancla.

Otra cosa que oigo decir a la gente es que los evangelistas responden preguntas que el mundo no está haciendo. ¡Gracias
a Dios por ello! Estamos dando respuestas, preparados para
cuando el mundo decida hacer las preguntas correctas. Porque
de momento está haciendo todas las preguntas equivocadas,
cualquier respuesta estará igualmente equivocada.

La importancia es un asunto de posición y enfoque. Sólo somos
relevantes cuando nos relacionamos con lo que el Espíritu Santo
está haciendo. Frecuentemente se nos dice que nuestro ministerio debe estar engranado a los tiempos. Nuevas maneras y
métodos pueden, por supuesto, ser usados para presentar el
amor salvador de Cristo a la gente (vea
1 Reyes 9:22). El contenido de nuestro
mensaje, sin embargo, nunca debería
cambiar. Estamos engranados a Dios.
La maquinaria del cielo está girando
–una situación en la que una complicación de influencias está en operación.
Es la maquinaria del cielo, no la de la
industria, lo que debe ser nuestra pre-
ocupación. Estar engranados al mundo es convertir el evangelio
en otra forma de materialismo, simplemente otra manera de acu-
mular mucho dinero y bienes. Lo que nos hace importantes no
es si el mensaje encaja en la situación – *"no os conforméis a este
siglo, como nos dice la Biblia"* (Romanos 12:2) – más si la situación
se relaciona con la verdad de Cristo. En realidad, el mundo no
tiene ninguna importancia si no se relaciona con Dios.

> La importancia
> es un asunto de
> posición y enfoque.
> Sólo somos
> relevantes cuando
> nos relacionamos
> a lo que el Espíritu
> Santo está haciendo.

Tenemos que poner correctamente el orden de nuestras prioridades. O entramos a la principal corriente de revelación – el
amor de Dios por un mundo perdido – o derivamos hacia aguas
estancadas llenas de escombros de controversia teológica y política eclesiástica. Nuestra prioridad debe ser la misma que la del

Espíritu. ¿Por qué está aquí el Espíritu Santo? El Espíritu Santo ha sido dado para hacernos testigos, y Su trabajo es el de resaltar el trabajo de Cristo y accionarlo en la vida de las personas (vea Juan 16:9-11; Hechos 1:8). Si queremos movernos en el Espíritu, necesitamos entrar a esa clase de actividad, porque eso es lo que Él está haciendo.

Algunas personas que hablan de moverse en el Espíritu parecen pensar y actuar como si fuesen ellos quienes mueven al Espíritu. Eso no es bíblico: *"¿quién enseñó al Espíritu de Jehová, o le aconsejó enseñándole?"* (Isaías 40:13). Él no se está moviendo en secreto. No ha salido disparado de repente en alguna nueva dirección inesperada, sólo visto por algunos pocos miembros de una élite espiritual. Todavía encontramos a Dios obrando entre la gente que está abatida: los pecadores, los que no tienen esperanza y los abandonados. Siga a Jesús – es una expresión mejor que la de moverse en el Espíritu. Sígale y usted irá a donde Él vaya, *"haciendo bienes y sanando a todos los oprimidos por el diablo"* (Hechos 10:38).

ↄ

Capítulo 5

Predicando
de un Cristo Milagroso

A menos que comprendamos la revelación de Jesús como el divino Hijo de Dios, nunca veremos Su poder obrando con libertad en el ministerio. Alguien escribió un libro acerca de Jesús bajo el título *El Hombre que Nadie Conoce*. Recuerdo, por supuesto, que Jesús mismo dijo, *"nadie conoce al Hijo excepto el Padre. Nadie conoce al Padre excepto el Hijo y aquél a quien el Hijo quiere revelar"* (Mateo 11:27). Jesús se está refiriendo al misterio de Dios encarnado, que está más allá de la comprensión humana. Pero podemos conocerle como Salvador y Señor, aun cuando no podamos comprender Su infinita grandeza.

Hay varios grados en los que se conoce a una persona, pero esto no necesariamente quiere decir que podemos medir la profundidad de su naturaleza. Comúnmente se oye a la gente decir, "¡Simplemente no entiendo a mi esposa!". Podemos conocer a Dios mismo, pero sólo en la medida en la que Jesús lo revele. Las Escrituras hacen del conocerle una parte vital de la salvación: si somos salvos, le conocemos (Juan 17:3).

En las palabras de Pablo, hechas famosas en el antiguo himno, puedo decir, *"Yo sé en quién he creído"* (2 Timoteo 1:12). Yo sé lo que Él es y quién es. Conocerle es *vida eterna*, una maravilla que se sigue descubriendo. Podemos *"crecer en la gracia y conocimiento de nuestro Señor y Salvador Jesucristo"* (2 Pedro 3:18). Conocemos mejor a Dios a medida que pasa el tiempo, pero su carácter fundamental permanece inmutable. Es verdad que *"ahora le vemos como en un espejo"* (1 Corintios 13:12), y todavía no cara a cara, mientras tanto lo que Él significa para mí lo es todo.

¿QUÉ CRISTO ESTAMOS PREDICANDO?

Cuando usted predica a Cristo, la pregunta es, ¿qué Cristo? Por encima de todo, debe ser un Cristo a quien usted pueda conocer. Yo le llamo "mi Jesús", "mi Señor", "mi Dios". A través del Nuevo Testamento hombres y mujeres tuvieron una relación con Jesús. Alguien peculiar fue María Magdalena. Ella se asió a los pies de Jesús y clamó, *"Raboni"*, o *"mi Señor"* (Juan 20:16). En el mismo capítulo, el apóstol Tomás declaró *"Mi Señor y mi Dios"* (versículo 28).

> A menos que comprendamos la revelación de Jesús como el divino Hijo de Dios, nunca veremos su poder obrando con libertad en el ministerio

Pablo habló de Jesús con el mismo afecto íntimo que María. Él dijo, *"y lo que ahora vivo …, lo vivo en la fe del Hijo de Dios, el cual me amó y se entregó a Sí mismo por mí"*. (Gálatas 2:20). Muchos de nosotros podríamos identificarnos con estas personas en lo que respecta a nuestros sentimientos personales por Jesús. Muchos dicen cosas como "Él es mi Salvador" o "Él es mío, maravilloso Salvador". El Jesús que yo conozco es tan maravilloso que no puedo hacer otra cosa que hablar de Él. Este Jesús es el que murió en la cruz por mí, por eso es que predico a *"Jesucristo y a Él crucificado"* (1 Corintios 2:2).

Sin embargo, ahora hay en oferta nuevos 'cristos' que el mundo nunca antes había conocido. El Jesús del que algunas personas hablan no parece ser Aquél que yo reconozco, *"de tal manera fue desfigurado de los hombres su parecer"* (Isaías 52:14). La verdad, por la manera en que algunos lo describen no puedo imaginarme que Cristo le pertenezca a alguien. A menudo es representado como un Cristo muerto, o recostado en el regazo de su madre o en sus brazos como un bebé indefenso; o colgado en la cruz. Ese no es un Cristo con quien uno pueda tener una relación personal. Hay muchas representaciones de Jesús como esas, de las cuales yo no puedo usar el pronombre posesivo "mi".

Nuevas teologías hablan de un Cristo político, el Cristo revolucionario, el Cristo liberal, el Cristo humanista, el Cristo de religiones formalistas (sentados sin ser nunca perturbados, como Buda), el Cristo histórico, una gran Deidad intocable, y más.

El Jesús que yo conozco es muy diferente. Él es afectuoso y tiene cuidado, alguien a quien puedo amar. No sólo le admiro, como a alguna montaña distante o a una estrella; eso no sería alguien a quien pueda llamar "mi Jesús".

LA BÚSQUEDA DEL JESÚS HISTÓRICO

Muchos estudios recientes acerca de Jesús tienen una cosa en común: le quitan todo lo que es sobrenatural – el nacimiento virginal, los milagros, la resurrección física, y la ascensión. Cristo fue despojado (y crucificado) una vez, y ahora la gente está tratando de quitarle todos los elementos que hacen de su muerte la victoria que fue. El Jesús a quien la gente había adorado y por quien murieron fue el Jesús que obraba milagros, quien les sanaba y les hacía nuevas criaturas. Él mismo era un milagro, nacido como hijo de una virgen. Él fue crucificado, pero llegó a ser el vencedor de la muerte. Nosotros debemos predicar a ese Jesús. No me importa lo que los eruditos puedan decir. Yo le conozco. Yo sé lo que Él es para mí, y sé lo que Él puede hacer.

Ningún mortal ordinario podría salvarnos de las llamas del infierno. Esa es la obra de Dios encarnado. Cristo entró a la corte central del cosmos, y cumplió las demandas de la justicia infinita. Él vino de la presencia del Juez de todo, presentando los documentos de mi perdón e indulto, firmados y sellados. Alguien que se pueda mover en esa dimensión no puede ser menos que un Cristo de milagros.

Es imposible separar a Jesús de su divinidad y poderes milagrosos.

La gente quiere y necesita más que un político revolucionario con un evangelio social, o un líder religioso con un nuevo sis-tema. Ellos quieren algo más que un Cristo ético, más que un sublime Espíritu celestial. La gente quiere al Cristo divino que sea capaz de llevar nuestros pecados sobre su propio cuerpo en la cruz (1 Pedro 2:24).

No recibimos a nuestro Cristo sólo de los historiadores. Si Flavio Josefo le menciona o no, no importa. Él no es un Jesús del que los historiadores nos hablen – un mero Jesús de la historia. Por algo más de un siglo, los eruditos han tratado de presentar a Jesús como un gran personaje histórico, pero sin lo sobrenatural. Estoy seguro de que usted sabrá que el Dr. Alberto Schweitzer, en su famoso libro "La Búsqueda del Jesús Histórico" (1970), echó abajo la idea de que Jesús sólo era un maestro de ética. El Dr. Schweitzer no era evangélico, pero buscaba evidencias de las enseñanzas erróneas en grandes pilas de libros. Docenas de eruditos han tratado de armar las piezas del Jesús de la historia como tan sólo un maestro sin milagros. Pero, como el Dr. Schweitzer observó, no había acuerdo entre ellos.

Es imposible separar a Jesús de su divinidad y sus poderes mila-grosos. Casi todo lo que sabemos de Él se nos presenta en un contexto sobrenatural. Quite el elemento sobrenatural y la his-toria se cae a pedazos. Las sanidades no son fortuitas, pequeñas cantidades de magia agregadas aquí y allá. Son la misma esencia del Evangelio. Juan, por ejemplo, nos da un libro lleno de señales y dice, *"Pero éstas* [señales] *se han escrito para que creáis que Jesús es el Cristo, el Hijo de Dios"* (Juan 20:31). Imagínese a Jesús sin los milagros y ¿adónde vamos a parar? con "El Hombre Que Nadie Conoce".

Jesús es mucho más que un personaje de la historia. Él vino de fuera de la estructura del tiempo y espacio, invadió la historia, y la cambió. Él es la clave, el punto de convergencia de toda la historia. O la historia se relaciona a Él o no tendrá sentido. Él lo explica todo. Nada tiene sentido sin Él. Cristo es el eje esencial de la creación.

He leído en los periódicos sobre los 'Seminarios de Jesús', 43 eruditos incrédulos que se llamaron así mismos expertos, que decidían lo que Jesús hizo y lo que no hizo, lo que dijo y lo que no dijo, las partes de los Evangelios que podemos tirar y las que podemos guardar. Ellos siguen jugando el mismo juego, dando vueltas en círculos con el mismo razonamiento, como los eruditos en la época del Dr. Schweitzer. Quieren quitar de los Evangelios todo aquello que hace a Jesús diferente, y luego decir ¡Él no es diferente de cualquier otra persona! ¡Que lógica tan peculiar! Descartan cualquier evidencia de los milagros como algo no histórico para pintar un cuadro del Jesús histórico.

Si tan siquiera los menciono es sólo por la gran cantidad de publicidad que se les ha dado. La prensa impía se deleita con sus 'hallazgos', por supuesto. Los miembros de 'Seminarios de Jesús' encuentran poco de Él que consideran verdad. En el mejor de los casos le consideran inofensivo, un predicador errante que, por alguna razón, después de su muerte inspiró muchas leyendas imposibles. En realidad, estas autodenominadas autoridades no están seguras de nada. ¡Uno de ellos ha dicho que cree que hay sólo una declaración de la que podemos sentirnos razonablemente seguros es atribuible a Cristo!

Probablemente usted sepa de esa controversia. Lo menciono sólo por una razón: porque o creemos en un Cristo de lo sobrenatural, un Jesús de señales y prodigios que es el Hijo de Dios, o no hay razón para ni siquiera considerarlo. No importa cuán maravillosa sea su ética, sin los milagros no hay dinámica divina. El Sermón del Monte llega a ser un monte más difícil de escalar que el Everest.

> Porque o creemos en un Cristo de lo sobrenatural, un Jesús de señales y prodigios que es el Hijo de Dios, o no hay razón para ni siquiera considerarlo.

Debemos entender claramente que los cuatro Evangelios son más que historia; no son tiernos recuerdos emocionales. Son la Palabra de Dios, y están escritos de esa manera. Por supuesto, hay bases históricas de lo que creemos. Pero al fin y al cabo no obtenemos a nuestro Jesús de los libros de historia, y ninguna cantidad de investigación histórica puede quitárnoslo. No hay libros en el mundo como los Evangelios. Estos no son sólo recuentos que dan la clase de detalles que podrían darse acerca del Bismarck. Son revelaciones del Espíritu Santo que nos hablan de Jesús, y necesitamos que el Espíritu Santo abra nuestros ojos para interpretarlos. En otras palabras, necesitamos exactamente la misma revelación que Pedro, que conoció quién era Jesús no por carne o sangre sino por el Padre en los cielos (Mateo 16:17).

El principio y final de los Evangelios son notables. Ningún otro libro empieza y termina como ellos. El Evangelio de Mateo comienza con Cristo como el Hijo de David, y termina con su ascensión a todo el poder. Marcos empieza con Jesús como el Hijo de Dios, y termina con Jesús resucitado yendo a todo lugar con sus discípulos. Lucas comienza con Jesús como el hijo de María y José, y termina con Jesús en la gloria. Juan empieza con Él como el Verbo en el principio con Dios, y termina con Jesús comiendo en la playa con sus discípulos. Estos comienzos y finales por sí solos nos muestran que tenemos un Cristo de quien predicar que trasciende toda vida humana. No hay fe cristiana si este elemento milagroso se descarta. O nuestro evangelio es sobrenatural, o debemos abandonarlo. Pero no lo abandonamos porque produce resultados sobrenaturales.

JESÚS HOY

El Cristo de los Evangelios es el Cristo que necesitamos. Si predicamos a Cristo, debemos predicar al verdadero Cristo, y no a un Cristo que es diferente al de las escrituras. Si no predicamos a un Jesús que sana, por ejemplo, no estamos predicando al mismo Cristo de los Evangelios. Sus milagros eran su identificación. Ese es Él, y todavía lleva esa identificación. Su ascensión al cielo no cambió en ninguna manera su carácter. Sus milagros todavía atestiguan su identidad. ¿Cómo se puede saber que nuestro Jesús es el Jesús bíblico si Él ya no hace más obras poderosas?

El primer versículo de los Hechos de los Apóstoles dice, *"En el primer tratado, a Teófilo, hablé acerca de todas las cosas que Jesús comenzó a hacer y a enseñar"*. El uso de la palabra 'comenzó' cuando se refiere a las actividades de Jesús claramente indica que Él continúa obrando. En este sentido, el libro de los 'Hechos de los Apóstoles' es realmente un cuadro de Cristo aún obrando. Como el libro de los Hechos muestra, el Jesús de los Evangelios ejerció poder en el mundo físico, no sólo en la esfera espiritual. Si todavía lo predicamos como Salvador, entonces también debemos predicarlo como Sanador.

El libro de Apocalipsis viene *"del que es y que era y que ha de venir"* (Apocalipsis 1:4). Podemos conocerle ahora como siempre ha sido, porque Él continúa haciendo las mismas cosas que siempre hizo. Podemos reconocer una señal geográfica aunque ésta no haga nada. Pero para reconocer a la gente, tenemos que verlos vivos y en acción. Así es como reconocemos a Jesús – por lo que Él hace. Si Él ya no hace más lo que una vez hizo, ¿como podemos estar seguros de que es Él?

> Reconocemos
> a Jesús por lo
> que El hace.

Hebreos 13:8 declara que Él es el mismo ayer, hoy y por los siglos. Mucha gente afirma creer ese versículo, pero luego dan un giro y dicen que ¡Él no hace lo que solía hacer! Ellos citan el texto, pero luego lo restringen. No tenemos derecho de restringir la Palabra de Dios. Debemos recordar que cuando hablamos sobre los milagros y las sanidades sobrenaturales, éstos no fueron fortuitos en su vida. Ellos constituyeron un ministerio esencial de Jesucristo, como Pedro observó: *"Él anduvo haciendo bienes y sanando a todos los oprimidos por el diablo"* (Hechos 10:38). Si algo conozco a Jesús, no puedo creer que Él rompa la promesa de sus misericordias para la humanidad. Mucha gente confía en Él; Él jamás les decepcionaría. La necesidad humana es tan grande como siempre, y el Jesús que yo conozco nunca la ignorará.

EL UNGIDO

De vuelta en su ciudad natal Nazaret, después de la tentación en el desierto, Jesús leyó Isaías 61:1, *"El Espíritu del Señor está sobre Mí, por cuanto Me ha ungido para dar buenas nuevas a los pobres; Me ha enviado a sanar a los quebrantados de corazón; a pregonar libertad a los cautivos, y vista a los ciegos; a poner en libertad a los oprimidos; a predicar el año agradable del Señor"* (Lucas 4:18-19). Después de haber leído estas palabras, dijo a aquéllos que se habían reunido para escucharle, *"Hoy se ha cumplido esta Escritura delante de vosotros"* (versículo 21). En esta ocasión tan importante Jesús se declaró ser el Ungido, el Cristo.

La unción en discusión está relacionada especialmente a su ministerio de sanidad y liberación. Pedro dijo a la casa de Cornelio *"cómo Dios ungió con el Espíritu Santo y con poder a Jesús de Nazaret, y cómo éste anduvo haciendo bienes y sanando a todos los oprimidos por el diablo, porque Dios estaba con él"* (Hechos 10:38).

Hoy, Él sigue siendo Cristo, sigue siendo el Ungido, con el mismo propósito: liberar y sanar a los oprimidos. Siempre que le llamamos Cristo, estamos usando una palabra en clave (un 'código') para Su ministerio de sanidad. Si hay alguien que esté leyendo esto y crea que Él no sana hoy, entonces ¿por qué llamarle Cristo? ¿Qué clase de Cristo es Aquél que no sana?

La salvación, el perdón y la sanidad física están estrechamente vinculados en las Escrituras. Jesús perdonó el pecado, y quitó el juicio que estaba por el pecado. La sanidad es una señal del perdón. El nombre de Jesús significa salvación del pecado (Mateo 1:21), y el nombre de Cristo está inseparablemente unido a la liberación física. Ninguna escritura me dice que Jesucristo no sea el mismo ayer, hoy y por los siglos. En realidad, ¡es exactamente lo opuesto! Sus milagros no son sólo ilustraciones de la salvación espiritual; son promesas de que Él hará las mismas cosas hoy. Está mal dividir el cuerpo y el alma, y hacer que la salvación se aplique al alma y no al cuerpo. La salvación es para la persona entera.

LA HISTORIA DE LA IGLESIA Y LOS MILAGROS

Como algo aparte, me gustaría hacer referencia al Dr. Benjamín Warfield (1851-1921) del Seminario Teológico Princeton. Como

> Sus milagros no son
> sólo ilustraciones de
> la salvación espiritual;
> son promesas de
> que El hará las
> mismas cosas hoy.

tal vez usted sepa, él era un teólogo evangélico sagaz, pero hoy en día se le cita como un importante defensor del 'evangelio sin milagros'.

Warfield insistía en que los milagros terminaron con la muerte de los apóstoles. Siendo uno de sus principales argumentos que la historia de la Iglesia no tiene registros de milagros después de más de 100 años DC. Esto me desconcierta. Los siglos diecinueve y veinte son tan parte de la historia como el siglo dos o tres. De hecho, la Iglesia ha visto su expansión más grande en los últimos cien años. Esto ha demostrado ser una parte muy significativa de la historia de la Iglesia. La realidad es que esa expansión se ha dado mayormente por la prédica de un evangelio completo, evangelio de milagros. Si faltaban señales y prodigios antes, eso no es una razón para negarlos ahora. ¿Por qué siglos de incredulidad han de imponer su mano muerta sobre el actual avivamiento mundial?

Además, decir que los primeros siglos estuvieron desprovistos de milagros no es correcto. La historia cristiana no es mi especialidad, pero muchos que leen a los primeros padres nos dicen que los siglos post-apostólicos no estaban desprovistos de sanidades milagrosas. Jesús jamás perdió su compasión por los enfermos. Aún si hubiese habido una cesación de milagros, eso no probaría nada ya que las sanidades ahora son comunes en todo el mundo. Ciertamente Jesús todavía está ocupado.

Permítanme agregar mi humilde experiencia y testificar lo que está ocurriendo en nuestras campañas. Estamos viendo repetirse los Hechos de los Apóstoles hoy... más que repetirse. Escenas que hace 2.000 años eran imposibles hoy son experiencias comunes debido a que los medios de comunicación modernos hacen que se pueda acceder a multitudes más grandes. No sólo son los ciegos, los sordos, los enfermos, los cojos, y los poseídos por demonios que son hechos libres, como en los tiempos de los apóstoles, sino que los convertidos que se contaban por miles en el Día de Pentecostés ahora se cuentan por decenas de miles, y aún por centenas de miles. Todos los días unas 150.000 personas se añaden a la iglesia en todo el mundo, no 3.000 ó 5.000.

Tal vez me aventure sólo a un comentario adicional sobre el Dr. Warfield. Aquí está un maestro de la Biblia y teólogo de gran distinción. Él sostuvo fuertemente que la Biblia es la única fuente de doctrina, sin embargo se volvió a los archivos humanos de la historia de la Iglesia para decidir la verdad bíblica. Esto me parece muy extraño, por decir lo menos. La Biblia, como la inspirada Palabra de Dios tiene preeminencia y está para ser usada para interpretar la historia, y no la historia para interpretar la Biblia.

DE VUELTA A LA GRAN COMISIÓN

Guillermo Carey, el padre de las misiones modernas, desafió a los Bautistas del siglo dieciocho y a su teología. Ellos decían que Dios salvaría a quien Él quisiera salvar, y no necesitaba que nosotros nos ocupásemos de eso. El argumento de Carey era que si queremos las promesas que acompañan a la Gran Comisión, debemos llevar a cabo la Gran Comisión. Él estaba en lo correcto. Pero ¿qué tiene que ver la Gran Comisión con las señales y los prodigios? Permítame mostrarle.

Mateo 28:18-20 es la expresión clásica de la Gran Comisión. Nos manda id, y haced discípulos a todas las naciones. Pero comienza así: Y Jesús se acercó y les habló diciendo: *"Toda potestad me es dada en el cielo y en la tierra. **Por tanto**, id, y haced discípulos a todas las naciones"* (énfasis mío). Él sólo envió a sus discípulos cuando hubo poder (autoridad celestial) disponible.

No fue un poder reservado para obrar en la esfera puramente espiritual, sino poder en la tierra; en otras palabras, poder que trae resultados físicos.

Marcos 16:15,17-18 deja absolutamente claro que los discípulos habían de esperar que milagros acompañasen su labor.

Y les dijo: "Id por todo el mundo y predicad el evangelio a toda criatura. Y estas señales seguirán a los que creen: En mi nombre echarán fuera demonios; hablarán nuevas lenguas; tomarán en las manos serpientes, y si bebieren cosa mortífera, no les hará daño; sobre los enfermos pondrán sus manos, y sanarán".

Lucas 24:47,49 revela que Jesús dijo a sus discípulos que esperasen por este poder milagroso antes de salir a su misión:

Y que se predicase en [Mi] nombre el arrepentimiento y el perdón de pecados en todas las naciones, … He aquí, yo enviaré la promesa de Mi Padre sobre vosotros; pero quedaos vosotros en la ciudad de Jerusalén, hasta que seáis investidos de poder desde lo alto.

El evangelio de Juan nos dice claramente que Jesús en realidad esperaba que hiciésemos la clase de milagros que Él hizo mientras estaba en la tierra, ¡y más!

De cierto, de cierto os digo: El que en mí cree, las obras que yo hago, él las hará también; y aun mayores hará, porque yo voy al Padre (Juan 14:12).

Como tú me enviaste al mundo, así yo los he enviado al mundo (Juan 17:18).

Entonces Jesús les dijo otra vez: Paz a vosotros. Como me envió el Padre, así también yo os envío. Y habiendo dicho esto, sopló, y les dijo: Recibid el Espíritu Santo (Juan 20:21-22).

El Poder y el testimonio están definitivamente ligados en Hechos 1:8, donde Jesús dice *"recibiréis poder, cuando haya venido sobre vosotros el Espíritu Santo, y me seréis testigos ... hasta lo último de la tierra".*

En las cartas de los apóstoles encontramos una similar expectativa de poder unido a la proclamación del evangelio. Muchos textos podrían ser citados, como la referencia de Pablo a la prédica *"con demostración del Espíritu y de poder"* (1 Corintios 2:4). Si cumplimos la Gran Comisión, tenemos todo el derecho de esperar que sean cumplidas las promesas, seguidas por señales. Si hacemos lo que Dios dice, Dios hará lo que Él dice.

EL REINO

Lo sobrenatural es la gran evidencia del reino de Dios. Donde está el Reino, se ve el poder milagroso. Esto es importante. Quizás, primero deba ver brevemente la cuestión del reino de Dios.

La gran diferencia entre los tiempos antes de Cristo y después de Cristo es la presencia continua del Espíritu Santo. En ocasiones, el Espíritu venía sobre individuos como está registrado en el Antiguo Testamento. Hombres como Moisés, Elías, Eliseo, Sansón y Gedeón experimentaron el poder del Espíritu Santo de tiempo en tiempo. Los profetas hablaron cuando fueron movidos a hacerlo, pero nadie había conocido el bautismo en el Espíritu Santo hasta

> Si queremos las promesas que acompañan a la Gran Comisión, debemos llevar a cabo la Gran Comisión.

que Jesús vino, y de Él fluyó la corriente más extraordinaria de milagros que el mundo jamás haya visto. Antes de su muerte y resurrección, Jesús dijo que Él enviaría su Espíritu para que esté con los discípulos siempre (Juan 14:16-17). Después del Día de Pentecostés el Espíritu Santo residió en la Iglesia.

Los resultados fueron milagros poderosos que nunca se habían conocido antes. Los ciegos, sordos, cojos fueron restaurados – eventos que nunca habían sido registrados en el Antiguo Testamento. Una cosa más: los demonios no habían sido echados hasta que Jesús (y luego sus discípulos) con Su palabra los echaron. Eso particularmente, llegó a ser una evidencia de un gran cambio en la economía divina. Jesús dijo, *"Mas si por el dedo de Dios echo yo fuera los demonios, ciertamente el reino de Dios ha llegado a vosotros"* (Lucas 11:20). Cuando por la pala-bra de Cristo los demonios fueron expulsados, eso fue más que una señal de que el dedo de Dios estaba obrando; eso mostró que el Reino estaba presente.

> Lo milagros son una característica esencial del reino de Dios. Si el Reino está entre nosotros, entonces habrán prodigios.

En otras palabras, los milagros son una continua característica esencial del reino de Dios. Si el Reino está entre nosotros, entonces habrán prodigios. Si hay prodigios, entonces el Reino está entre nosotros. El reino de Cristo tomó posición en la Tierra cuando Jesús vino y los poderes del reino empezaron a obrar. El 'sello' de validación del Reino son las señales y prodigios. Definitivamente no deberíamos negarlos, y ciertamente no hay necesidad de forzarlos. Hace mucho tiempo que he descubierto que ellos siguen a la prédica de la Palabra.

Después de lo dicho permítame añadir una advertencia. Hoy en día toda clase de personas están clamando a voces por lo sobrenatural. Muchos corren de la iglesia a convenciones y conferencias, esperando ver señales y sensaciones. ¿Es eso todo lo que el cristianismo es, meros acontecimientos sobrenaturales? Hay mucho más en el evangelio que curar a un enfermo. La gran obra de Dios incluye salvación, edificación de la Iglesia, y que los creyentes manifiesten los frutos del Espíritu en sus vidas, y sean transformados día a día a la semejanza de Jesús. La comunión de los santos es otro punto a considerar, pero si sólo deambulamos buscando señales y prodigios, la comunión no significa nada. Sanar a los enfermos también significa compartir las cargas los unos con los otros, y para hacer eso necesitamos conocer a la gente y saber sus cargas.

Llegamos ahora a cuatro principios del Reino de gran significado para toda obra cristiana:

1. Jesús sólo puede ser lo que usted diga que Él es.

El primero de estos cuatro principios contiene la semilla para los otros tres, y espero que sea una de las cosas que usted saque en claro de este libro. Jesús espera que nosotros digamos quién es Él. Predíquelo como el Salvador, y Él salvará. Si no lo hace, ¡Él no lo hará! Predíquelo como sanador, y Él sanará. Si no lo hace, ¡Él no lo hará! Predíquelo como el perdonador, o como el dador de paz y entonces Él podrá ser todo eso para aquéllos que oyen. Predique el evangelio, y el evangelio se cumplirá.

Por el contrario, dé un pequeño estudio moral a la ligera, re-costando su codo sobre el atril y el único milagro que ocurrirá será la cura del insomnio, porque ¡esa clase de 'discursos' es suficiente para hacer dormir a cualquiera!

Si predica a un Jesús milagroso, Él será un Jesús milagroso. El Espíritu Santo sólo puede bendecir las verdades que usted permita que Él bendiga. Él no puede bendecir a nadie con la

verdad de la sanidad divina si usted sólo habla de la trascen-
dencia divina. Si cuando comparte su fe, su tema habitual es el
infierno, más bien está limitando al Espíritu Santo. Cuando no
sienta la unción, es que tal vez el Espíritu Santo está esperando
que usted diga algo que Él pueda ungir: Su verdad, claramente
comunicada.

2. La soberana voluntad de Dios obra a través de nosotros.

El evangelio de Marcos nos dice que después de que Él hubo
ascendido al cielo, Jesús *ayudó a* sus discípulos (Marcos 16:20).
Con frecuencia hablamos de la voluntad soberana de Dios, pero
Él obra Su voluntad soberana a través de nosotros, generalmente
requiriendo que nosotros hagamos algo primero. Soberanía
no significa secreto; la palabra es muy mal entendida y mal
usada, de cualquier manera, no se encuentra en la Biblia. De
hecho, Dios es nuestro Señor y Dios soberano, pero Él no es
imprevisible. Si no conocemos la voluntad de Dios, ciertamente
deberíamos conocerla. Su Palabra es Su voluntad. El Salmo 103
declara *"que sus caminos notificó a Moisés, Y a los hijos de Israel sus
obras"* (Salmo 103:7). Si Dios fuese completamente imprevisible,
no podríamos tener fe en Él. Podemos depender de Su carácter
santo y totalmente divino.

En Su soberanía, Dios ha planeado permitirnos dar nuestra
opinión sobre las cosas. *"¿Encubriré yo a Abraham lo que voy a
hacer?"* (Génesis 18:17). Él hace más que eso. Jesús dijo, *"pedid
todo lo que queréis, y os será hecho"* (Juan 15:7); el único requisito
es que permanezcamos en Él. Dios no sólo le dijo a Abraham
lo que quería hacer, sino que también escuchó las objeciones de
Abraham, e incluso accedió a sus deseos, como en la historia
de Sodoma y Gomorra (Génesis 18:16-33). Él también reveló
sus secretos a sus siervos, los profetas: *"Porque no hará nada
Jehová el Señor, sin que revele su secreto a sus siervos los profetas"*
(Amós 3:7).

En general, los tiempos en los que Dios entra en escena sin previo aviso, aparte del que da a sus profetas, ha terminado. Puede que aún lo haga, pero no es su manera habitual de hacerlo. La revelación de Dios en su hijo Jesús ha terminado aquel período de imprevistos. Es su voluntad soberana ir lado a lado con nuestra voluntad, aunque la Palabra de Dios debe condicionar siempre nuestra voluntad. Por supuesto, Él se reserva el derecho de actuar independientemente, y algunas veces puede que lo haga, pero generalmente causamos una acción Suya a través de nuestras acciones.

Puede que no haya ejemplo más grande para este principio que la vida de Guillermo Carey, el famoso misionero a la India. Él era un joven ministro inglés, que ardía con el pensamiento de la Gran Comisión de Cristo. Mas no había nadie que saliera de Inglaterra a los campos extranjeros. En una ocasión él sugirió a un grupo de ministros

> Predique el evangelio, y el evangelio se cumplirá.

bautistas que debatiesen si el mandato dado a los apóstoles de enseñar a todas las naciones no se aplicaba a todas las generaciones. El presidente del grupo, Elder Ryland, respondió a su propuesta con palabras que han sido citadas millones de veces desde entonces como un ejemplo del tradicionalismo obstinado y contumaz: "Joven, ¡siéntese! Usted es un entusiasta. Cuando a Dios le plazca convertir a los paganos, Él lo hará sin consultarle a usted o a mí".

Las ideas de Elder Ryland eran típicas de aquellos tiempos. Se pensaba que Dios hacía lo que quería sin consultar a nadie y que no se le podía mover a hacer algo. Esa también fue la teoría detrás del avivamiento, que era un acto soberano de Dios, que ocurría cuando, como y donde bien le parecía escoger a la gracia de Dios, sin ninguna motivación o razón aparente. La creencia era que Dios venía sobre una región, salvaba a quienes quería salvar, y seguía su camino hasta el siguiente avivamiento. Carey respondió publicando un folleto, que mostraba que no estamos libres de responsabilidad en los asuntos del evangelismo y el avivamiento. Guillermo Carey fue a la India en 1793.

Puedo entender la frustración que Guillermo Carey sintió. Yo también fui un misionero, que llevaba a cabo las responsabilidades de misionero en la manera tradicional. Pero quería alcanzar a más gente, y más rápido, antes que ellos muriesen. Estábamos usando un cortaúñas para segar la cosecha. Un tallo a la vez, pero sentí que necesitábamos máquinas cosechadoras. Se me había dicho que el método misionero tradicional era la manera apropiada de alcanzar a los perdidos. Había sido probado y examinado, y era el método más efectivo. Sin embargo mi alma no tenía descanso, hasta que tomé el paso de iniciar el ministerio 'Christ for all Nations' (Cristo para todas las Naciones). Entonces vi mas convertidos en una noche que lo que vio una base misionera en África en cien años.

3. Dios obra de acuerdo a la escala que nosotros empleemos. Nuestra medida de trabajo es la Suya.

Considere la viuda que tuvo una vasija de aceite. Eliseo le dijo que juntase cuantas vasijas pudiese. Ella rogó y pidió prestado vasijas, y las llenó todas hasta que no habían más vasijas vacías. Dios puede llenar todas las vasijas que traigamos. Él puede salvar a todas las almas, y sanar a todos los cuerpos que le demos la oportunidad de salvar y sanar. Él puede tener una perspectiva parroquial, o una perspectiva mundial.

4. Dios siempre toma la iniciativa, pero espera que nosotros continuemos.

Dios es el Capitán de nuestra fe (Hebreos 2:10). Permítame volver otra vez al Evangelio de Juan. Leemos que Jesús sanó a algunas personas sin que éstas se lo hubiesen pedido específicamente.

Todos los milagros que Él hizo procedieron del deseo espontáneo de Dios: *"No puede el Hijo hacer nada por sí mismo, sino lo que ve hacer al Padre; porque todo lo que el Padre hace, también lo hace el Hijo igualmente. Porque el Padre ama al Hijo, y le muestra todas las cosas que Él hace"* (Juan 5:19-20).

Él convirtió el agua en vino sin que nadie se lo sugiriese (Juan 2:1-10). Sanó al hijo del oficial del rey de la manera que quiso, no como el oficial del rey quería (Juan 4:46-53). Sanó al enfermo en el Estanque de Betesda sin que el hombre se lo pidiese (Juan 5:1-9). Restauró al ciego untando barro en sus ojos y sin siquiera pedirle permiso (Juan 9;1-7). Rehusó el pedido de Martha y María de visitar a su hermano enfermo, y fue de acuerdo al itinerario de Su Padre, cuatro días después de la muerte de Lázaro. Fue la idea de Jesús, y de nadie más, el resucitar a Lázaro de entre los muertos (Juan 11:1-44). El Evangelio de Juan es una magnífica ilustración de la absoluta independencia de Dios de la voluntad del hombre.

Al comienzo de cualquier cosa nueva que Dios hace, la idea es siempre Suya y no iniciativa humana. Es por eso que Jesús enfatizó que si permanecemos en Él y sus palabras permanecen en nosotros, Él hará cualquier cosa que le pidamos (Juan 15:7). Sin embargo, Dios solamente toma la iniciativa. Él no procederá a continuar hasta que primero nos movamos en fe. Actuando espontánea y voluntariamente, Él muestra quién es, y qué es lo que hará. Luego espera que nosotros nos movamos y actuemos sobre esa demostración. Eso es lo que significa actuar en fe. Significa que confiamos en que Dios será lo que Él ha mostrado ser. Cuando Gedeón preguntó, *"¿Y dónde están todas sus maravillas, que nuestros padres nos han contado?"* Él asumió que Dios sería otra vez lo que una vez se había mostrado ser (Jueces 6:13).

Dios nunca toma parte en nuestros asuntos a menos que nosotros hayamos tomado parte en los Suyos. Siempre, primero nos
muestra lo que Él es, y lo que hará. Luego somos nosotros los
que tenemos que decidir. Él espera que tomemos su señal y nos
guiemos por ella. Pablo dijo que él declaró *"todo el consejo de
Dios"* (Hechos 20:27). La palabra usada en 'consejo' también
puede traducirse como 'voluntad' o 'propósito'. Declarar todo
Su consejo es declarar Su voluntad, o Su propósito. No podríamos declarar Su voluntad si ésta estuviese eternamente excluida
de nosotros, y Dios hiciese exactamente lo que quisiere, cuando
quisiere, sin ton ni son. Dios no actúa por capricho. Por eso es
que el clamor de nuestros corazones debería ser que conozcamos
"la buena voluntad de Dios, agradable y perfecta" (Romanos 12:2).

Si usted declara toda Su Palabra, todo Su consejo, sin tachar
ciertos pasajes y tildarlos de estar fuera de nuestra presente dis-
pensación, entonces usted tiene un Dios sobrenatural en sus
manos.

Puesto que Él es Espíritu, y nosotros de cuerpo físico en un
mundo material, todo lo que sabemos de Él sólo puede venir
sobrenaturalmente. No podemos predicar al verdadero Cristo
sin lo sobrenatural.

❧

Capítulo 6

La Unción para la Misión

Creer en un Cristo de milagros desata fe en nuestras vidas para ser Sus testigos. Es esto lo que hemos sido llamados a hacer como discípulos Suyos. Cuando Cristo dio la gran comisión a sus seguidores, su intención no fue que sólo hiciesen algo sino que también fuesen algo (Hechos 1:8). Sus testigos son muestras de lo que Él hace. Marshall McLuhan hizo popular la noción de que el instrumento es el mensaje. ¡Efectivamente, los creyentes son el mensaje del evangelio! No poseemos un conocimiento meramente intelectual de la verdad bíblica; Cristo imparte en nosotros una fe ardiente que dará testimonio de Él a todo el mundo.

Los cristianos no se hacen a sí mismos. *"Porque somos hechura suya, creados en Cristo Jesús para buenas obras"* (Efesios 2:10). La palabra 'hechura' literalmente quiere decir 'producto'. Somos sus productos. Los nuevos hombres y las nuevas mujeres en que nos hemos convertido fuimos creados *"en la justicia y santidad de la verdad"* (Efesios 4:24). El Escultor supremo nos ha formado para que todos nos vean. Somos Sus muestras, testimonio de sus habilidades inherentes.

Hemos sido llamados a un ministerio de proclamación. El Espíritu Santo dentro de nosotros es el Espíritu de testimonio, de evidencia, y testificar es su trabajo específico (Juan 15:6). El don del Espíritu no nos es dado para jugar al poder. Su poder nos moldea y forma como criaturas para sus propósitos, no los nuestros, Efesios 1:11 lo deja claro, *"conforme al propósito del que hace todas las cosas según el designio de su voluntad"*.

Somos llamados a un destino de importancia eterna. Lo que Dios ha hecho de nosotros nos pone una obligación de llevar a cabo el propósito por el cual fuimos formados. Nuestra actitud debería ser como la de Pablo:

Pero cuando agradó a Dios, que me apartó desde el vientre de mi madre, y me llamó por su gracia, revelar a su Hijo en mí, para que yo le predicase entre los gentiles, no consulté enseguida con carne y sangre (Gálatas 1:15-16).

Note la expresión de Pablo de que agradó a Dios *revelar a su Hijo en mí*. Tan pronto como Pablo fue nacido de Dios, hizo las cosas para las que había nacido. Un pájaro nace para volar, un pez para nadar, un ser humano para andar y hablar, y un cristiano nace de nuevo para testificar.

Los testigos deben testificar; es nuestra naturaleza. Los soldados no están equipados con uniformes y armas simplemente para ir a un desfile; su lugar es el campo de batalla.

Ha sido dicho, y con razón, que la Gran Comisión no es la Gran Sugerencia. Es una llamada a filas, a reclutar. Es una prioridad, el requerimiento básico de toda iglesia.

Aunque Dios planta el instinto de testificar dentro de nosotros, Él no nos obliga; no somos robots programados, y Él no es un dictador. Es simplemente una evidencia de nuestra sumisión amorosa a Él. Podemos testificar o no, lo que elijamos. Depende de nosotros, o mejor dicho depende de nuestra percepción de lo que Dios quiere, y de nuestro conocimiento de la desesperada situación de la gente que no ha sido regenerada. Efesios 4:23-5:2 nos alienta: *"¡Renovaos! ... vestíos del nuevo hombre ... andad en amor".* Debemos servir porque estamos equipados para servir.

Ha sido dicho, y con razón, que la Gran Comisión no es la Gran Sugerencia. Es una llamada a filas, a reclutar. Es una prioridad, el requerimiento básico de toda iglesia. Podríamos hacer esta pregunta: ¿tiene la Iglesia el derecho a existir si no lleva a cabo el propósito por el cual existe? La palabra de Dios a los Laodiceanos indiferentes es clara: *"por cuanto eres tibio, y no frío ni caliente, te vomitaré de mi boca"* (Apocalipsis 3:16). Jesús no dijo, "Si no le importa, y si tiene tiempo libre, a lo mejor puede considerar hacer algo por mí". Hacer la voluntad de Dios no tiene nada que ver con hacerle un favor. El ser llamado a su servicio, el llevar puesto el uniforme de Cristo, es el honor más grandioso que una persona pueda tener.

Hay un imperativo en el corazón de Jesús que se transfiere a aquéllos que le pertenecen. Estamos aquí en la Tierra en lugar Suyo. Él dijo, *"No me elegisteis vosotros a mí, sino que yo os elegí a vosotros, y os he puesto para que vayáis y llevéis fruto, y vuestro fruto permanezca"* (Juan 15:16). Nuestro trabajo no es estar ocupados sino ser testigos. Donde estemos, lo que hacemos no cambia. Un estadounidense es estadounidense, haga lo que haga o vaya donde vaya. Tiene que ganarse la vida, tiene una familia que mantener, quizás un negocio que atender, y puede ser identificado en todo el mundo porque habla inglés con acento estadounidense. De la misma manera, los cristianos son testigos de Cristo. Somos lo que somos. Todo el tiempo, nuestra forma de vida y el acento de nuestra fe revelan a quién le pertenecemos. Pertenecemos a Cristo.

LA UNCIÓN EQUIPA

Somos ungidos, equipados para la tarea a la que Cristo nos ha llamado. Esta unción es importante. En 1 Juan 2:20,27 leemos: *"Pero vosotros tenéis la unción del Santo ... la unción que vosotros recibisteis de Él permanece en vosotros"*. La palabra 'unción'

> Es la unción la que toma nuestra voz y nuestros gestos, y añade a éstos una cualidad especial. No hay actor que pueda imitar esto.

en griego es crisma, de la cual viene la palabra Cristo, el Ungido. Este crisma, el don del Espíritu Santo, es el secreto de un verdadero evangelista.

Aun el mismo Jesús tuvo que recibir la unción para ir haciendo bienes y sanando a la gente. Ahora bien, ¿por qué Jesús, el unigénito Hijo de Dios, necesitaría la unción? Él fue de carne y hueso, esa es la razón. Y nosotros también lo somos. Es la unción la que toma nuestra voz y nuestros gestos, y añade a éstos una cualidad especial. No hay actor que pueda imitar esto. Mire a un actor que no es convertido predicar en un drama de televisión, y se nota tan obviamente artificial, como oír al muñeco de un ventrílocuo. No tiene alma. Mas la verdadera unción de Dios rompe el yugo del pecado.

1 Tesalonicenses 5:19 nos dice, *"No apaguéis el Espíritu"*. Algunos han sugerido que es muy fácil apagar el Espíritu. Personalmente, no lo creo. El Espíritu Santo no es tan susceptible. El Espíritu Santo es muy persistente, poderoso, y está obrando dentro de nosotros. Él es quien es fiel, el que permanece. ¿Cómo pues podemos apagar el Espíritu? El Espíritu nos es dado para hacernos testigos; si no estamos interesados en sus objetivos, entonces apagamos el Espíritu. ¡Lo que tenemos que hacer es mantener el calor! La misma palabra 'apagar' (griego: *sbennumi*) fue usada por las cinco vírgenes insensatas cuando dijeron que sus lámparas se les habían apagado. Apagamos el Espíritu cuando dejamos de brillar por Cristo.

¿NECESITAMOS REABASTECIMIENTO?

Hay una pregunta importante que ha inspirado controversia dentro de los círculos pentecostales: ¿Necesitamos buscar a Dios de vez en cuando para reabastecer el poder del Espíritu Santo? Algunas de nuestras canciones lo insinúan: "Espíritu del Dios viviente, ven sobre mí de nuevo. Ablándame, moldéame, lléname, úsame". Una vez que Dios nos ha quebrantado y ablandado, moldeado y llenado, ¿cuántas veces se debe repetir el proceso? ¿Necesitamos ser quebrantados constantemente, y quebrantados otra vez cada vez que queramos ser llenados?

Este tema ha sido discutido largamente entre los teólogos. Aquéllos que son capaces de citar los tiempos de los verbos griegos lo han hecho para probar sus argumentos. No pretendo aspirar a tal nivel de escolasticismo. Mi enfoque viene de un ángulo muy diferente ... más simple, pero creo que no es elemental.

Si yo supiese que estoy vacío del Espíritu y poder, ciertamente buscaría a Dios para un reabastecimiento. Mas ¿cómo habría de saberlo? Supongo que hay dos maneras: la primera, sería ineficaz en mi trabajo, y la segunda, me sentiría vacío.

La primera evidencia de falta de poder no es completamente confiable, porque hay personas que están llenas del Espíritu, y no tienen gran éxito plantando las semillas del evangelio en hormigón. La falta de éxito y otras presiones pueden hacer que se desanimen. Ellos se culpan a sí mismos, y creen que deben esforzarse más con Dios para ser reabastecidos. Por supuesto, ellos no están seguros de estar 'llenos', pues no hay manera de saber que han sido llenados, a menos que experimenten logros repentinos y asombrosos.

Sin embargo, el éxito, aún cuando sean cientos de miles de conversiones, no le dirá si usted está lleno del Espíritu. Por tanto, si usted está usando los eventos evangelísticos de éxito como su medida, y si no hay cambio en el grado de su éxito visible, después de haber orado, ayunado, haber ido a un retiro donde le han impuesto las manos, usted acabará con nada más que una esperanza vaga de que ha sido llenado del Espíritu otra vez más. Ésta es una manera de vivir peligrosa y desalentadora.

Antes de que el avivamiento pentecostal del siglo veintiuno empezara, la expectativa de resultados como una señal de haber sido lleno del Espíritu era la norma. Con la venida del avivamiento carismático y pentecostal, las lenguas fueron vistas como la señal. Si la gente hablaba en lenguas, entonces sabían que habían recibido el Espíritu. Sin una señal la gente nunca está segura.[1]

Antes del avivamiento pentecostal, la iglesia tenía muchas canciones de aspiración y pocas de realización. La gente estaba siempre orando por poder, cantando, "Necesitamos lluvias de bendición", "Deja que algunas gotas caigan sobre mí", "Queremos otro Pentecostés", "Aviva tu obra, Señor" o "Llena mi copa, Señor".

Las canciones cambiaron con aquellos primeros pentecostales del siglo veinte. Ellos cantaban, "¡Caen, caen!, ¡Aguas de lluvia tardía!" o "El Pentecostés está en mi alma". La canción que a mí me gusta es "¡Él mora, Él mora, el Consolador mora en mí!".

¿Y QUÉ DE LOS SENTIMIENTOS?

Ahora bien, podemos pensar que necesitamos otro abastecimiento, pero ¿cómo lo sabemos? A través de nuestros sentimientos, obviamente. No nos sentimos llenos. Pero ¿el cristiano lleno del Espíritu se siente necesariamente lleno? ¿Son los sentimientos algo por lo que nos debemos guiar?

---

1 Carismático es un nombre inapropiado. En realidad no son carismáticos (dotados); son neumáticos (llenos del Espíritu). Las lenguas son la bandera en el mástil que muestra que el Rey está en la residencia.

Los sentimientos son físicos y psicológicos. Si usted está cansado, tiene gripe, ha sufrido la pérdida de alguien, ha estado en un accidente de tránsito, o le han dado una paliza como le solía pasar a Pablo, sería muy cuestionable si se sintiese lleno del Espíritu Santo. Los sentimientos simplemente no son en absoluto un criterio. No puedo decir que estaba rebosando del poder del Espíritu Santo cuando el ejército tuvo que protegernos de la violencia de una turba en Nigeria en 1991.

Algunas personas tienen increíbles ansiedades acerca de si Dios está con ellos. Ellos estipulan sus propias normas, que creen son necesarias, y luego pasan sus días preguntándose si las han quebrantado. ¿No han oído la voz de Dios? ¿Han pecado o desobedecido? ¿Se han salido del camino de su voluntad? Y, exactamente ¿cuándo ocurrió esto? Están recordando constantemente, analizando el pasado para ver si, por alguna razón, han ofendido al Espíritu Santo. En realidad, lo que esto significa es que no están seguros de su relación con Dios. Éstas son las mismas personas que siempre están preguntándose si son lo suficientemente humildes, amorosas, buenas o si están orando lo suficiente. Ellos oran con esperanza pero no con fe.

Muchas de esas personas son víctimas de su propia perspectiva legalista. El perfeccionismo está basado en la idea errónea de que en este lado del cielo podemos cumplir con los requerimientos de la ley. El perfeccionismo no es poder sino orgullo. Algunos se esfuerzan por lo inalcanzable; quieren estar satisfechos de su propia santidad. La gracia ocupa un lugar muy pequeño en sus expectativas. Para algunas personas, la gracia no tiene ningún lugar, excepto el de reconocer que han sido salvos por gracia. Viven bajo su ley auto impuesta, y ven la llenura del Espíritu como un testimonio de los logros de su propia santidad. Hay algunos que oran por avivamiento, pero saben de 50 razones por las que ésta 'demora'; todas ellas tienen que ver con la calidad del carácter cristiano de los que están involucrados. Cuando el avivamiento todavía demora, siempre pueden encontrar más razones. Es fácil: nadie es perfecto.

No hay nada en las escrituras que indique que el Espíritu de Dios puede ser ahuyentado como una paloma asustadiza. Tengo la impresión de que es todo lo contrario. Es obvio que hubo faltas vergonzosas en la Iglesia de Corinto, sin embargo Pablo les escribió diciendo:

Gracias doy a mi Dios siempre por vosotros, por la gracia de Dios que os fue dada en Cristo Jesús; porque en todas las cosas fuisteis enriquecidos en él, en toda palabra y en toda ciencia; así como el testimonio acerca de Cristo ha sido confirmado en vosotros, de tal manera que nada os falta en ningún don, esperando la manifestación de nuestro Señor Jesucristo; el cual también os confirmará hasta el fin, para que seáis irreprensibles en el día de nuestro Señor Jesucristo (1 Corintios 1:4-8).

Lo que es obvio al leer de los creyentes del Nuevo Testamento es su confianza constante de que Dios estaba con ellos. Aquellos primeros creyentes no eran súper santos, pero sin embargo, nunca parecían dudar de que el poder de Dios morase en ellos. Ellos sabían que eran pecadores y que eran hombres y mujeres débiles, mas habían entendido las verdades del amor y gracia de Dios. Si los cristianos modernos no se sienten así, no tiene nada que ver con su pobre contraste con la Iglesia primitiva. Tiene que ver con las enseñanzas perfeccionistas y legalistas.

Las congregaciones hoy en día son exhortadas a esforzarse para mantenerse saludables, lo cual es bueno. Pero esa clase de exhortaciones son muchas veces expresadas en tonos juiciosos y censuradores, que producen un sentido de inferioridad espiritual entre las personas. Pablo sabía muy bien lo mal que estaban esos primeros cristianos, y no dudó en decirlo. Pero recalcó lo que eran en Cristo. Los dejó con confianza en Dios, asegurándoles que el Espíritu de Dios estaba con ellos.

Si usted ha sido bautizado en el Espíritu Santo, ¿cuánto tiempo espera que le dure?, ¿por siempre? o ¿necesita ser bautizado otra vez cada semana? Si el Espíritu Santo se desvanece, ¿puede usted seguir diciendo que ha sido bautizado en el Espíritu? El bautismo en el Espíritu es 'recibir al Espíritu Santo', quiere decir que usted ha comenzado una relación permanente con el Espíritu de Dios. Como experiencia continua, usted está siendo lleno del Espíritu (Efesios 5:18). Sólo tiene que permanecer allí. Es una simple cuestión de fe, no de altos logros morales. Creo que Pablo hizo una pregunta muy pertinente en Gálatas:

Esto sólo quiero saber de vosotros: ¿Recibisteis el Espíritu por las obras de la ley, o por el oír con fe? ¿Tan necios sois? ¿Habiendo comenzado por el Espíritu, ahora vais a acabar por la carne? (Gálatas 3:2-3).

Es una contradicción extraña que muchos han adoptado, el que ¡ellos desarrollan su espiritualidad a través de las obras de la carne!

No han habido éxitos evangelísticos en toda la historia como aquéllos de los creyentes pentecostales/carismáticos de los últimos 100 años. ¿Cuál es su secreto? Los evangelistas estaban totalmente seguros de que Dios estaba con ellos, y sus convertidos recibieron la misma seguridad objetiva. Hablaban en lenguas y por tanto sabían que habían recibido el Espíritu

> No hay nada en las escrituras que indique que el Espíritu de Dios puede ser ahuyentado como una paloma asustadiza. Todo lo contrario.

Santo. El problema de si habían o no recibido el Espíritu Santo había preocupado por siglos a los mejores cristianos. Ahora ellos sabían que Él estaba con ellos, permanentemente. Nunca ha sido verdad que creyentes carismáticos hayan buscado las lenguas. Ellos buscaron al Espíritu Santo.

છ

Capítulo 7

Un Modelo de Evangelismo

De la misma forma en que un arquitecto les provee a sus constructores un modelo del proyecto de su edificio, Dios también nos ha provisto un modelo. Estoy hablando de los métodos y principios del evangelismo. Quiero hacer varias observaciones en ambos, los métodos y los principios, pero nos vamos a centrar principalmente en los métodos. Luego quiero considerar el gran discurso de Pablo sobre los principios del evangelismo. En la parte final de este capítulo repasaremos los temas ya cubiertos y los desarrollaremos un poco más.

MÉTODOS Y PRINCIPIOS BÍBLICOS

La gente debate sobre la efectividad de un método de evangelismo en comparación con otro. Después de haber viajado por todo el mundo y visto muchos métodos en funcionamiento, he llegado a comprender que hay muchos factores que necesitan tomarse en cuenta. No obstante, si hay un texto en toda la Biblia que provea el principio fundamental del evangelismo, éste es 1 Corintios 9:22, *"a todos me he hecho de todo, para que de todos modos salve a algunos"*.

PLANIFICACIÓN

Se dice que Dios usa hombres, no métodos, pero no creo que Dios use hombres que no tengan métodos. Cualquiera sea la forma particular que su evangelismo pueda tener, a menos que tenga algún tipo de plan, su impacto será disminuido, o incluso perdido.

SEGUIMIENTO

Cuando Jesús les dio a los discípulos la segunda gran redada de peces, ellos supieron cuántos habían cogido: 153. No hubo

> Cuando ganamos gente para Cristo, ellos deben ser retenidos y disciplulados, y no dejados que fácilmente resbalen de vuelta a las aguas del mundo.

conjeturas. Jesús les dijo, *"Traed de los peces que acabáis de pescar"* (Juan 21:10). La primera vez que fueron de pesca siguiendo las instrucciones de Jesús ellos cogieron tantos peces que se rompieron sus redes y las barcas empezaron a hundirse (vea Lucas 5:1-11). No estaban preparados para la sobrecogedora bondad de Dios y no pudieron darse abasto. No estaban preparados para la dimensión en la que Cristo obraba. La siguiente vez sí lo estuvieron y retuvieron todos los peces.

Cuando ganamos gente para Cristo, ellos deben ser retenidos y disciplulados, y no dejados que fácilmente resbalen de vuelta a las aguas del mundo: *"Traed de los peces que acabáis de pescar"*. No importa cómo evangelicemos, al hacerlo establecemos relaciones y por lo menos formalmente, la gente pasa por el proceso de recibir a Cristo. Lo siguiente, ellos tienen que ser cuidados.

CONTACTO PERSONAL

Evangelizar no es una tarea rutinaria, sin alma. Cuando Pablo fue a Efeso, tuvo problemas con los negociantes – los industriales, especialmente los plateros. Ellos fundían imágenes de la diosa Diana y se enriquecían con su venta. La manera en que se describe en Hechos 19:26 es muy significativa:

Wukari, Nigeria
– una ciuadad da la
bienvenidad al Evangelio

Ogbomoso
NIGERIA

Abajo: Subidos en las paredes para una mejor perspectiva.

¡En 5 días de reuniones 1,758,477 decisiones por Cristo!

Arriba: Después de 10 años de estar sordo de su oído derecho, Abunbola ahora oye claramente.

Izquierda: Sanada de un serio problema de la vejiga.

Una serie de reuniones históricas y sin precedentes en el corazón de Khartoum ve cientos de miles recibir a Jesús en sus corazones.

300 omnibuses de la localidad trajeron ávidos Sudaneses al lugar de la campaña, donde cada asiento disponible fue ocupado.

Khartoum
SUDÁN

Durante el período de Semana Santa del año 2000, hasta 210,000 personas escucharon las Buenas Nuevas acerca de la resurrección del Señor Jesucristo.

Ibadán
NIGERIA

Antes era ciego y paralítico – ahora puede ver y correr.

La última noche, ¡más de 1.3 millones de personas llenaron el lugar de reunión para oír la proclamación del Evangelio!

Jehová liberta a los cautivos (Salmo 146:7)

Multitudes,

¡Multitudes en el valle de la decisión! Joel 3:14

Documentación médica confirma su sanidad de tuberculosis.

Un ejército de unos 200,000 consejeros fueron entrenados para ayudar a registrar los detalles de casi 3,461,171 nuevos creyentes que tomaron una clara decisión por Jesucristo durante los 6 días de reuniones.

¡6 Millones
De personas en 6 días de reuniones!
LAGOS NIGERIA

Arriba: Asombrado por el poder sanador de un Dios poderoso.

Derecha: Amuletos, fetiches, libros y hechizos fueron todos hechados a las llamas de destrucción.

CONFERENCIAS DE FUEGO

campañas Evan

Durante una 'Conferencia de Fuego', a los asistentes se les enseña sobre la importancia, significado y necesidad del bautismo en el Espíritu Santo, sin el cual, no hay poder para testificar.

Arriba:
80,000 asistentes
llenos del poder
de Dios, en Lagos,
Nigeria.

Izquierda:
El desbordante
estadio internacional
en Ibadán, Nigeria,
lleno con 70,000
obreros activos
de la iglesia.

¡Durante 5 días de reuniones,
asistieron 2,500,000 personas!

Salvacíon en Akure
Nigeria

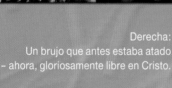

Derecha:
Un brujo que antes estaba atado
– ahora, gloriosamente libre en Cristo.

Izquierda:
La última mañana
de los 3 días de la 'Conferencia de Fuego',
37,800 líderes de la iglesia fueron investidos de
poder y recibieron visión para alcanzar a sus
comunidades locales con la verdad del Evangelio.
Estas reuniones han llegado a ser una parte
importante y esencial de cada una y en todas
las Campañas Evangelísticas.

Arriba izquierda:
Algunas personas del 1,859,988
que llenaron su tarjeta de decisión aceptando
a Jesús como su Señor y Salvador.

Su mente ya no más
está atada, ahora
él está libre y en su
juicio cabal.

Onitsha
Nigeria

¡Más de 2 millones
de personas escucharon las
Buenas Nuevas de salvación!

Sanado y felíz en el nombre de Jesús.

Antes:
Demente violento y encadenado.
Ahora:
Paz en Cristo Jesús.

EVANGELIZACIÓN GLOBAL

El departamento de literatura de CfaN ha visto distribuirse
185,000,000 de libros y folletos en 142 idiomas y en muchos países del mundo.

Millones de copias del libro 'Evangelismo con Fuego' han sido impresos en más de 60 idiomas y distribuídos entre estudiantes de Escuelas Bíblicas y líderes de Iglesias en todo el mundo.

Sólo durante el período de campañas del 2002/03, se han producido casi 22 millones de folletos 'Ahora que eres salvo' para ser entregados a aquellos que toman una clara decisión por Jesucristo en una Campaña Evangelística de Reinhard Bonnke.

Pero veis y oís que este Pablo, no solamente en Éfeso, sino en casi toda Asia, ha apartado a muchas gentes con persuasión, diciendo que no son dioses los que se hacen con las manos.

Espero que muchos de ustedes que están leyendo esto puedan revisar el griego. Me han dicho que aquí se está usando el participio presente, así que las palabras 'que se hacen con las manos' podrían traducirse 'que están siendo hechas con las manos', que significa una operación continua y segura – dioses producidos en masa todos los días. Esa era la religión de aquellas personas: una despersonalizada línea de montaje en serie, con todos los dioses iguales.

Eso es exactamente lo que el cristianismo no es. En nuestras reuniones evangelísticas queremos que en un ambiente acogedor y de amor, la gente se convierta. Se necesita mucho más que una firma sobre la línea punteada. Me agrada cuando veo convertidos arrodillados por una hora con alguien que está orando por ellos con sus brazos rodeando sus hombros, mientras la atmósfera de alabanza y adoración del estadio o iglesia los envuelve. Los nuevos creyentes no deben nacer muertos. Cuando un niño nace, lo primero que el doctor o comadrona debe hacer es conseguir que el niño respire. Un nuevo convertido debe ser animado rápidamente a hacer su primer clamor a Dios … ¡hacer que sus pulmones espirituales funcionen en alabanza y testimonio!

> En nuestras reuniones evangelísticas queremos que en un ambiente acogedor y de amor, la gente se convierta.

El evangelio es una comunicación personal entre la gente y su Dios. La era presente está siendo deshumanizada, individuos son reducidos a ser una parte del flujo de tráfico o unidades comerciales. En América usted puede llevar a cabo sus operaciones bancarias, comprar comida caliente, ir al cine o incluso asistir a un culto de la iglesia a través de Internet – todo sin tener contacto con ningún ser viviente. El servicio entre seres humanos está siendo eliminado y entregado a los robots. Veo con horror algunos de los prometidos "avances" tecnológicos, que nos acercan más a una vida completamente automatizada, imponiendo soledad absoluta a millones. La gente teme la soledad angustiosa del futuro científico frío y sin afecto; es tanta amenaza como lo es una bomba nuclear. El evangelismo es algo íntimo.

> No estamos metiendo a la gente en una máquina de hacer salchichas – entran pecadores por un lado y por el otro salen santos.

Los métodos usados en los negocios no son sustitutos del evangelio predicado "*por el Espíritu Santo enviado del cielo*" (1 Pedro 1:12). Los programas de crecimiento para la Iglesia pueden ser sistemas válidos en los que se pueden aplicar métodos de negocios a asuntos de Iglesia y si podemos aprender de la eficiencia de los negocios, debemos hacerlo. Después de todo, la Palabra nos dice: "*Procura con diligencia presentarte a Dios aprobado*" (2 Timoteo 2:15). Cualquiera que sea el método que usemos, éste necesita poder, y el poder necesita un método. Ambos son medios para comunicar nuestra dedicación y amor. Algo esencial para recordar es que Dios usa gente, no métodos.

En todo tipo de evangelismo, nuestro método debe tomar en cuenta que no estamos tratando con máquinas, o haciendo crecer cultivos en el campo, sino que estamos trabajando con la naturaleza humana – y en este aspecto con una naturaleza humana degenerada. Esto significa que debemos ser flexibles, adaptables y comprensibles. No estamos metiendo a la gente en una máquina de hacer salchichas, entran pecadores por un lado y por el otro salen santos. Cada persona delante de nosotros es un individuo único, cada uno con sus propios temores, esperanzas y reacciones.

En nuestro ministerio instruimos consejeros para nuestras enormes campañas evangelísticas. La capacitación es buena, pero siempre se espera que sean gente compasiva con oídos prestos a escuchar. Deben haber métodos, pero los métodos deben ser humanizados; nunca deben perder su toque personal y nunca ser rígidos. La razón por la cual Dios tiene tantas clases diferentes de hijos es porque es un Dios personal, y le gusta que todos sean personalmente atendidos por alguien.

Nuestra Biblia es nuestro manual de cómo la gente puede tocar a otra gente. Al imponer nuestras manos sobre los necesitados, en el nombre de Jesús, nuestros brazos vienen a ser Sus brazos, nuestro amor Su amor. La Iglesia es Cristo caminando por las calles otra vez, mostrando compasión, tocando a los intocables, y no sólo 'objetivizando un proyecto del área de crecimiento'. Lloramos con los que lloran y nos regocijamos con los que se regocijan. En los negocios se habla sobre la 'filosofía objetivizada'. Pero la filosofía objetivizada de Dios fue expresada por los dos brazos extendidos de Cristo en la cruz, protegiendo a la humanidad de las legiones del infierno.

SU ENFOQUE PERSONAL

Dios sabe exactamente quién es usted y tiene un lugar preparado especialmente para usted. Usted es usted. Si Dios le ha llamado, es porque usted tiene un lugar específico en sus planes. No hay nadie más como usted, y nadie puede tomar su lugar. Si usted no hace lo que Dios le pide, nadie más lo puede hacer. Su huella digital está destinada a marcar alguna área del Reino, y es imposible sustituirlas con las huellas digitales de alguna otra persona. El trabajar para Dios le proporciona la oportunidad de ser lo que usted realmente es, lo cual permite que su verdadera personalidad emerja en servicio a Dios.

Cada uno de nosotros debe hacer la obra de Dios a su manera. Tengo un plan detallado para mis campañas, pero éste va con mi enfoque y mi personalidad. Debemos por lo menos considerar la mejor manera de ser eficientes en el evangelismo. Lo que puede ser la mejor manera para mí puede que no sea la mejor manera para usted. Pero si está haciendo algo para Dios, de lo primero que debe darse cuenta es que Dios quiere usarle a usted y no un método.

DEJE QUE EL MÉTODO SE ADAPTE A LA TAREA

Los primeros cristianos encontraron y desarrollaron sus propios métodos. Jesús les dejó su ejemplo, pero no un plan detallado para hacer Su obra. El Espíritu Santo bendecirá la audacia e ingenio en la obra evangelística.

En las Escrituras no se encuentra ningún método establecido para el evangelismo. Los primeros obreros cristianos aprovecharon al máximo todas las oportunidades disponibles. Las Escrituras nos dicen lo que hicieron, pero eso no significa que sus métodos sean ahora una obligación divina para todos los demás. Hay, sin embargo, principios espirituales detrás de sus actividades y debemos tomar nota de ellos cuidadosamente.

> Si Dios le ha llamado, es porque usted tiene un lugar específico en sus planes.

Dios nos ha dado un cerebro, y debemos usarlo para idear maneras y medios de alcanzar a las grandes cantidades de inconversos de estos tiempos. Esto no sólo es el punto número uno en el orden del día; es el orden del día. Si todos los puntos, incluidos 'otros asuntos', no se relacionan directa o indirectamente con el evangelismo, entonces no tienen razón de estar incluidos en el orden del día.

Observe en el libro de los Hechos que los discípulos optaron por métodos que se adaptaban a la oportunidad. Pedro ganó a los primeros convertidos el día de Pentecostés, aprovechando la oportunidad presentada por la multitud atraída por los discípulos que hablaban en lenguas. Su sermón se ajustaba perfectamente a la ocasión, explicó las lenguas y la resurrección con referencia a las Escrituras. Su sermón contiene todos los elementos del evangelio; él simplemente lo comunicó usando las circunstancias presentes como su plataforma. Pedro y los otros discípulos estaban tan llenos de la verdad del evangelio que lo presentaban con una facilidad natural en cualquier momento, en cualquier lugar, como si estuviesen hablando sobre alguna noticia del día.

SIN PERDER DE VISTA LO ESENCIAL

Todos los métodos deben ganar almas y no sólo llenar iglesias. Es posible llenar una iglesia casi en cualquier lugar. Hay atracciones comunes: música, drama, banquetes, programas para niños, ocasiones especiales, aniversarios, Navidad, Semana Santa, festivales, coros, predicadores famosos, y grupos de rock. Siempre se inventarán nuevas atracciones. Pero si la gente no oye la Palabra de Dios, el evento no tiene sentido. En el Nuevo Testamento, ninguna oportunidad fue perdida. La idea era encontrar maneras de hacer que la palabra de Dios diera sus frutos en la mente de las personas.

Me ha entristecido oír de cultos de sanidad que atrajeron inconversos, pero donde no se presentó el mensaje de salvación en absoluto, sólo hubo canciones y un llamado para pasar adelante por sanidad. Algunas personas aparentemente sólo predican sanidad, no la salvación. Esto es una negligencia tanto de la oportunidad como de la responsabilidad. El Señor dijo, "Predica el evangelio y las señales seguirán". Debemos poner primero lo primero, la

Palabra y luego las señales. Pedro usó un milagro de sanidad en Hechos capítulo 3 como una oportunidad para evangelizar. Él siguió el ejemplo de Jesús, Quien hizo lo mismo. En realidad, todo el libro de Juan ilustra ampliamente este modelo.

En Hechos capítulo 4, Pedro y Juan fueron arrestados y llevados ante las autoridades. Ante los rostros fruncidos de sus interrogadores, cambiaron su defensa por un evangelismo agresivo. Esteban, el primer mártir cristiano, aprovechó al máximo la oportunidad para predicar la Palabra, incluso cuando sus enemigos estaban prestos a matarle (vea Hechos 7). El evangelista Felipe condujo lo que podríamos llamar una 'campaña de sanidad' en Samaria, donde Jesús mismo había preparado el camino (vea Hechos 8). Pablo fue a las sinagogas, donde había una oportunidad abierta para discutir sobre las Escrituras. Él simplemente se mezclaba entre los hombres, y les explicaba las Escrituras que se habían leído.

Pablo también tomó ventaja de las escuelas de filosofía. Los filósofos frecuentemente tenían consejo abierto en las calles u otros lugares de reunión al aire libre, y Pablo debatía con ellos como lo hizo en la escuela de Tiranno (Hechos 19:9). En Atenas trató con los curiosos por cosas nuevas, como decimos, en 'su propio terreno', citando a sus propios escritores (Hechos 17:16-32). Él llevó el evangelio a reyes y gobernadores en las cortes y a la gente que estaba en la prisión con él, también a bordo de un barco, donde habló de su Dios cuando todos temían naufragar. Si no podía estar personalmente en algún lugar en particular, les escribía cartas.

LOS TEMPLOS

No sabemos si los cristianos poseían algún edificio en aquellos primeros días. Sabemos que los tuvieron un poco después, pero ni Jesús ni ninguno de los apóstoles, según parece, predicaron en lugares de adoración cristianos. Simplemente ellos iban donde la gente se reunía normalmente. La primera reunión de Pablo en Europa fue totalmente informal. Está registrada en Hechos 16:13:

Y un día de reposo salimos fuera de la puerta, junto al río, donde solía hacerse la oración; y sentándonos, hablamos a las mujeres que se habían reunido.

Por 20 años después del Pentecostés los cristianos tuvieron reuniones públicas regularmente en los alrededores del Templo. Eran conocidos como una secta de la religión de los judíos. Los Samaritanos nunca habrían sido salvos si los apóstoles sólo les hubiesen invitado al Templo para escuchar acerca de Jesús, porque ¡ellos jamás habrían ido a ese lugar! Era una tradición nacional aborrecer el Templo en Jerusalén, que era lo que los separó de los judíos como nación. El sentimiento de odio entre los judíos y samaritanos era mutuo. Pero Jesús cruzó todas las barreras tradicionales y sociales y comenzó una obra en Samaria, que otros continuaron.

Cuando vemos el templo como el único lugar para ganar almas, esto pone una gran restricción a nuestra capacidad para testificar. Las iglesias son para los cristianos, no para los impíos. En Alemania, por ejemplo, el admitir que uno va a la iglesia es vergonzoso, como si uno se estuviese arriesgando a contraer una plaga allí. Ir a la iglesia está considerado algo peligroso, conlleva a manías o a la melancolía. ¡A la mayoría de los alemanes no se les vería en la iglesia ni aunque estuviesen muertos, y ese es probablemente el único momento en el que se les ve allí! Hay más probabilidad de ganar el campeonato de fútbol en una pista de hielo que de ganar a la nación alemana para Cristo en los cultos de la iglesia.

La situación es quizás peor en el resto de Europa. En el Reino Unido, la ley no permite hacer una invitación directa a conversión en la televisión. Se deben encontrar otras estrategias para alcanzar a los perdidos.

ALCANZANDO A AQUÉLLOS QUE NO VAN A LA IGLESIA

La Gran Comisión exige que confrontemos a la gente con el evangelio dondequiera que los encontremos. El objetivo es inclusivo: a todas las naciones y a las naciones enteras. El Nuevo Testamento jamás concibió el 'evangelismo de iglesia', porque las iglesias no existían en ese entonces. La situación era muy diferente.

Hoy en día el pastor de la iglesia se ha convertido en un psiquiatra barato, o un empleado de la asistencia social, que aconseja, oficia matrimonios, entierros, bendice a los recién nacidos, etc. ¡Ningún apóstol obró jamás como los ministros de hoy! Los primeros apóstoles tenían un solo trabajo: llevar el conocimiento de Cristo por doquier, a todo hombre y mujer.

Una consideración importante para medir el éxito del ministerio es el impacto que la prédica del evangelio tiene en la comunidad o nación. La pregunta que me hacía durante los primeros años como misionero era si Dios estaba satisfecho con nuestro arduo trabajo y con ganar un puñado de almas cada año. De algún modo yo no podía aceptarlo.

> Los primeros apóstoles tenían un sólo trabajo: llevar el conocimiento de Cristo por doquier, a todo hombre y mujer.

Ciertamente Dios sabría de alguna otra forma de ganar almas. Yo estaba frustrado. Salí con mi acordeón, y prediqué a la gente que estaba en la parada del autobús. Luego traté de salirme de la misión misma organizando cursos bíblicos por correspondencia, en los que se registraron 50.000 personas. Eso podría haberse considerado un plan de acción exitoso. Pero debemos juzgar nuestro trabajo no por lo florecientes que seamos, sino por el máximo impacto que veamos en la sociedad en general.

Para mí es un desafío ver lo que algunas personas están haciendo en este y otros lugares. Ellos están estudiando la raíz del problema, buscando lo que hace que la gente entienda, cómo enfrentar la resistencia al evangelio, cómo captar el interés de aquéllos que han visto y oído todo esto antes pero se mantienen indiferentes. Si en algo debemos emplear nuestra inteligencia, de todo, esto es todo lo que necesitamos pensar. Jesús dijo: *"los hijos de este siglo son más sagaces en el trato con sus semejantes que los hijos de luz"* (Lucas 16:8).

ATRACTIVO POPULAR

¿Tienta el cristianismo a la gente? ¡La mayoría de la gente puede resistirlo todo excepto la tentación! o ¿se ha presentado el pan del cielo como un plato del menú incomible y desabrido? En verdad, hay muchas presentaciones que son todo menos atractivas. Éstas podrían interesar a aquéllos con una tendencia masoquista, ¡al tipo de personas que se alistarían en la Legión Extranjera francesa, o que sienten que merecen ser castigadas! Ese tipo de religión no es de Cristo, y tampoco es puritana. De alguna manera, los puritanos han pasado a la historia como restrictivos, tristes y sin sentido del humor, cuando en realidad eran gente muy feliz.

Los seguidores de Cristo están en un desfile de vida con el Príncipe de Vida a la cabeza. Eran ciegos pero ahora ven, estaban perdidos mas han sido hallados, estaban muertos pero ahora viven, y *"siguen al Cordero por dondequiera que va"* (Apocalipsis 14:4). Ellos siguen en sus huellas como un río de luz.

Algunas veces mi mensaje es llamado un 'evangelio popular'. No veo esto como algo malo. La frase 'evangelio popular' es usada en contraste a ministerio con lustre académico. Permítame decirle que a Jesús, *"el pueblo le oía de buena gana"* (Marcos 12:37), y la gente común siempre es la gran mayoría. Abraham Lincoln dijo, "El Señor prefiere personas de aspecto común, por eso es que hace muchas de ellas". No hay ninguna virtud en presentar el cristianismo con una estructura intelectualista y de arte fino a menos que éste alcance a gente para Cristo.

Desgraciadamente, mucha gente confunde los elevados sentimientos inducidos por la grandeza del arte con la presencia de Dios. Entran a una catedral abovedada y dicen que sienten la presencia de Dios. En realidad ellos tendrían el mismo sentir si el lugar fuese un museo, que frecuentemente es todo lo que es. Tienen un sentido de reverencia por la arquitectura, pero Dios *"no habita en templos hechos a mano"* (Hechos 7:48). No a todos les gusta el arte fino. En tal caso, ¿solamente la gente culta puede ser salva? ¿Nos debe gustar Juan Sebastián Bach o canciones gregorianas para poder cumplir los requisitos para entrar al cielo? Pablo dijo que su objetivo era *"que de todos modos salve a algunos"* (1 Corintios 9:22).

Pienso que hay alguna confusión sobre esto. El contexto del evangelio no es lo mismo que el evangelio en sí. El evangelio puede ser predicado por un Arzobispo en una catedral, o por un traficante de drogas convertido, en una carpa. Creo que en ninguno de estos casos hay autorización para cambiar su simplicidad. Puede que la gente oiga del Arzobispo un inglés más refinado y una prosa más impresionante, pero eso sería secundario. El evangelio en sí es la grandeza, el poder, la majestuosidad, y la maravilla de Dios en toda ocasión. Pablo dijo:

Así que, en cuanto a mí, pronto estoy a anunciaros el evangelio también a vosotros que estáis en Roma. Porque no me avergüenzo del evangelio, porque es poder de Dios para salvación a todo aquél que cree; al judío primeramente, y también al griego (Romanos 1:15-16).

El evangelio es poder de Dios en la boca de cualquiera. En África predico el evangelio más puro y directo que yo pueda expresar, y éste tiene los más extraordinarios efectos. Se deshace sobre los corazones y mentes de la gente con la frescura de una ola de mar. No sé de técnicas, ni de psicología de masas, ni de trucos, y no diluimos nada. Predico un evangelio acerca del cielo, el infierno, el arrepentimiento, la fe, el pecado y el perdón.

MÉTODOS Y PRINCIPIOS EN 2 CORINTIOS

En el tema del servicio al Señor, 2 Corintios es un recurso maravilloso. El mismo Pablo enfrenta problemas con una iglesia y con gente que quiere ser alguien. Esta epístola llega a asemejar los métodos prácticos actuales y los detalles.

Por lo cual, teniendo nosotros este ministerio según la misericordia que hemos recibido, no desmayamos. Antes bien renunciamos a lo oculto y vergonzoso, no andando con astucia, ni adulterando la palabra de Dios, sino por la manifestación de la verdad recomendándonos a toda conciencia humana delante de Dios (2 Corintios 4:1-2).

Pablo estaba siempre consciente de la necesidad de que los mensajeros de Cristo sean ejemplo de su propio mensaje. Ésta es su preocupación en aquellos dos versículos. Él está tratando específicamente con las cualidades personales de los mensajeros de Dios. El secreto del evangelismo descansa en el hombre, no en algún extraño procedimiento místico de Dios. Pablo expresa

esta idea con mayor detalle más adelante en esta carta (vea
2 Corintios 6:3-13):

- Él se describe a sí mismo como alguien que ha recibido misericordia, que es la mayor razón para que un hombre evangelice, él quiere decirle a todos acerca de este maravilloso regalo
de Dios.

- Esta experiencia quiere decir que él no caerá (retrocederá) o
se dará por vencido.

- Significa que no vive una vida doble, predicando el evangelio
por un lado y viviendo una vida con secretos vergonzosos por
otro.

- Él no adultera la Palabra de Dios. Se le ha dado el evangelio
para predicar y eso es lo que predica, no sus propias ideas.

- Por estos medios tiene la aprobación de la conciencia de la
gente, por lo menos. Ellos saben que él es un hombre de Dios
honesto.

TROPEZADEROS

Más que cualquier otra persona, un pastor o evangelista puede
llegar a ser un tropezadero y causar que la gente tropiece o aban-
done su fe. Está en una posición de hacer mucho bien o mucho
daño.

La diferencia entre un hombre de éxito y uno de menos éxito,
en negocios o ministerio, puede ser una cosa pequeña. Pero esta
cosa pequeña puede generar afección o antipatía, que a su vez
da lugar a colaboración o apatía para cooperar, motivación o
desmotivación, armonía o desacuerdo. Podría hacer una lista de
miles de características del carácter pastoral que han dispersado

a la gente de las iglesias, sin contar los asuntos mayores, tales como doctrina o caída moral.

¿De qué sirve el evangelismo, que trae a la gente, si líderes que no reflexionan los dispersan otra vez? *"El que conmigo no recoge, desparrama"* (Lucas 11:23).

Pablo tenía una respuesta: amor (vea 1 Corintios 13). El amor es la protección más completa y el secreto de la sabiduría. Muchos errores comunes de los pastores simplemente no son posibles que ocurran cuando un líder cristiano ama verdaderamente a su gente. Pablo vio toda clase de cosas en ese respecto. Sus cartas son enseñanzas de cómo tratar a la gente y no de cómo ahuyentarla.

RECOMENDÁNDONOS

Pablo dice sin vergüenza *"nos recomendamos en todo como minis-tros de Dios"* (2 Corintios 6:4). Decimos, y es verdad, que *"el auto-elogio no es una recomendación"* (vea Proverbios 27:2), pero Pablo aquí no está elogiándose a sí mismo ni tampoco acon-sejando que lo hagamos. Él no está encomiándose a sí mismo exageradamente, o buscando publicidad barata. Pretenciosas y exageradas relaciones públicas desprestigian la imagen del evan-gelismo. Carlos Spurgeon solía decir que David mató a un león y a un oso y no decía nada al respecto, pero algunas personas hacen un desfile triunfal cuando han matado a un ratón.

En vez de relucir las memorias de sus éxitos, Pablo se recomienda a sí mismo por su paciencia o perseverancia. Perseverancia es lo primero que se encuentra en su currículo. Pablo sobrellevó tri-bulaciones, dificultades, angustias, presiones, encarcelamientos, tumultos, trabajos duros, desvelos y hambre *"con mucha pacien-cia"* (2 Corintios 6:4-5).

Para *"recomendarnos ... en mucha paciencia"* (versículo 4) es activo, no pasivo. Cuando los problemas vienen, la gente parece pensar que es muy espiritual sentarse pasivamente, sonreír y sobrellevarlos. Pablo no hizo nada de eso. Él encontró maneras de transformar la perseverancia en actividad, convertirse en publicidad de la protectora y sustentadora gracia de Dios. Pablo escribió sus epístolas a los Efesios, Filipenses, y Colosenses mientras estaba encarcelado en Roma. Cuando le vinieron las pruebas físicas y mentales, él se levantó, las recibió, y las aprovechó al máximo para la gloria de Dios. Él pensaba que las dificultades eran oportunidades para mostrar la poderosa obra de Dios en su propia vida.

LOS ELEMENTOS DE UN VERDADERO MINISTERIO

Pablo describe los elementos efectivos de un verdadero ministerio en 2 Corintios 6:6-7, mostrando pureza, comprensión, longanimidad, bondad, la presencia del Espíritu Santo, amor sincero, palabra de verdad y el poder de Dios, todo el tiempo sin usar armas excepto rectitud en ambas manos, lo que significa sin arrogancia ni beligerancia.

INDIFERENCIA A LA OPINIÓN PÚBLICA

En los versículos 8-10 del mismo capítulo, Pablo describe su indiferencia a todas las reacciones del público y de los gobernantes hacia su trabajo. Pablo se juzga a sí mismo por propia voluntad. No acepta adulación. Es honesto consigo mismo. Él sabe lo que es y lo que no es.

Pablo es un autocrítico. Si lo ha pasado mal en alguna ciudad, lo dice y no hace de cuenta que fue maravilloso. Describe la verdad de su trabajo y de sí mismo, y luego muestra como el mundo toma una perspectiva opuesta. Pero él continúa a pesar de todo, en gloria y en deshonra. Todo es parte de lo mismo para él, ya sean los reportes buenos o malos. Es abierto y genuino, pero tratado como un impostor, como un don nadie; y sin embargo fue famoso; tratado como si estuviese acabado, y sin embargo activo; golpeado, pero no muerto; pensaban que debía sentirse desgraciado, sin embargo siempre regocijándose; desechado como pobre, sin embargo continuaba haciendo ricos a miles (ahora millones) como si no tuviese nada, pero poseyéndolo todo.

Es verdad, Pablo fue el pionero supremo del evangelio. Dios lo escogió para ese privilegio específico y brillante, y ciertamente nos proveyó un modelo humano del papel del siervo de Dios. Continuó diciendo a los corintios, *"Nuestra boca se ha abierto a vosotros, oh corintios; nuestro corazón se ha ensanchado"* (2 Corintios 6:11).

Me parece que eso expone el secreto de uno de los más grandes hombres que jamás haya vivido y servido a Dios. La gente trató de romperle el corazón, pero él contrarrestó con manos llenas de ayuda y sanidad. Si vamos a causar alguna impresión como testigos, no será como gente profesional, lista, autosuficiente. No hemos sido llamados a ser testigos de nuestra habilidad o educación; hemos de ser testigos del Señor, recordando a la gente a Jesús mismo, cuyo sufrimiento en nuestro lugar nos dejó el ejemplo final a seguir. Como Pedro dijo, somos *"como ovejas descarriadas, pero ahora habéis vuelto al Pastor y Obispo de [nuestras] almas"* (1 Pedro 2:25).

Quizás uno de los mejores cursos de capacitación de evangelismo que podemos hacer es el encerrarnos por un día, y poner cada punto de la recomendación de Pablo en 2 Corintios 6 junto a nuestras vidas para ver el orden de nuestras prioridades.

¿Estamos siendo honestos con nosotros mismos y con nuestra comisión? Si somos honestos con nosotros mismos, seremos honestos con Dios. Ese es el mejor método que cualquiera pueda seguir.

☙

Capítulo 8

Acción en el Libro
de los Hechos

Podemos ver modelos, hablar, e incluso orar, pero finalmente tendremos que actuar; simplemente hágalo y evangelice. En una ocasión Smith Wigglesworth viajaba en un barco y, a su manera usual, se las arregló para fomentar aquello que creía entre los pasajeros. Un clérigo le disputaba su audacia emprendedora, pero la respuesta de Smith fue concisa: "Los Hechos de los Apóstoles se escribieron porque los apóstoles actuaron".

El libro de los Hechos muestra a la Iglesia en acción. De él podemos obtener mucha sabiduría mientras avanzamos con valentía. Es por eso que me gustaría considerar, con deteni-miento, los Hechos de los Apóstoles en los próximos dos capí-tulos. Permítame empezar haciendo algunas observaciones bási-cas acerca de este magnífico libro y de los hombres que vivieron esas experiencias.

CÓMO OBTENER RESULTADOS

En pocas palabras, si hacemos lo que los apóstoles hicieron, obtendremos lo que ellos obtuvieron. La gente hoy en día habla del libro de los Hechos como si estuviesen describiendo el avivamiento modelo, pero no ocurrió de la nada. Los discípulos hicieron que ocurriera. Ellos recibieron el Espíritu Santo en el aposento alto, y salieron de él con fuego en sus corazones para encender los corazones del mundo.

No necesitaron ninguna otra experiencia adicional aparte de su dedicación a la oración y a la Palabra de Dios. No se quedaron en el aposento alto a disfrutar de su experiencia y a tratar de prolongarla, ni volvían vez tras vez por más del Espíritu Santo. El Espíritu Santo no ha sido dado para autosatisfacción. Los discípulos salieron llenos del poder del Espíritu y proclamaron la maravillosa verdad de lo que habían recibido. Luego Dios hizo lo mismo por todas partes. Pedro dijo que los nuevos convertidos en Samaria habían recibido el mismo don que los apóstoles recibieron al principio (Hechos 11:15-17).

HOMBRES DE ACCIÓN

Los discípulos no sólo oraron y se sentaron a esperar que Dios entrase al 'campo de juego' para convertir al mundo Él solo, a través de un contacto directo con los incrédulos. Era el trabajo de los discípulos el hacer el primer contacto. Ellos salieron al mundo para que el Espíritu Santo pudiese entrar en el mundo. Marcos 16:20 dice, *"ayudándoles el Señor"*. No dice que ellos fueron con el Señor. Ellos fueron y Él les acompañaba.

Si verdaderamente seguimos a Jesús, Él nos sigue. Cuandoquiera y dondequiera que los discípulos iban, Dios también iba. Esfuerzo natural desata esfuerzo divino; el Espíritu obra donde nosotros trabajamos. No todo evangelismo lleva al avivamiento, pero todavía no ha habido un avivamiento sin evangelismo. El hombre necesita el poder de Dios y Dios necesita mano de obra.

APROVECHANDO LOS MÉTODOS AL MÁXIMO

Los métodos apostólicos no fueron escritos con el fin de decirnos exactamente cómo hacer las cosas, no son sacrosantos, o normas y reglamentos definitivos. Pero lo que podemos aprender es que los apóstoles adecuaron el evangelismo a las circunstancias y perspectivas de su tiempo. Nosotros debemos hacer lo mismo en esta era de telecomunicaciones e Internet. La gente de la era del Internet piensa de manera distinta a las generaciones pasadas. El texto de la Biblia nos trae la verdad, y nuestro trabajo es comunicarlo ... pero comunicarlo efectivamente.

ESTILOS DE VIDA DE LOS ESPIRITUALMENTE RICOS

Seamos honestos, los apóstoles en el libro de Hechos hicieron cosas que nosotros normalmente no soñamos en hacer hoy. Por ejemplo, echaron suertes para ver quién reemplazaría a Judas Iscariote como uno de los doce (Hechos 1:23-26). No sé de ninguna denominación que hoy en día se atreva a seguir ese ejemplo. ¡Imagínese que se escoja como presidente o líder al que saque el palillo más corto o lanzando al aire una moneda!

En Jerusalén los creyentes juntaron todas sus riquezas y disfrutaron de un estándar de vida igual. Sin embargo, no funcionó muy bien, y finalmente esa práctica fue abandonada. Cuando Pablo quiso ayudar a los cristianos de Judea, no habían recursos comunes en otras iglesias, y tuvo que hacer una fuerte súplica a iglesias gentiles por donaciones. La repartición comunal no previno la pobreza de los cristianos en Judea (¡puede que hasta la haya causado!). Conozco algunos cristianos que están tratando de vivir bajo esta clase de principios comunales. Ellos consideran el intento fallido de la Iglesia Primitiva como una atadura para nosotros hoy. Pero los apóstoles nunca dijeron que la vida comunal fuese una norma establecida por Dios para las generaciones venideras.

> Los discípulos salieron al mundo para que el Espíritu Santo pudiese entrar en el mundo.

Algunas personas suponen que hubo una orden divina que obligaba a los cristianos en una determinada ciudad a formar una sola iglesia central organizada. Pero no hubo grupos de iglesias organizadas, como los conocemos hoy en día. Un grupo de la Iglesia con un padrón de membresía habría sido considerado un grupo rebelde.

Cuando Pablo escribió a la iglesia de la ciudad, ésta no tenía una dirección postal. Cuando Pablo nombraba a una iglesia, por lo general, él simplemente pensaba en todos los cristianos dentro de esa área. Puede que hayan estado divididos en grupos llamados por el nombre de uno u otro líder, como en el caso de Corinto. Pero Pablo los identificaba a todos como 'la Iglesia'. Las ciudades de entonces eran muy pequeñas comparadas con la mayoría de las ciudades de hoy. La misma Roma tenía una población de sólo un millón, Jerusalén sólo 50.000. Los grupos se reunían en casas, cada uno con su respectivo 'anciano'. En nuestras campañas evangelísticas hemos encontrado que los cristianos de diferentes denominaciones dentro de una ciudad se juntan como uno para ayudarnos. La unidad no es uniformidad; en las Escrituras, la unidad incluye diversidad.

UN DIOS DE DIVERSIDAD

Lo que los hombres hacen es una cosa pero lo que Dios hace es otra. Cuando estudiamos el libro de los Hechos, vemos los principios para las bendiciones de Dios en acción. Los Hechos registran manifestaciones del Espíritu Santo. Podemos basar nuestras expectativas en lo que leemos, puesto que lo que Dios ha hecho lo seguirá haciendo por siempre. Puede que lo haga de una manera distinta de como lo hizo la primera vez, al igual que Jesús sanó a los enfermos de muchas maneras distintas. Dios no es una máquina de duplicación. Su Palabra no es como un programa de computadora: usted inserta el disco, y siempre aparece lo mismo. Dios trae cambio, pero no cambia su carácter.

Él es el Dios de la diversidad. Uno siempre puede diferenciar una hoja de roble de, digamos, una de castaño de indias, pero Dios nunca hace dos hojas de roble iguales. Él hace la misma clase de cosas, pero simplemente jamás organiza una línea de ensamblaje de reproducciones de lo que antes ha hecho. Dios tiene objetivos inmutables, pero los consigue de varias maneras. Dios no da repeticiones o duplica acciones. Él se

> La unidad
> no es uniformidad;
> en las Escrituras,
> la unidad incluye
> diversidad.

preocupa por alcanzarnos a cada uno de nosotros donde estemos y como estemos, al igual que lo hizo con la gente 2.000 años antes de nosotros.

EL ROL DE JESÚS

En el primer tratado … hablé acerca de todas las cosas que Jesús comenzó a hacer y a enseñar (Hechos 1:1).

Jesús tan sólo había empezado a hacer las cosas de las que Lucas escribió en su evangelio. Lucas nos dice que Jesús no dejó de hacer esas cosas cuando ascendió al cielo. Él continuó obrando. En verdad no tenemos ninguna base para decir que alguna vez haya dejado de obrar. Él ha dejado de forma física este mundo, pero sigue haciendo su obra. Leemos Su palabra a fin de conocer cómo era Su obra, luego miramos a nuestro alrededor y esperamos ver y experimentar lo mismo… ¡y lo hacemos!

La ausencia de Jesús en la Tierra no es lo mismo que la mía en Alemania. Él obra con sus siervos dondequiera que éstos estén. Su maravillosa promesa es *"y he aquí yo estoy con vosotros todos los días, hasta el fin del mundo"* (Mateo 28:20).

Si Cristo está continuando con Su obra, entonces debe ser Él quien tenga la última palabra en lo que hacemos. Él envía a sus

> Cristo entró en la noche por nosotros. El atravesó el velo de la muerte hacia la tiniebla eterna del abismo. Mas allí, dio Su luz para siempre.

siervos para llevar a cabo tareas específicas. Se nos dice que *"cada uno tiene su propio don de Dios"* (1 Corintios 7:7). Nadie puede ser algo a menos que el Señor le escoja o la escoja. Jesús dijo, *"No me elegisteis vosotros a mí, sino que yo os elegí a vosotros, y os he puesto para que vayáis y llevéis fruto"* (Juan 15:16). Él nos advierte que *"Separados de mí nada podéis hacer"* (Juan 15:5). Por supuesto podemos predicar sin Él – y, desafortunadamente, muchos lo hacen – pero al final nuestros esfuerzos serán en vano.

Jesús dijo, *"Me es necesario hacer las obras del que me envió, entre tanto que el día dura; la noche viene cuando nadie puede trabajar. Entre tanto que estoy en el mundo, luz soy del mundo"* (Juan 9:4-5). La obra del Padre fue la creación. Él no creó la oscuridad, lo primero que dijo fue *"Sea la luz"* (Génesis 1:3). Incluso hizo el sol y la luna después de haber creado la luz. Jesús toma esto como un ejemplo. Él es la luz del mundo, y mientras la luz alumbraba los milagros eran posibles. En Juan capítulo 9, por ejemplo, el hombre ciego recobró la vista.

Mas la noche venía. La noche se acercaba, y por tres días Jesús yacería en la tumba. La luz del mundo parecía haber sido apagada en la oscuridad del polvoriento sepulcro. Cristo entró en la noche por nosotros. Él atravesó el velo de la muerte hacia la tiniebla eterna del abismo. Mas allí dio su luz para siempre.

Al comienzo de su evangelio, Juan escribe, *"La luz en las tinieblas resplandece, y las tinieblas no prevalecieron contra ella"* (Juan 1:5). Se me ha dicho que Juan usa la palabra que es traducida "prevalecieron" (Griego: *katalambano*) dos veces con relación a la oscuridad. La segunda vez es en Juan 12:35, donde leemos, *"andad entre tanto que tenéis luz, para que no os sorprendan las tinieblas".* Juan está diciendo que mientras andemos en la luz, las tinieblas no obtendrán lo mejor de nosotros.

Las tinieblas no pueden ganar dominio sobre la luz. Las tinieblas del infierno y de la muerte no pueden absorber la luz del cielo. No hay cantidad de oscuridad que pueda detener a una vela ardiendo. La muerte de Jesús extinguió tanto sus enseñanzas como su ministerio de sanidad y liberación. Desde el momento del arresto de Jesús hasta la venida del Espíritu Santo, los discípulos no llevaron a cabo ningún milagro de sanidad. Entonces la luz alumbró una vez más y ellos continuaron con la obra de Jesús.

EL ROL DE LOS DISCÍPULOS

Aquéllos a quienes Jesús envía son sus agentes autorizados. Leemos de ocasiones en las que Jesús envió a sus discípulos con la misión de expandir su obra. En Mateo 10:1 leemos: *"Entonces llamando a sus doce discípulos, les dio autoridad sobre los espíritus inmundos, para que los echasen fuera, y para sanar toda enfermedad y toda dolencia".* En Lucas capítulo 10 Jesús específicamente les instruyó a que sanasen a los enfermos, y luego dijo, *"He aquí os doy potestad de hollar serpientes y escorpiones, y sobre toda fuerza del enemigo"* (Lucas 10:19). Pero cuando Jesús murió y sólo hizo apariciones ocasionales después de su resurrección, aparentemente los discípulos no podían hacer nada. Cuando Él mandó al Espíritu Santo en Pentecostés, su obra continuó a través de los discípulos.

Hoy en día Jesús está físicamente ausente del mundo y la Iglesia visible se ha convertido en su cuerpo. Los creyentes tienen los poderes para actuar en su representación y continuar su ministerio. Ellos tienen a su disposición Sus poderosos recursos y provisión. Somos Sus ejecutivos en cualquier puesto en el que nos ponga. Sus recursos están para equiparnos con el propósito de completar la obra. Gracias a Dios no tenemos que ir desarmados ni débiles.

Jesús nos asegura *"que todo cuanto pidiereis al Padre en mi nombre, os lo dará"* (Juan 16:23). Esta promesa tiene que ver con la obra de Dios. Dios promete atender nuestra llamada, cuando nosotros obedecemos a su llamado. Podemos pedir lo que queramos siempre y cuando esté de acuerdo con Su voluntad. Su promesa no quiere decir que Dios está esperando recibir órdenes nuestras. Él no es el camarero de nuestra mesa, o un tipo de espíritu al cual podemos llamar frotando una lámpara mágica.

Él no promete llenar nuestras carteras y cuentas de banco. Él no se ha propuesto hacer ricos a sus siervos, deslumbrando con anillos en nuestros dedos, mientras conducimos nuestros coches de lujo. Lo que pedimos es para el Reino. Jesús dijo que no deberíamos concentrarnos en cosas, sino en el Reino. No me malentienda, los bienes materiales no son peores para los cristianos que lo que pueda ser el sol y la lluvia, pero las posesiones materiales no tienen valor eterno. Es más importante saber que *"el bien y la misericordia me seguirán todos los días de mi vida"* (Salmos 23:6). Pero el bien y la misericordia sólo nos siguen cuando nosotros seguimos al Señor.

EL NOMBRE DE JESÚS

Nos han sido dados los poderes dentro del ámbito de la tarea que Jesús nos ha delegado. Estamos autorizados a actuar en Su nombre, y en ese nombre nos mantenemos (Juan 14:14; 16:23-24). Sin embargo, Su nombre no es una fórmula que debe ser repetida cada vez que hacemos algo. No es que haya algo de malo en decir "en el nombre de Jesús": simplemente estamos declarando la base de nuestra autoridad. No generamos poder por ello. No hacemos que nuestras palabras sean milagrosas de esa manera. Tenemos poder para hacer cualquier cosa que Él nos haya asignado. Fe en el nombre de Jesús quiere decir fe en la persona de Jesús, y eso es suficiente.

Este importante principio espiritual es ilustrado en la primera sanidad apostólica descrita en Hechos capítulo 3. Pedro dijo, *"en el nombre de Jesucristo de Nazaret, levántate y anda"* (Hechos 3:6). Más adelante, Pedro llevó a cabo obras de sanidad divina de otras maneras.

Pedro sanó a un paralítico, diciendo, "Eneas, Jesucristo te sana; levántate, y haz tu cama". ¿Y qué pasó? *"Y enseguida se levantó"* (Hechos 9:34). Jesús fue claramente identificado como la fuente de sanidad, pero Pedro no recurrió a la fórmula "en el nombre de Jesús". Más adelante le llevaron a donde Dorcas yacía, preparada para ser enterrada. Él la levantó de entre los muertos sin siquiera mencionar el nombre de Jesús. Primero se arrodilló en oración, y luego *volviéndose al cuerpo, dijo: Tabita, levántate. Y ella abrió los ojos, y al ver a Pedro, se incorporó.*

> Podemos pedir lo que queramos siempre y cuando esté de acuerdo con su voluntad. Su promesa no quiere decir que Dios está esperando recibir ordenes nuestras. El no es el camarero de nuestra mesa.

"¿El resultado? *Y muchos creyeron **en el Señor**"* (Hechos 9:40-42, el énfasis es mío). La gente creyó en el Señor, no en Pedro, aún cuando Pedro no mencionó al Señor cuando levantó a Dorcas de entre los muertos. Las marcas de Jesús son inconfundibles.

PREDICAR, ENSEÑAR, SANAR

Los tres mandamientos de Cristo son resumidos como "Predicar. Enseñar. Sanar." La autoridad de Jesús cubre la enseñanza y la sanidad. Somos enviados a enseñar lo que Cristo enseñó, y a hacer lo que Cristo hizo. Lo hacemos "en su nombre"; es decir, como sus representantes autorizados. Él enseñó y obró en el nombre del Padre, y nosotros enseñamos y obramos en el nombre de Jesús.

> Como embajadores no tenemos el derecho de imponer nuestras ideas sobre las personas; sólo tenemos el derecho de anunciar lo que nuestro Rey quiera decir.

Algunas veces sanamos en el nombre de Jesús pero predicamos en nuestro propio nombre. Sin embargo nuestra palabra simplemente es nuestra opinión. No hemos sido enviados a predicar opiniones. Declaramos Su palabra, no la nuestra. Nuestra autoridad radica en la Suya. En Hechos 4:2 se nos dice que los apóstoles *"anunciaban en Jesús la resurrección de entre los muertos".* Cuando fueron arrestados, leemos que los miembros del concilio *"llamándolos, les intimaron que de ninguna manera hablasen ni enseñasen en el nombre de Jesús"* (Hechos 4:18).

¿Apreciamos lo que el predicar realmente es? Jesús fue *"enseñando en las sinagogas de ellos, y predicando el evangelio del reino, y sanando toda enfermedad y toda dolencia en el pueblo"* (Mateo 4:23). Lo que llamamos predicar, el sermón dominical en la iglesia a una congregación habitual, es lo que la Biblia llama 'enseñar'. El predicar del que habla la Biblia no es un sermón sino una proclamación hecha por un heraldo.

Como embajadores no tenemos el derecho de imponer nuestras ideas sobre las personas; sólo tenemos el derecho de anunciar lo que nuestro Rey quiera decir. Lo esencial es que somos heraldos con autoridad para proclamar la palabra de Dios. Nuestro trabajo es el de anunciar la verdad del evangelio.

Una vez más, esa es la razón por la que Jesús dijo, *"Si permanecéis en mí, y mis palabras permanecen en vosotros, pedid todo lo que queréis, y os será hecho"* (Juan 15:7). Si el evangelio permanece en nosotros, entonces podemos pedir lo que queramos para proclamarlo. Si queremos el poder, paciencia, valor, fuerza, y sabiduría para hacer lo que Él nos ha llamado a hacer, podemos pedirlo y lo recibiremos.

He mencionado autoridad. Dar golpes y gritos no genera autoridad. ¡No tengo objeción a las señales de vida! Pero autoridad es un secreto escondido dentro de nuestros corazones. Nos atrevemos a hacer declaraciones autoritativas porque estamos profundamente convencidos de su verdad. Esto no es dogmatismo, sino dependencia del Espíritu Santo para convencer a nuestros oidores. La autoridad radica en la fe en la Palabra de Dios y el conocimiento consciente de su Espíritu dentro de nosotros.

EJERCIENDO LA PALABRA

Todos en la Iglesia aceptan que debemos continuar lo que Jesús empezó a enseñar, pero no podemos sólo enseñar, y omitir lo que Él hizo. Debemos sanar al igual que enseñar. Si no lo hacemos entonces no habrá una continuidad genuina del ministerio de Cristo. Sólo habremos completado la mitad de la tarea: *"Por tanto, id, y haced ... enseñándoles que guarden todas estas cosas que os he mandado"* (Mateo 28:19-20).

No tenemos ni una pizca de autorización para separar Su enseñanza de Su sanidad. Ellas se sustentan la una a la otra. Él enseñó a través de lo que hizo y dijo, *"Si no hago las obras de*

mi Padre, no me creáis" (Juan 10:37). La autoridad de Su enseñanza radicaba en Sus milagros, y Sus milagros en Su enseñanza.
Si enseñamos lo que Él enseñó, haremos lo que Él hizo, de lo
contrario nuestra enseñanza se vuelve académica solamente.
Jesús dijo, *"y aun mayores* [cosas] *hará, porque yo voy al Padre"*
(Juan 14:12). Jesús pasó la mitad de su tiempo sanando. El ver
su muerte como el final de ese ministerio simplemente no le da
ningún crédito a un Cristo inmutable.

Esa es la manera en que la Iglesia llega a ser una vez más la
manifestación de Cristo en un mundo necesitado. Su compasión
fluye a través de nuestros corazones y es visto en nuestros ojos.
Mueve nuestros pies como movieron los Suyos. Nuestras manos
se convierten en las Suyas y nuestra voz en Su voz. Nuestros
brazos de amor son los únicos brazos que Él tiene en la Tierra.
No podemos hacer nada sin Él y Él no puede hacer nada sin
nosotros.

VERDAD VIVA

La verdad del evangelio es una verdad viviente; no es una colección de proposiciones. La gente habla acerca del "simple mensaje del evangelio". Esto puede ser tomado de media docena de
textos bíblicos. Todos ellos nos dicen lo mismo: Es pecador. Se
va al infierno. Cristo llevó sus pecados. Crea. Reciba el perdón.
Entonces irá al cielo. Todas estas declaraciones son verdad. Otras
religiones tienen teorías similares, pero el evangelio no es una
fórmula, o un credo, o una serie de definiciones y declaraciones
formales. Es poder.

Su expresión correcta tiene que ser en obras tanto como en palabras – y no nuestras obras solamente sino las del Espíritu Santo.
Para enseñar lo que Jesús enseñó debemos hacer lo que Jesús
hizo. Si predicamos un evangelio en el que no hay milagros,

mutilamos la verdad. Santiago nos anima a ser *"hacedores de la palabra"* (Santiago 1:22) y Juan nos dice que *"no amemos de palabra ni de lengua, sino de hecho y en verdad"* (1 Juan 3:18).

El epítome de la enseñanza moral y ética es la enseñanza de Jesucristo. Pero sin el elemento milagroso está muerta. La gente habla de los principios cristianos pero olvidan que el mayor principio de Cristo fue que Él viniese a traer la vida de Dios al mundo. No lo comprenden. No hay cantidad de enseñanza moral que pueda traer el número de convertidos que vemos hoy en el mundo – hombres perversos, brujos, ladrones, criminales violentos. Yo tengo que depender absolutamente del poder milagroso de la palabra de Dios. En lo que respecta a las sanidades, ellas son secundarias al poderoso efecto que tiene el evangelio sobre la vida de las personas.

La moral cristiana y los milagros van juntos. Sin la revelación de un Dios activo, la ética y la moral están muertas, son sólo legalismos mecánicos fríos. Toda la enseñanza de Cristo fue una acogedora y viva revelación del Padre. Jesús dijo que Él siempre hace las cosas que el Padre hace (Juan 5:19), incluida la sanidad. Como el Padre envió a Jesús, Jesús nos envía: es un mandato transferido. Nuestro trabajo no es simplemente decirles a las personas que sean buenas. Tenemos que ayudarles a empezar una relación con Jesús, como la que Él tuvo con el Padre, y el resto fluirá a partir de eso.

MÁS QUE INTELECTO

El evangelio es más que un evangelio intelectual. Produce un efecto interior, algo muy parecido a la emoción: fuego en el alma. No leemos la Biblia adecuadamente cuando la leemos sin emoción. Debemos dejar que la palabra nos conmueva. Algo que hable dentro de nosotros y nos diga, "Esto es verdad".

El evangelismo requiere algo más que conocimiento académico. El evangelio no es algo que usted pueda aprender como si fuese una declaración que ha de ser memorizada. No es sólo información; es la voz de la verdad amplificada en su alma.

El cristianismo no es meramente una declaración de hechos históricos o una lista de creencias. Jesús no es sólo una figura histórica. El evangelio es una fuerza dinámica generadora de vida. Tiene que ser aceptada por el hombre interior tanto como por el intelecto. Si el evangelismo no toca el corazón, es ineficaz, no importa cuán precisa sea la ortodoxia de uno. El éxito de su mensaje no está en la lógica. El cristianismo no le debe nada a la lógica o a la filosofía griega. La enseñanza de Cristo lacera la sabiduría de este mundo – sea la sabiduría de Aristóteles, Platón, Buda o Lao Tsu.

> El evangelio no es algo que usted pueda aprender como si fuese una declaración que ha de ser memorizada.

Cuando los maestros cristianos del pasado intentaron demostrar que el cristianismo era un sistema racional, cometieron un gran error. Para empezar, sus enemigos trataron al evangelio de la misma manera, e intentaron refutarlo a través de la razón. Pero Jesús no vino a darnos un sistema racional; Él vino a tocar la fuente de nuestra vida y a salvarnos. La gente nunca llegará a la fe cristiana a través de la razón, sino solamente al abrir sus corazones a su voz y a su iluminación divina. Creemos lo que creemos porque es verdad, y nos mueve y conmueve. Nuestras creencias son como música, la poesía del cielo, que desafía la lógica humana. El evangelio es amor, amor puro, y no hay nada menos razonable que el amor. Ha sido llamado una forma de locura, y sin embargo, es el amor lo que mueve al mundo, no la lógica.

El evangelismo no es nada menos que Dios amando a la gente a través de nosotros. El comienzo de la Iglesia fue un derramamiento del Espíritu que conmovió a los apóstoles, y conmovió a la gente que oía predicar a Pedro. El único hecho que esta gente conocía era que ellos habían crucificado a Jesús siete semanas antes, y estaban siendo acusados de Su asesinato. Pedro había estado con Jesús. Él lo adoraba, lo imitaba, y se le había pegado el mismo acento, o por lo menos eso es lo que yo creo. Pero una cosa parece clara: aunque acusó a la multitud, no les provocó a airarse. Su tono no fue hostil. Él no les estaba declarando la guerra. Quizás sus palabras fueron de reproche. Él habló la verdad pero con la sutileza del amor. Esta gente había matado a su mejor amigo, mas él les dijo que Dios los perdonaba, y que lavaría sus pecados.

Me pregunto por qué será que la gente aceptó la acusación de Pedro y creyó la historia de que Cristo había sido exaltado a la diestra de Dios. ¿Sólo porque Pedro lo dijo? ¿Así nada más? Obviamente habían fuerzas obrando. Esto no fue un mero dogma o afirmaciones en voz alta. Las palabras de Pedro eran como ganchos que se aferraban a sus almas. El cristianismo es fe del alma, no un proceso intelectual.

El Espíritu de Dios interpretó las palabras de Pedro para los corazones de sus oidores. Pedro declaró que Jesús había resucitado, y que había sido hecho Señor y Cristo; no es el concepto más fácil de hacer entender a una mente mundana. Todos los predicadores del evangelio tienen que depender del gran Intérprete. No tiene sentido el que usted elabore su argumento tratando de intimidar a los inconversos. Si lo hace, les hará pensar que su caso es débil. Razone, y ellos creerán que es todo cuestión de razonar. Declare la verdad sin cuestionar como Pedro lo hizo, y la gente se regocijará de encontrar descanso para sus almas.

Es tiempo de decirle al mundo que nuestro universo no es un universo científico, que las leyes de la ciencia sólo cuentan un lado de la historia. El mundo fue hecho para amar, por amor, fundado en amor para el deleite del Hijo de Dios. La verdad no puede ser expresada a través de las matemáticas, algo más de

> El evangelismo no es nada menos que Dios amando a la gente a través de nosotros.

lo que el ser humano puede hacerlo. El saber cuántos años tengo, cuánto peso y algunas cosas más de mis estadísticas vitales no quiere decir que usted me conozca. El verdadero yo sólo se deja ver de vez en cuando en lo que hago. La verdad es igual. Una parte de ella puede ser examinada por procesos racionales, en un laboratorio, o a través de la química y la física, pero hay mucho más. Hay una naturaleza en los hombres y mujeres que no puede ser descubierta por el bisturí de un cirujano. Nuestras personalidades responden al poder detrás de la creación: el amor de Dios. De esa manera hemos sido hechos y es por eso que el evangelio nos impacta profundamente.

UN EVANGELIO DE FUEGO

Y se les aparecieron lenguas repartidas, como de fuego, asentándose sobre cada uno de ellos. Y fueron todos llenos del Espíritu Santo, y comenzaron a hablar en otras lenguas, según el Espíritu les daba que hablasen (Hechos 2:3-4).

¡Fuego! Nuestro evangelio es un evangelio de fuego. Fuego en los hombres y mujeres quiere decir calor, emoción, energía y entusiasmo. Los discípulos tenían una fe definida e incuestionable, además de una energía vibrante que los hacía querer ir. Ellos no estaban ni poseídos por Dios ni obsesionados. Pero ardían con entusiasmo y amor.

¿Qué le ha pasado al cristianismo moderno? ¿Por qué es tan frío y calculador, tan sobrio y correcto? ¿Es que repentinamente la tolerancia es sólo para los estrictos y serios? En esta era de la razón, si la gente deja ver su celo y habla de sus experiencias con el Señor, su testimonio es ridiculizado como mero entusiasmo: están un poco desequilibrados; están alucinando. El mundo se puede volver loco, pero la Iglesia tiene que mostrar dignidad y cordura. A través de los siglos la Iglesia ha perdido su reputación como el lugar de fuego. El pueblo de Dios aprendió a mostrarse racional y con dominio propio. ¡Pero el mundo quiere algo por lo cual se pueda emocionar!

¿Por qué el cristianismo ha de significar silencio, calma adormecedora y afabilidad inhibida? ¿Por qué la gente habla acerca de la oración como su 'tiempo de quietud'? ¡La oración no fue un tiempo de quietud en el tiempo de los apóstoles! Por lo menos dos veces, la oración causó terremotos (Hechos 4:31; 16:26). Si usted hubiese estado abajo cuando la casa empezó a temblar, usted habría querido saber "¿qué es lo que pasa? ¿Qué es lo que pueden estar haciendo allí arriba?". Ellos simplemente estaban orando.

> Nuestras personalidades responden al poder detrás de la creación: el amor de Dios.

El mundo no puede entender qué es lo que se arremolina como un viento recio y fuego en nuestras almas, pero yo no voy a ahogar mi gozo para complacer al mundo. Si ellos no lo aprueban, entonces digo, *"gustad, y ved que es bueno Jehová"* (Salmos 34:8).

☙

Capítulo 9

Hombres ordinarios – Mensaje extraordinario

Pienso en la Biblia, con sus líneas de delicada impresión, como si fuese una ventana enrejada como las que uno ve en los países del este. El Señor detrás de ese enrejado, mirándonos mientras leemos. Si miramos más de cerca veremos sus ojos entre las líneas. Él está detrás de la Palabra de Dios.

Probablemente ya no necesito decirle que no estoy escribiendo un estudio académico; y esto no es una disculpa. He oído atentamente y obtenido todo el beneficio que he podido de aquéllos que tienen dominio sobre asuntos de erudición y aprecio el valor de sus estudios.

> La Iglesia Primitiva estaba aventurándose a hacer algo que nadie había hecho desde que el mundo empezó: evangelizar.

Pero hay otro lado en el entendimiento de las cosas de Dios. Existe tal cosa como la percepción espiritual.

Restringir el interés de uno a lo académico es perder un aspecto de la vida piadosa que es vital para la obra de Dios. Hay cosas que tienen que ser dichas que no podrían aprenderse en una clase y oigo al Espíritu decir, *"El que tiene oído, oiga"* (Apocalipsis 2:7). Confío en que me permita compartir algunas cosas que creo Dios está diciendo hoy a través de Su Palabra.

EL EVANGELISMO EN LA IGLESIA PRIMITIVA

En cuanto a evangelismo se refiere, el libro de los Hechos es el libro clave de la Biblia, escrito para mostrar como los discípulos empezaron a llevar a cabo el mandato de Cristo de predicar el evangelio a toda criatura. Ahora bien ¿qué es lo que eso significaba en aquellos días? Bueno, ¡ciertamente ellos no levantaron una carpa y pusieron avisos publicitarios en los periódicos o en la televisión! Echemos una mirada precisa a lo que Jesús les había comprometido que hagan.

EL MENSAJE

Recuerde que la Iglesia Primitiva estaba aventurándose a hacer algo que nadie había hecho desde que el mundo empezó: evangelizar. La palabra griega *evangel* quiere decir buenas nuevas, y los discípulos convirtieron sus buenas nuevas en un modo de vida. Fueron iniciadores de un concepto, que comenzó y edificó la iglesia mundial. No sólo fueron los primeros misioneros sino también los inventores de las misiones.

> Arriesgar el futuro de todo lo que Jesús había venido a hacer en un grupo de campesinos jóvenes, novatos y sin experiencia, ¡es una idea asombrosa!

Nunca antes alguien había tenido un dios de quien valiese la pena hablar o digno de darlo a conocer a otras naciones. Los dioses o ídolos de la gente eran primordialmente una obligación, más bien parásitos molestos. Baal, Apolo, Diana y otros no fueron consi-derados con ningún tipo de afecto. Se pensaba de ellos como tiranos esquizofrénicos que tenían que ser agradados y aplacados. Las autoridades de las ciudades no hacían nada sin dar el reco-nocimiento apropiado a un dios o a otro. El no hacerlo conllevaba el riesgo de hacer que cayera la venganza divina sobre ellos.

LOS MENSAJEROS

Los discípulos fueron hombres muy comunes. ¿Quiénes fueron ellos realmente? Usted podría decir que ellos no eran nadie. En realidad, ellos eran como cualquier otro. Lo que Jesús hizo con ellos lo podría haber hecho con cualquiera – incluso con usted o conmigo. Ciertamente ellos no fueron especiales, todo lo contrario. Jesús paseaba a lo largo de la playa y vio algunos hombres del lugar. Él se había encontrado con ellos antes, pero los escogió aquella mañana, aparentemente al azar. ¿Y por qué no? No era lo que ellos eran; sino lo que Él haría de ellos. Así es como siempre ha sido.

Leemos que antes de que Jesús nombrase a los 12 apóstoles Él pasó la noche en oración (Lucas 6:12). No se nos dice cómo oró, pero siempre se ha asumido que Él buscó la opinión del Padre sobre a quiénes de sus 70 o más discípulos debería escoger. Me pregunto si realmente fue ese el caso, ¿le llevó toda la noche que Dios le diese una docena de nombres? ¿Le dio Dios algún nombre? ¿No podría haber sido cualquiera si Dios los capacitaba? O quizás Jesús tuvo que enfrentar la batalla de escoger entre el camino de Dios y la grandeza humana. ¿Fue la tentación el no escoger de entre el vulgo y más bien encontrar hombres más sabios, hombres de más alto calibre y educación, hombres de la estatura de Nicodemo, José de Arimatea o algunos de los más destacados rabinos? Arriesgar el futuro de todo lo que Jesús había venido a hacer en un grupo de campesinos jóvenes, novatos y sin experiencia, ¡es una idea asombrosa!

Cuando Jesús fue arrestado y crucificado, los doce, en realidad, no fueron ningún apoyo para Él. Todos ellos le abandonaron y huyeron. El líder de entre ellos maldijo, juró y negó tener conocimiento alguno de Jesús de Nazaret. ¡Y Jesús dejó la Gran Comisión en las manos de gente como ellos!

Realmente, cuando usted lee cómo eran ellos, podría pensar que todo el proyecto de difundir el mensaje de la fe cristiana estaba condenado a fracasar desde el principio. Los discípulos no conocían a nadie ni tampoco tenían contactos. Eran ignorantes acerca del mundo, su política y su filosofía. Los griegos se jactaban de gran sabiduría. Los romanos tenían un inmenso poder. ¿Qué podría hacer un manojo mixto de hombres, la mayoría de los cuales eran campesinos o pescadores de la localidad sin educación, para conquistar aquel mundo? Ni siquiera hablaban con un acento aceptable. Las probabilidades en contra de ellos pesaban abrumadoramente.

> El deshace las cosas que son algo a través de las cosas que no son nada.

Jesús les envió sin dinero y les dijo que no llevasen nada. Ellos le fallaron cuando llegó el momento de la verdad. Incluso cuando Él había resucitado de entre los muertos tuvo que exhortarles por no creer lo que habían visto con sus propios ojos. ¿Cómo podrían hacer que otros creyeran?

Sin embargo, pusieron de cabeza a Jerusalén, y finalmente a todo el Imperio Romano. ¡Asombroso! Pero, tales cosas son posibles con Jesús. Su poder es perfeccionado en nuestra debilidad. Él deshace las cosas que son algo a través de las cosas que no son nada. Dios ha elegido a los desvalidos para mostrar que Él es todo en todos.

Al Señor le gusta hacer cosas como esa. Vea la historia de Gedeón en los capítulos 6 al 8 de Jueces. Gedeón pedía conocer dónde estaba el Dios del Éxodo con todos sus milagros poderosos. Así que Dios se lo mostró venciendo a un numeroso ejército árabe, usando trescientos hombres que ni siquiera tenían armas, ¡sólo antorchas, trompetas y cántaros! Lo que importa no es cuán grande un hombre es, sino si Dios lo tiene completamente.

LA PURA VERDAD

Los apóstoles fueron acusados de cambiar las costumbres antiguas (Hechos 21:21), y en efecto esa era su intención. Era un trabajo peligroso. El famoso filósofo Sócrates había sido condenado a muerte por ateísmo; es decir, por no creer en los dioses. El trabajo de los apóstoles era mover una montaña – una montaña de tradiciones y actitudes que a lo largo de más de mil años habían llegado a ser las leyes de las naciones. En realidad, la difusión del evangelio fue más allá de cambiar formas y costumbres. Ellos reformaron todo el patrón de pensamiento de aquellos tiempos para entrar en los corazones, almas y mentes de hombres y mujeres. Doce hombres ignorantes. ¡Imagíneselo!

Nuestro trabajo no es hacer el evangelio relevante para el mundo. Por supuesto, le hablamos al mundo en su propio lenguaje. La idea de predicar la Palabra es para interpretarla, para que la entiendan los oidores de hoy. Pero la antigua idea liberal era acomodar el evangelio a los patrones del mundo para hacerlo aceptable. Si el mundo ya no creía en lo sobrenatural, la solución era predicar un evangelio desprovisto de lo sobrenatural. Esto era una traición al mensaje cristiano. ¡No podemos transigir! Para cambiar el mundo tenemos que ser diferentes del mundo. Debemos desafiar lo que la gente piensa. Si ellos no creen, nosotros no nos amoldamos a su incredulidad.

Los apóstoles predicaron a Cristo y a Él crucificado. Nada podría haber sido más calculado para asegurar el fracaso de su misión. La crucifixión era para los peores criminales, lo peor de lo peor. Un hombre en una cruz era la burla de todos. De ninguna manera era un Jesús crucificado el personaje ideal para atraer tanto a judíos como a gentiles. Despreciado y desechado (Isaías 53:3). Pero ese era el Jesús que conocieron y el único Jesús que predicaron. Y por su predicación conquistaron el mundo.

La gente debe amoldarse a lo que Dios es. No predicamos a un dios hecho a la imagen de ellos. Nosotros debemos predicar al Jesús de los Evangelios – no algún ideal popular, sino al Jesús del Calvario. Si lo predicamos como nada más que un sanador, un amable, apacible y bondadoso Jesús, entonces hemos ocultado la verdad. No podemos permitir que nuestro mensaje sea influido por el consenso público, percepciones humanas o prejuicios.

Jeremías conoció a muchos profetas populares que profetizaban cosas suaves, que eran agradables a los oídos de la gente, y declaró, *"Ay de ellos"* (Jeremías 23:1-31). La gente que no enfrenta la realidad aprenderá de la manera más difícil. Jesús es el Jesús de la Biblia. No podemos rehacerlo de acuerdo a los ideales del mundo.

Juan el Bautista también halló que el Cristo era distinto del Mesías de la expectativa popular de Israel, pero Jesús no cambió. No importaba si Él desilusionaba a Juan, a su propia familia o a alguna otra persona. Él era quien era y su mensaje para Juan fue *"bienaventurado es el que no halle tropiezo en Mí"* (Mateo 11:6). No somos moldeadores ni creadores del mensaje. Pablo dijo que Dios le había puesto a cargo del evangelio; él era el guarda, no el creador. Somos sólo mayordomos de la verdad, y se requiere de un mayordomo que sea hallado fiel (1 Corintios 4:2). El Cristo que se ha concebido popularmente no nos puede salvar.

EL EVANGELIO NO ES RELIGIÓN

El evangelio abolió la religión e introdujo a Jesús. El mundo ha conocido conquistadores que invadieron tierras extrañas para saquear y matar a sus enemigos, asolando grandes áreas. Otros conquistaron con la intención de forzar a las poblaciones indígenas a adoptar nuevos hábitos y creencias. Pero nadie jamás había viajado a tierras extranjeras corriendo riesgos sólo para amar a la gente, sanarla, bendecirla y sacarla de su pobre condición.

Cuando Pablo predicó en Atenas, los de la localidad dijeron: *"Parece que es predicador de nuevos dioses"* (Hechos 17:18). Pero los apóstoles no sugerían un mero cambio de dioses, esto es, Jesús en vez de Diana. Jesús no era sólo un dios diferente y más agradable. Para la mayoría de los griegos, los dioses eran sólo estatuas en el mercado. La gente les rendía homenaje y luego los olvidaban. Pero los apóstoles estaban enseñando a las naciones acerca de un Dios que tenía que ser amado todo el tiempo y nunca debía ser olvidado. El cristianismo era un nuevo estilo de vida, no unos cuantos ritos y ceremonias. Jesús había de ser parte de la vida de la gente de una manera en que los dioses jamás podrían serlo.

El problema es que es mucho más fácil practicar uno o dos ritos delante de una imagen y luego continuar con la vida a la manera de uno. Ese era el pecado de Israel, que frecuentemente había abandonado al propio Señor. Es por eso que los profetas dijeron, *"Acordaos del Señor, grande y temible"* (Nehemías 4:14). Los paganos se olvidaban de sus dioses una vez que les habían hecho algún pequeño servicio, pero el Señor no había de ser tratado de esa manera. La esencia absoluta de la religión bíblica fue resumida en el gran mandamiento: *"Amarás al Señor tu Dios con todo tu corazón, y con toda tu alma, y con toda tu mente"* (Mateo 22:37).

> El evangelio abolió la religión e introdujo a Jesús.

UN CAMBIO DE VALORES

El evangelismo cristiano no sólo desafió la perspectiva religiosa actual, sino que también desafió el sistema de valores morales existentes. El mensaje de Cristo era el perdón, mientras que el mundo antiguo (y muchas culturas de hoy en día) consideraban la venganza como algo justo. Los cristianos hablaban de la esperanza como una de las tres mayores cualidades de la vida, pero para los paganos la esperanza era un sentimiento de debilidad de las ancianas. Los discípulos vieron el derramamiento de sangre como una gran maldad, pero el mundo Romano y Helénico se gloriaba de la guerra y la conquista.

Entre las obras literarias más antiguas del mundo están los escritos de Homero, quien narró historias de la guerra de Troya y su gloriosa matanza. Los relatos de Homero acerca del terrible espíritu de venganza y derramamiento de sangre cautivaron a los griegos y romanos, pero tales cosas llegaron a ser horrorosas para los seguidores de Cristo. La perspectiva cristiana desconcertaba a la gente de aquellos tiempos crueles. Los apóstoles estaban trastornando todas las ideas populares de lo que era admirable y noble.

El mundo que los discípulos de Cristo enfrentaron no tenía esperanza, pero eso no los desalentó. Si ellos pudieron hacer lo que hicieron, ¿qué podemos hacer nosotros? Es obvio, sin duda, que estos hombres simples no habrían logrado nada si no hubiesen tenido el respaldo del propio Dios. Ellos no estaban promocionando una religión que dejaba a la gente como era, sino una forma de vida que invalidaba todo lo que la gente conocía. Los discípulos estaban abogando por un nuevo orden mundial, con una nueva clase de gente. Y tuvieron éxito. Esa es la medida del Poder de Dios a través del Espíritu Santo. ¡Eso es lo que el evangelio puede hacer!

Debemos gratitud al trabajo de esos pioneros quienes hicieron frente a las tinieblas de un mundo pagano perdido. Ellos cambiaron la cultura del mundo e hicieron nuestro trabajo más fácil. Ellos afectaron todo tan profundamente que ahora vivimos en un mundo diferente de aquél que ellos enfrentaron. Jesús dijo: *"Yo os he enviado a segar lo que vosotros no labrasteis; otros labraron, y vosotros habéis entrado en sus labores"* (Juan 4:38). Aquellos primeros evangelistas sentaron las bases para nosotros.

La gente hoy en día dice que puede vivir una vida "decente" sin una creencia religiosa. Tal vez ellos puedan hacerlo, pero sin el evangelismo cristiano del pasado nadie sabría qué es una vida decente. El conocimiento de Cristo creó decencia, y nuestro evangelismo debe por lo menos mantener ese conocimiento vivo. Las armas han hecho del matar a nuestros prójimos algo aterradoramente fácil, pero sólo el evangelio puede reintroducir misericordia.

> Los discípulos estaban abogando por un nuevo orden mundial, con una nueva clase de gente. Y tuvieron éxito. Esa es la medida del Poder de Dios a través del Espíritu Santo.

LA ERA DEL ESPÍRITU SANTO

Los primeros discípulos salieron a conquistar el mundo con armas que jamás se habían visto antes. Ellos tenían fuerzas secretas detrás de ellos.

Pues aunque andamos en la carne, no militamos según la carne; porque las armas de nuestra milicia no son carnales, sino poderosas en Dios para la destrucción de fortalezas (2 Corintios 10:3-4).

He indicado el gran cambio espiritual que tuvo lugar con la venida de Cristo. Uno de los primeros en darse cuenta de esto fue un hombre ciego cuya visión había sido restaurada por Jesús. Él dijo, *"Desde el principio no se ha oído decir que alguno abriese los ojos a uno que nació ciego"* (Juan 9:32). Él también sabía que desde que el mundo empezó nadie había expulsado demonios o curado a los sordos, afiebrados, lunáticos y cojos. Mucho más que eso, nadie había venido con un mensaje que invalidó completamente las normas culturales y transformó la personalidad humana.

La era del Espíritu Santo había llegado. Cuando Jesús envió el Espíritu Santo al mundo, fue un evento cósmico que no podría revertirse. Eso creó un nuevo orden de posibilidades mas allá de todo lo que había sido conocido desde los días de Adán. Una nueva forma de vida, la vida de resurrección, estaba a mano. Los apóstoles tenían el secreto de esta nueva vida y salieron para demostrarlo; fueron las primeras personas en el mundo que lo hicieron. Pienso que la Iglesia está descubriendo una vez más su secreto, pues estamos viendo cómo el libro de los Hechos se extiende a otro siglo. En el transcurso de mi vida, el doble del número de personas que vivieron en el mundo durante el tiempo de los apóstoles han sido convertidas.

El primer milagro de Pedro y Juan, posterior a la Resurrección, fue la sanidad de un cojo, lo cual demuestra la magnitud de los recursos que les estaba disponible. Aquel milagro fue sólo una señal de mayores cosas que estaban por venir, como Jesús lo prometió. El Espíritu Santo había sido enviado para hacer mucho más que sanar. Creo que eso tiene que ser dicho. La sanidad es sólo uno de los nueve dones nombrados en 1 Corintios 12. Es una bendición muy importante que hemos de llevar a un mundo que sufre, pero no es la cúspide del poder del Espíritu Santo. Lo sensacional no es una medida precisa de la grandeza de la manifestación divina. El acontecimiento más espectacular puede que no sea la obra más grandiosa de Dios. Sin embargo, cuando Dios sana, es una evidencia de su poder, el cual ha sido puesto a nuestra disposición.

> Cuando Jesús envió el Espíritu Santo al mundo, eso fue un evento cósmico que no podría revertirse.

Cuando la electricidad fue descubierta, la mayoría de los observadores la consideró una novedad divertida. Doscientos años atrás, pocas personas podían concebir el potencial del poder de la electricidad para impulsar la industria e iluminar ciudades enteras. Cuando la gente habla en otras lenguas es una señal del potencial del poder del Espíritu Santo. Cuando Cristo expulsó demonios por el dedo de Dios, Él dijo que eso demostraba algo mayor, que el reino de Dios había llegado a ellos (Lucas 11:20). De cualquiera de las manifestaciones del Espíritu, podemos extraer nuestra confianza en lo que Dios realmente puede hacer. El Espíritu de Dios no estará limitado a incidentes aislados sino que entrará en todo nuestro ministerio, si le dejamos.

Las mayores obras que Cristo prometió contienen más que sanidad física. La mayor cosa fue que los discípulos habían de ser testigos. Los hombres de Atenas llamaron a Pablo palabrero, pero algunos de ellos fueron convencidos por la verdad que era dicha, y se convirtieron (Hechos 17:18-34). El testimonio de los apóstoles era muy apasionado, llevaba convicción y obraba milagros de conversión.

Exponer el mensaje del evangelio liberaba el Espíritu de Dios sobre los oidores. Los apóstoles ya no eran sólo hombres; eran hombres del Espíritu, y esto se demostraba en más que sólo sanidades espectaculares. Cuando ellos oraban, ocurrían cosas. Cuando fueron perseguidos, fueron capaces de regocijarse. Cuando predicaban, predicaban con poder y demostración del Espíritu. Cuando tocaban a los enfermos, éstos eran sanados. Cuando estaban turbados, no estaban angustiados. Cuando estaban desconcertados, no estaban desesperados. Si estuvieron inseguros, fueron guiados. Si eran martirizados, su sangre fertilizaba la semilla que habían plantado. Desanimados, mas no destruidos. Los apóstoles fueron más que vencedores en todos sus conflictos y batallas (Romanos 8:31-39).

Estos hombres sobrepasaron en pensamiento, vida y muerte a los paganos. Ellos conocieron la fuente del verdadero poder. Pablo dijo que era *"fortalecido con poder en el hombre interior por su Espíritu"* (Efesios 3:16). Llegó a ser ministro *"según la operación de su poder"* (Efesios 3:7). Él dijo que era *"fortalecido con todo poder, conforme a la potencia de su gloria, para toda paciencia y longanimidad"* (Colosenses 1:11).

En realidad, los apóstoles eran una nueva especie de homosapiens: hombres espirituales, los primeros en la Tierra, nuevas criaturas en Cristo (2 Corintios 5:17). No se vieron afectados por la oposición del mundo como ningún otro hombre lo había sido. Y todo lo que he dicho acerca de ellos también es verdad hoy, para miles de siervos de Dios alrededor del mundo.

Las mismas fuerzas están hoy disponibles para todo cristiano en la misma medida que en los días de los apóstoles. Por muy grande que sea nuestra necesidad, el poder de Dios estará allí para suplirla. Por muy grandes que sean las exigencias de nuestro ministerio, el poder de Dios estará allí en medida suficiente. Pero note que no hay tal cosa como grados de poder; Dios no adapta su poder para igualar el grado de nuestra supuesta necesidad. Cada uno de nosotros tiene todo el poder en Cristo. Los mismos recursos están disponibles gratuitamente para todos los que sirven a Dios (Juan 2:34; 1 Corintios 12:27).

La idea de que tenemos más poder porque aumentamos en oración o santidad no se indica en ninguna parte de la Escritura. Los discípulos no eran una súper élite, un grupo de santos a quienes Dios les había equipado de una forma especial. Ellos mismos nos animan a entender que la promesa es *para todos los que están lejos* (Hechos 2:39). Ahí es cuando me doy cuenta de que estoy mencionado en la Biblia. Yo soy una de aquellas personas *'que están lejos'*. Cuando obramos como los apóstoles lo hicieron – en obediencia, valor y fe – entonces Dios obra. Ya he mencionado las palabras de Jesús: *"Porque separados de mí nada podéis hacer"* (Juan 15:5), pero Pablo nos da la inferencia *"Todo lo puedo en Cristo que me fortalece"* (Filipenses 4:13).

Hay un don para cada creyente: todos tenemos el don para testificar, pero el don viene con una obligación. Oímos mucho acerca de los dones. Muchos quieren el don de milagros, naturalmente. Pero el don supremo ya se encuentra dentro de todo cristiano nacido de nuevo. Es Cristo en nosotros el *"don inefable"* (2 Corintios 9:15), que hace a cada uno de nosotros un testigo.

> El don supremo se encuentra dentro de todo cristiano nacido de nuevo. Es Cristo en nosotros.

Como ya lo he señalado, ser un testigo es más que hablar; el hombre o la mujer es el mensaje. Sin embargo, debemos responder al don. Si un hombre tiene el don de milagros y no predica la Cruz, eso es una mala manera de conducir los negocios del Reino. Está escondiendo la fuente de su poder. Los testigos son testigos de la resurrección de Cristo. No somos testigos de habilidades extraordinarias, o experiencias especiales, o de nosotros mismos. Somos testigos de la muerte y resurrección; hemos muerto al pecado y vivimos para justicia por medio de la vida de Jesús. Si Cristo vive entonces nosotros vivimos y la gente debe notarlo tarde o temprano.

EL MUNDO A PRUEBA

Cuando Juan, Pedro y Pablo fueron ante las cortes de la ley y Esteban ante sus acusadores, hubo poca súplica por ellos mismos y poca discusión sobre el evangelio mismo. Ellos no lo consideraban un tema controversial como para debate. Ellos sabían que era verdad y eso era todo. Su tarea era anunciarlo, y lo hicieron. Ellos plantaron la bandera del Reino y desplegaron la pancarta de la Cruz. Vinieron como embajadores a una potencia extranjera ofreciendo condiciones de paz. Al mantenerse firmes, revirtieron los papeles y procesaron a las autoridades terrenales.

El reino de los cielos es la superpotencia que demanda rendición. Pablo dijo a los sabios de Atenas, *"Ahora* [Dios] *manda a todos los hombres en todo lugar que se arrepientan"* (Hechos 17:30). Los primeros cristianos presentaron el evangelio como si fuese Dios confrontando al mundo con sus pecados. Así debemos hacerlo nosotros. No es una opción sino la única alternativa. El evangelio lleva a todo el mundo ante el tribunal de la verdad. Dondequiera que fueron, los discípulos hicieron que los jueces y gobernadores se sintieran como si estuviesen contra esta Verdad. Fue así desde el momento en que Jesús estuvo ante Poncio Pilato. Pablo llevó aquella atmósfera de verdad con él, tanto que podía levantar sus manos esposadas y encadenadas y decir al rey que le juzgaba, *"¿Crees, oh Rey Agripa, a los profetas?"* (Hechos 26:27). No hay disculpas cuando se trata de proclamar el evangelio. El evangelio simplemente ha de ser anunciado; éste se defenderá por sí mismo.

> Pablo defendió el evangelio llevando la guerra al campo del enemigo. Su defensa fue una buena ofensiva: la ofensiva de la Cruz.

Los sermones en el libro de los Hechos llevan poca evidencia de discusión y polémicas. Son sermones seguros, colmados de declaraciones llenas de confianza – un evangelio categórico. Es verdad, la frase *"defensa del evangelio"* se encuentra en Filipenses 1:7 y 17, pero virtualmente Pablo era un prisionero de guerra. Él había venido del reino de Dios como un invasor al territorio del diablo. La única defensa que Pablo presentó fue el indiscutible evangelio de Cristo y a Él crucificado. No estaba avergonzado de esto. Jamás estuvo a la defensiva, sino siempre a la ofensiva.

Dios no busca defensores. Todo lo que acontece es que Él nos defiende. No podemos dar la vuelta y decirle a Dios, "Señor, no te preocupes, estoy aquí. Te voy a proteger, ¡no tengas miedo!".

Él no está con la espalda contra la pared. Él no es un "pobre Dios anciano"; Él no es una causa que está muriendo. Es la gente la que está muriendo, no Dios. Tampoco es Dios una "buena causa". Los hombres y mujeres son la buena causa de Dios; Él pagó todo lo que tenía por ellos. La mejor manera de defender el evangelio es predicarlo.

Pablo defendió el evangelio llevando la guerra al campo del enemigo. Su defensa fue una buena ofensiva: la ofensiva de la Cruz. La prisión para él fue tan buen lugar como cualquier otro para llevar el evangelio. Fue allí que pudo hacer el mayor daño al príncipe de este mundo, como el encarcelado Sansón, que hizo caer la casa sobre sus enemigos. Pablo no estaba preocupado por la motivación o las circunstancias. Había una consideración mucho más importante: *"Que no obstante, de todas maneras, o por pretexto o por verdad, Cristo es anunciado y en esto me gozo, y me gozaré aún"* (Filipenses 1:18). Y animaba a otros creyentes a adoptar esta posición, *"y en nada intimidados por los que se oponen"* (Filipenses 1:28).

Se ha dicho que somos como los abogados en la corte tratando de obtener un veredicto favorable para Cristo. ¡Pero Cristo no está siendo procesado! Él es el Juez. Lo que la gente piensa de Él no tiene ninguna importancia, excepto por su propio bien. Nuestra aprobación o desaprobación no le afecta en ninguna manera. La gente que no quiere creer que Dios existe debe tener cuidado. ¡Imagine que nunca lleguen a saber que Él existe! ¡Imagine a todos aquellos incrédulos y que dudan juntos en un lugar! No puedo imaginar un infierno peor que el estar rodeado de gente así. Una mujer discutiendo acerca de Dios dijo una vez al gran escritor e historiador Tomás Carlyle, "Yo acepto el universo". Él respondió, "Señora, ¡más le vale!", yo preferiría tener una discrepancia con los 100 mil millones de estrellas de la Vía Láctea, antes que con su Creador.

¿QUÉ PODEMOS APRENDER?

El capítulo 10 de Hechos es especial porque registra la conversión de la primera persona occidental, o más exactamente, un europeo, un italiano, como lo llamaríamos hoy. Estoy seguro de que usted conoce la historia. Dos hombres tuvieron una visión. Uno estaba en Cesarea y el otro en Jope, a un día de camino. Cornelio, el centurión romano en Cesarea, vio a un ángel. El ángel le dijo que enviase a buscar a Pedro, quien le diría cómo podrían ser salvos él y su familia. Pedro también tuvo una visión de que alguien sería enviado a buscarle. Ambos hombres actuaron de acuerdo a sus visiones. Pedro fue a Cesarea y predicó el evangelio, y Cornelio y su familia llegaron a ser los primeros europeos convertidos cristianos. Déjeme hacer unas cuantas observaciones.

LA GENTE NECESITA EL EVANGELIO

Cornelio necesitaba el evangelio, aunque era tan buen hombre que a cualquiera, en aquellos días, le habría gustado conocer. Es descrito como devoto, temeroso de Dios – un hombre que creía en la fe judía. Había dado generosamente para obras benéficas y siempre oraba a Dios. En Hechos 10:22 se nos dice que era un hombre justo que imponía gran respeto entre los judíos. Sus ofrendas y oraciones habían captado la atención de Dios. Lo que es más, llevaba a toda su familia con él en su devoción. Sin embargo, necesitaba a Jesús.

Sé que los drogadictos, alcohólicos, esposos violentos y criminales necesitan a Jesús, pero también la gente decente, como los jóvenes impecables y los héroes de guerra. Si Dios envió a un ángel para decirle a un personaje admirable como Cornelio que él necesitaba oír el evangelio, entonces sólo podemos sacar una conclusión: Todos necesitan el evangelio. Y es su tarea y la mía dárselo al mundo.

No podemos suponer que la gente conoce el evangelio cuando no es así. Tenemos un compromiso con Cristo de asegurarnos de que ellos lo conozcan. Una vida honesta no es evidencia del conocimiento salvador de Jesucristo. Un mar de ignorancia espiritual nos rodea. Los avances en los estudios son verdaderamente un progreso, pero sin fe en Dios el incremento del conocimiento resulta en una cuenta de débito. *"El conocimiento envanece"*, como nos dice la Biblia en 1 Corintios 8:1.

El Señor nos ha tomado como Sus socios para enseñar a todas las naciones y predicar a toda criatura. Todo cristiano debe ser enseñado acerca del evangelismo personal como una habilidad especializada. No estoy hablando aquí sobre la capacitación de consejeros para campañas. Quiero decir, capacitar a la gente en cómo iniciar contactos. Una vez que se les ha mostrado cómo, el cristiano encontrará fácil presentar el evangelio, incluso a conocidos casuales. Toda persona nacida de nuevo es llamada por el Señor a ser un testigo todo el tiempo. Es un don que no debemos descuidar.

SERES HUMANOS PROCLAMAN EL EVANGELIO

Volvamos a Hechos 10 y a la historia de Pedro y Cornelio. Usted notará que fue un agente humano quien fue llamado para llevar el evangelio a esta familia europea. El ángel dijo: "[Pedro] *te hablará palabras por las cuales serás salvo tú, y toda tu casa"* (Hechos 11:14). Es de suponer que el ángel podría haberle dicho a Cornelio todo acerca de Jesús, pero no le dijo nada. Es nuestro trabajo llevar el evangelio a la gente, no el trabajo de los ángeles. Yo habría pensado que los ángeles habrían difundido la palabra más efectivamente, pero Dios en su sabiduría ha escogido usar a Su iglesia. Difundir las buenas nuevas de Jesucristo es nuestro privilegio, y Dios puede disponer de sus privilegios donde y como le plazca.

El plan de Dios para este mundo depende de la cooperación humana. Algún día disfrutaremos de un mundo justo y sin pecado, y Cristo reinará por los siglos de los siglos. El proceso ya ha comenzado. Los ángeles podrían imponer justicia y detener a los pecadores en su camino. Ellos podrían llegar y convencer a todo el mundo de la realidad del cielo y del infierno, del juicio y de Dios. Pero no lo hacen. Más bien, *"lo débil del mundo, escogió Dios, para avergonzar a lo fuerte"* (1 Corintios 1:27). Jesús podría haber llamado a doce legiones de ángeles para salvarle de la Cruz (Mateo 26:53), mas la cruz era el medio que Dios había escogido para traer salvación a la humanidad. Dios quiere que la gente esté convicta de pecado, y se vuelvan a su Hijo por salvación, pero por el poder del amor, no por una fe forzada o impuesta. Si Él usase el método del martillo pesado, lograría el resultado final correcto pero por los medios equivocados.

EL PODER DEL AMOR

Lento pero seguro, el amor vencerá. El evangelio es una expresión de amor. Un evangelista es un canal de amor – Dios amando a las personas a través de él o ella. ¡Ángeles amando a las personas no habría sido lo mismo! Es para la gloria de Dios que la batalla fue peleada en el nivel humano, dirigida por el humano Hijo de Dios.

Por nosotros mismos no somos mucho, sólo frágiles centros de conciencia. Si Dios fallase en mantener este planeta a una temperatura apropiadamente nivelada, la gente pronto desparecería.

Nuestro intelecto es limitado. Somos criaturas caídas. Nuestros caracteres están dañados y manchados por el pecado. Necesitamos ser salvados. Sin embargo, la humanidad es la clave para los planes divinos del Señor – planes que se extienden hasta los desconocidos panoramas de la eternidad.

A través de nosotros Dios acabará con la maldad y con el arquitecto de la maldad, el diablo. Parte de esa victoria final es el presente mandato de predicar el evangelio. Es en realidad la parte principal del plan en este momento. Los planes futuros están más allá de nuestra comprensión por el momento, pero si no cumplimos con nuestra parte ahora, estaremos retrasando los maravillosos planes de Dios.

LA NECESIDAD
DEL EVANGELISMO TRANSCULTURAL

La conversión de Cornelio y toda su familia a través de Pedro, fue uno de los primeros hechos del evangelismo transcultural. Fue un acontecimiento extremadamente importante. Fue algo nuevo y asombroso en el mundo de aquel entonces. Entre la cultura simple de Pedro y la sofisticada afluencia de un oficial romano, el abismo intelectual era tan amplio como el Gran Cañón.

Normalmente, los judíos nunca iban a la casa de un gentil. Pero el Señor le envió una visión a Pedro que le ayudó a cambiar su estricto modo de pensar judío, rompiendo tabúes y tradiciones (Hechos 10:10-17). Pedro comprendió el propósito más amplio de Dios, y cuando los mensajeros llegaron de Cesarea, él estaba preparado para ir con ellos.

Esta obra especial de Dios en la vida de Pedro señaló el camino hacia una revolución mundial, a una nueva era en la que las diferencias raciales no contaban para nada, excepto para hacer la vida más rica. Pedro tuvo que adaptarse, al igual que lo hizo Jesús, como lo leemos en Filipenses:

A través de nosotros Dios acabará con la maldad y con el arquitecto de la maldad, el diablo. Parte de esa victoria final es el presente mandato de predicar el evangelio.

El cual, siendo en forma de Dios, no estimó el ser igual a Dios como cosa a que aferrarse, sino que se despojó a sí mismo, tomando forma de siervo, hecho semejante a los hombres; y estando en la condición de hombre, se humilló a sí mismo, haciéndose obediente hasta la muerte, y muerte de cruz (Filipenses 2:6-8).

De igual manera los siervos de Dios deben identificarse con la gente dondequiera que Dios los envíe. Cuando Ananías fue a ver a Saulo, el asesino de los cristianos, en Damasco, quien había quedado ciego por la luz gloriosa de Cristo. Ananías se dirigió a él como Hermano Saulo (Hechos 9:17). Este tipo de reconciliación entre hombres era una expresión de lo que Dios buscaba hacer con toda la humanidad. Relativamente era un pequeño paso para Ananías, o para Pedro, pero un gran paso para la humanidad – un paso aún mayor que el de Neil Armstrong cuando bajó del módulo lunar del Apolo XI el 20 de julio de 1969, para andar sobre la superficie lunar.

Hudson Taylor (1832-1905) no fue el primer misionero a la China. Pero llegó allí y encontró misioneros cristianos que mantenían su talante europeo, viviendo en casas europeas y vestidos con ropa europea. Para los chinos esto se veía como una invasión extranjera. Así que, para ganarse la aceptación de la gente, Taylor adoptó los estilos y vestidos chinos. El objetivo de Pablo fue similar:

Me he hecho a los judíos como judío, para ganar a los judíos; a los que están sujetos a la ley [aunque yo no esté sujeto a la ley] como sujeto a la ley, para ganar a los que están sujetos a la ley; a los que están sin ley, como si yo estuviera sin ley [no estando yo sin ley de Dios, sino bajo la ley de Cristo], para ganar a los que están sin ley. Me he hecho débil a los débiles, para ganar a los débiles; a todos me he hecho de todo, para que de todos modos salve a alguno (1 Corintios 9:20-22).

Por toda el África hay iglesias de estilo inglés en las que se cantan himnos ingleses. Por toda Latinoamérica hay iglesias de estilo americano en las que se cantan canciones 'gospel-americano'. Pero recientemente, las cosas han empezado a cambiar. La gente de estas naciones está creando sus propias iglesias con sus propias canciones, y el evangelio se está difundiendo como un reguero de pólvora.

> Nadie ha estipulado como debe ser el Hijo de Dios. Jesús no es el producto de una teología sistemática.

Todo esto dice lo mismo. Cuando el propósito es que de todos modos salve a algunos, los medios para alcanzar ese resultado están totalmente justificados.

La mayor fuerza de cambio que jamás se haya conocido no se puso en marcha para cambiar culturas, sino para sacar al diablo de ellas.

EL MENSAJE ES TODO ACERCA DE JESÚS

Veamos más de cerca el mensaje de salvación que Pedro había sido enviado a predicar a Cornelio:

> *En verdad comprendo que Dios no hace acepción de personas, sino que en toda nación se agrada del que le teme y hace justicia. Dios envió un mensaje a los hijos de Israel, anunciando el evangelio de la paz por medio de Jesucristo; éste es Señor de todos. Vosotros sabéis lo que se divulgó por toda Judea, comenzando desde Galilea, después del bautismo que predicó Juan: como Dios ungió con el Espíritu Santo y con poder a Jesús de Nazaret, y como éste anduvo haciendo bienes y sanando a todos lo oprimidos por el diablo, porque Dios estaba con él.*

*Y nosotros somos testigos de todas las cosas que Jesús hizo
en la tierra de Judea y en Jerusalén; a quien mataron
colgándole en un madero. A éste levantó Dios al tercer
día, e hizo que se manifestase; no a todo el pueblo sino
a los testigos que Dios había ordenado de antemano, a
nosotros que comimos y bebimos con él después de que
resucitó de los muertos. Y nos mandó que predicásemos
al pueblo, y testificásemos que él es el que Dios ha puesto
por Juez de vivos y muertos. De éste dan testimonio todos
los profetas, que todos los que en él creyeren recibirán
perdón de pecados por su nombre* (Hechos 10:34-43).

Sin duda, éste es un resumen del discurso de Pedro que recoge
los puntos sobresalientes, pero podemos ver inmediatamente
que Pedro simplemente hablaba acerca de Jesús. La política, las
relaciones nacionales y los asuntos sociales que inquietaban a la
gente de aquellos tiempos ni siquiera fueron mencionados. Pedro
predicaba de Jesús. Simplemente dijo que Jesús era el Señor de
todo, que fue – y todavía es – el verdadero eje de todas las cosas.

El tema de religiones comparativas es realmente un asunto de
contraste. Hay muy poco que relacionar. Tome, por ejemplo, a
los fundadores del islamismo y el budismo. Ellos manifestaron
ser nada más que canales. Mahoma habló de sus visiones; Buda
habló de sus 'iluminaciones'. Jesús no hizo ninguna de esas cosas.
Él nunca afirmó ser un profeta. Él dijo que era aquél de quien
todos habían profetizado. La verdad cristiana no es una serie de
declaraciones, un código de ética, o un programa de observancia
religiosa. Jesús es la Verdad. El cristianismo es Cristo.

No hay necesidad de atacar al Islam, o a cualquier otra religión.
No hay necesidad de atacar la forma de vida de otros, sea que
vivan en el este, oeste, norte o sur. Todo lo que necesitamos
hacer es simplemente dejar que la gente vea por sí misma quién

realmente es Jesús. Como lo pone la Biblia, tenemos que animarles a *"gustar, y ver que es bueno Jehová"* (Salmo 34:8). Jesús siempre sale victorioso. La gente no puede decir nada contra Él. Nadie más salva, sana, echa demonios o llena de gozo a la gente. Y nadie puede saber cómo es Él hasta que le haya conocido.

Permítame ponerlo de otra manera: nadie ha estipulado cómo debe ser el Hijo de Dios. Jesús no es el producto de una teología sistemática. Sé que muchos expresan su pensamiento de cómo deber ser Dios, y qué debe hacer, pero eso es absurdo. Podemos establecer normas para Miss Mundo o Mister Universo, pero nadie puede establecer normas para Dios, o para el Hijo de Dios. Los eruditos que escriben acerca del Jesús de la historia juegan ese juego. Primero, producen su propio modelo o ideal, y luego van a los evangelios, buscando piezas para hacer que Jesús encaje. Esencialmente, describen lo que ellos piensan que Él es, y luego van a la Biblia para ver si Él está allí. Por un siglo, los eruditos han buscado a un Jesús socializador que no obraba milagros. Hicieron un diseño de Él de acuerdo a sus conceptos racionales preconcebidos, pero han sido incapaces de juntar convincentemente las piezas de ese cuadro, incluso después de haberlo intentado por cien años.

Jesús es demasiado grande para nuestras pequeñas mentes. Nunca ha encajado en el libro de patrones de nadie, dejó a los eruditos de su tiempo vacilando y desorientados. La Reina de Saba se sintió desmayar a la vista del esplendor del estilo de vida de Salomón, diciendo, *"ni aún se me dijo la mitad"* (1 Reyes 10:7). No llamamos a Jesús el Hijo de Dios porque está a la altura de lo que pensamos que Él debe ser. Cualquier verdad acerca de Él se deriva de Él, y su rostro resplandece más que todos.

No voy al África con un libro de doctrinas. El evangelismo allí es fácil si me adhiero íntimamente al Libro de los libros. Mi objetivo es llevar a la gente a una relación personal y dinámica con Jesucristo. Todo lo que requiere es una presentación de la verdad. Los demonios escapan, enfermedades desaparecen, corazones malvados son limpiados, y brujos se convierten en santos.

En un sermón anterior, Pedro dijo, *"Y en ningún otro hay salvación"* excepto en el nombre de Jesucristo (Hechos 4:12). Bien, hasta que se demuestre que esa declaración es falsa, el debate no tiene sentido. Si Él salva, ¿por qué ir a otro lugar, o incluso ver lo que otras personas creen? Evander Holyfield y yo podríamos organizar una pelea de box. Los analistas del boxeo podrían encontrar cosas que los dos tenemos en común: ambos somos hombres; tenemos orejas, pies, y manos. Pero ¿de qué valen todas esas comparaciones antes de la pelea si no puedo estar a la altura de su velocidad y poder? ¡Y esa es exactamente la cuestión cuando se trata de Jesús! Nadie está a Su altura.

Por supuesto, usted puede encontrar algún tipo de moral y ética en el Hinduismo, pero ¿el Hinduismo salva? ¿Puede darle perdón, gozo, y recuperación? ¿Tienen el hinduismo, el islamismo o el budismo un salvador como Jesús, el Hijo de Dios? Si no es así, cualquier diálogo es una pérdida de tiempo. Tal discusión solamente tratará con asuntos superficiales, y no con las cosas que realmente importan. A menos que haya otro Cristo, ningún debate siquiera es posible. El sermón de Pedro a Cornelio consistió de tres puntos principales:

> Una descripción de la unción de Cristo con poder para sanar y liberar a todos aquellos oprimidos por el diablo.
> Jesús fue crucificado.
> Jesús resucitó.

Luego Pedro concluyó extrayendo el significado de esos factores claves: *"De éste dan testimonio todos los profetas, que todos los que en él creyeren recibirán perdón de pecados por su nombre"* (Hechos 10:43). Si ese mensaje no es significativo para el mundo de este nuevo milenio, no sé que puede serlo.

Observe que el mensaje de Dios era parte integrante de las cosas que en efecto ocurrieron. No era simplemente una colección de ideas, revelaciones, visiones o esclarecimientos. El evangelio es pragmático. Dios nunca ha tratado con meros conceptos filosóficos. Él no habla acerca de ideas abstractas de la verdad y bondad. Él envió a Jesús, quien fue la verdad y bondad personificada, para que las podamos ver por nosotros mismos.

Lo primero es que usted mismo lo conozca. Luego usted le presentará a otros. Usted puede hablar acerca de Él tanto como quiera, y lo hará si usted le ama. En realidad, una vez que usted le conozca ¡no será capaz de mantenerse callado acerca de Él!

෴

Capítulo 10

El Evangelio y el Pecado

Algo de lo que aún no he hablado es el pecado. No podemos evangelizar sin hacer frente a la realidad del pecado. Es la tragedia fundamental de la humanidad, y es por eso que evangelizamos. Después de todo, el mundo entero habla de poco más que eso. ¡Si los diez mandamientos no fuesen nunca quebrantados, no habrían noticias! El apetito del público por noticias demanda el atractivo del escándalo en alguna forma.

Pero para tratar el tema del pecado y el evangelismo de acuerdo a la palabra de Dios debemos primero entender la relación entre el Antiguo Testamento y los Evangelios. El Antiguo Testamento moldeó a las personas que escribieron el Nuevo Testamento, y debemos leer los Evangelios a la luz de esta realidad.

EL ANTIGUO TESTAMENTO Y LOS EVANGELIOS

El evangelio de Marcos comienza así: *"Principio del evangelio de Jesucristo, Hijo de Dios"* (Marcos 1:1). Me sorprende porque es una manera extraña de empezar un libro. Nadie empieza un libro, un artículo o un sermón diciendo, "Éste es el principio". Cuando usted abrió las cubiertas de este libro, por ejemplo, estoy seguro de que no tuvo ningún problema para localizar el principio del capítulo 1. Sin embargo, Marcos no sólo estaba declarando lo obvio o guiando a lectores poco perspicaces al principio de su libro. Lo que él estaba diciendo es que ese era el comienzo del evangelio mismo.

Marcos señala el Antiguo Testamento y empieza a citar al profeta Isaías. Su introducción debería ser leída sin pausa de la siguiente manera: "El principio del evangelio ... como está escrito en los profetas". El Antiguo Testamento y la revelación que contiene era, en realidad, el principio del evangelio.

Marcos quiere que entendamos que las buenas nuevas de Jesucristo no fueron un repentino estallido de preocupación divina. Siempre estuvo allí ... los profetas habían filtrado las noticias. Lo que Marcos dice en sus 16 capítulos tiene raíces en las escrituras que él conocía (por ejemplo, el Antiguo Testamento). En su carta a los romanos, Pablo nos dice lo mismo:

> *Y al que puede confirmaros según mi evangelio y la predicación de Jesucristo, según la revelación del misterio que se ha mantenido oculto desde tiempos eternos, pero que ha sido manifestado ahora, y que por las Escrituras de los profetas, según el mandamiento del Dios eterno, se ha dado a conocer a todas las gentes para que obedezcan a la fe* (Romanos 16:25-26).

Esto nos lleva a cuatro puntos que necesitamos saber acerca de los evangelios en su relación con nuestra misión de evangelizar al mundo.

LOS EVANGELIOS SON EL MANANTIAL DEL EVANGELIO MISMO

A menos que conozcamos los Evangelios no conoceremos el evangelio. Sin los cuatro evangelistas, no sabemos de lo que hablamos. Un buen vendedor no es sólo un subastador. Tiene que saber algo acerca del producto que esté vendiendo. Para cualquier persona que esté evangelizando, dando testimonio o enseñando, el manual básico son los cuatro Evangelios.

LOS EVANGELIOS NOS PRESENTAN A JESÚS, Y JESÚS ES EL EVANGELIO

El evangelio no es solamente perdón o sanidad o cómo hacer que Dios aparezca y haga algo por nosotros como el genio de Aladino. El evangelio no se trata de lo que la fe pueda hacer por usted, sino de lo que Jesús puede hacer por usted.

He observado que hay infinidad de videos, cassettes, libros, etc. para ministrar a las personas, todos ellos preocupados por lo sensacional y lo supernatural, y destinados a originar fe para que ocurran cosas. Al revisar un catálogo de cassettes de audio de varios predicadores internacionales, noté que generalmente todos tratan un tema: la obra sobrenatural y eficaz de la fe. Pero los primeros cristianos no buscaron nada parecido. Ellos anhelaban santidad y ganar a los perdidos, y las señales y prodigios les siguieron. No buscaban el poder para impresionar, sorprender o llamar la atención. No buscaban señales y sensaciones. Su interés estaba en el amor de Jesús. Su objetivo era la gloria de Dios y no la ganancia personal o preeminencia propia.

EL EVANGELISMO ES LA PRÉDICA DE LA PALABRA, POR MEDIO DE LA PALABRA

Hay incontables libros, artículos y sermones de fuentes cristianas, pero muchas veces sólo contienen lo que los autores y predicadores piensan; en esos casos, tales expresiones tienen muy poco o nada que ver con la Biblia. Hemos de ser ministros de la Palabra, y no de reflexiones morales. Muchos predican cosas buenas, interesantes y sabias, y establecen sus propias ideas e ideales. Mas esto puede convertirse en un hábito; uno en el que los seres humanos fácilmente caen.

> **Ministrar la Palabra quiere decir estar diariamente bajo su influencia, como con un amigo cercano.**

Ministrar la Palabra quiere decir estar diariamente bajo su influencia, como con un amigo cercano. Esto es, si es posible, reaccionar naturalmente al amor de la Palabra. Si usted puede cultivar la disciplina, el estudio, la meditación y la concentración en la Palabra, eso es una ganancia inmensa.

La mayoría de las personas no nacen así, yo lo sé. Pero podemos obtener ayuda de aquéllos que tienen este don; podemos alimentarnos de lo que ellos proveen, y de allí alimentar a nuestras ovejas. Cualquiera que sea el medio, de alguna manera lo que decimos debe adquirir vida de la Palabra de Dios. Salmos 104:16 dice, *"Se llenan de savia los árboles de Jehová"*, – no de historias sentimentales. Las ilustraciones deberían ilustrar la palabra, y no sólo entretener. Es la palabra la que convierte.

LA BIBLIA ENTERA ES EL EVANGELIO

Nuestro llamado es declarar todo el consejo de Dios (Hechos 20:27), y no sólo un concepto que llamamos evangelio. Muchas veces el evangelio es presentado como media docena de ideas abstractas, incluso con textos que los respaldan. Pero somos nacidos de nuevo a través de toda la Palabra de Dios. Veamos este pasaje:

> *Siendo renacidos, no de simiente corruptible, sino de incorruptible, por la palabra de Dios que vive y permanece para siempre. Porque: Toda carne es como hierba, Y toda la gloria del hombre como flor de la hierba. La hierba se seca, y la flor se cae; Mas la palabra del Señor permanece para siempre. Y ésta es la palabra que por el evangelio os ha sido anunciada* (1 Pedro 1:23-25).

Pedro está diciendo que la Palabra de Dios es el evangelio. Una traducción literal sería: "Lo que el Señor ha dicho permanece para siempre. Lo que Él ha dicho es el mensaje del evangelio que le ha sido proclamado a usted" (Comentario de la Biblia por Ricardo J. Bauckham). Debemos recordar que para Pedro, la Palabra de Dios era principalmente el Antiguo Testamento, ya que el Nuevo Testamento estaba apenas empezando a escribirse. La Palabra de Dios es el evangelio, y el evangelio es la Palabra de Dios. Ambos términos son intercambiables. El evangelio no es un extracto de la Biblia, sino la Biblia entera. Los cuatro Evangelios vienen envueltos en las páginas del Antiguo Testamento. Por tanto, nuestro mensaje al mundo impío está circunscrito en toda la Palabra de Dios.[1]

LA CAÍDA Y EL SURGIMIENTO DEL HOMBRE

Génesis 3:1-24 nos habla de la caída del hombre. Ese es el vínculo entre el Antiguo Testamento y los Evangelios: el pecado. Cualquier libro sobre el evangelismo estaría incompleto si no hablase del pecado. El evangelio que yo predico es que Jesús nos salvó del pecado. Veo el pecado por todo el mundo arraigado en la naturaleza humana. Es como la lepra, un virus en la sangre. La maldad es su síntoma nefasto y peligroso. El síntoma sólo desaparece cuando la enfermedad se va.

Pienso en Naamán (vea 2 Reyes capítulo 5). Él era un dignatario sirio, pero era un dignatario enfermo condecorado con la muerte. Naamán vino con su séquito de carros y banderas, destellando con honores militares. Pero escondido bajo su uniforme, él

---

[1] Podemos usar historias del Antiguo Testamento para ilustrar el evangelio, pero no fue ese su propósito. Esas historias y todo lo que leemos en el Antiguo Testamento hablan por sí mismos. Cada una contiene su propio tema, su propia revelación de verdad. Esas historias no son alegorías de la verdad, sino que cada una de ellas contiene su propia verdad. No debemos leerlas introduciéndoles algunos pensamientos del Nuevo Testamento, sino que ellas edifican hacia la verdad en Cristo.

estaba contaminado con llagas leprosas putrefactas – un retrato de la pompa de este mundo.

La gente admite un fracaso aquí o una falta allí. Puede que busquen el perdón por una cosa u otra. Pero eso no es suficiente. Eso es como tratar de curar la lepra con un par de vendas. No estamos hablando de un par de manchas, sino de una legión de maldades. El Antiguo Testamento nos enseña que detrás de nuestros pecados está el pecado, un instinto a pecar que nos traiciona a todos (por ejemplo, Isaías 59:7-8). El pecado es una nube negra que neutraliza todo buen don en nuestra naturaleza, una tendencia destructiva. Muchos están acostumbrados a confesar sus pecados y a oír absolución. Mi mensaje es más que absolución. ¡Es liberación! ¡Alabado sea el Señor! La salvación no es simplemente hacer borrón y cuenta nueva. No, ¡la salvación abre las puertas de la prisión!

> El Antiguo Testamento nos enseña que detrás de nuestros pecados está el pecado – un instinto a pecar que nos traiciona a todos.

La naturaleza humana lleva la semilla de su propia ruina. Pablo dijo que *"queriendo yo hacer el bien, hallo esta ley: que el mal está en mí"* (Romanos 7:21). El Antiguo Testamento es la exposición más grande del fracaso humano que jamás haya sido escrita. Desde el Génesis hasta Malaquías, se muestran a hombres y mujeres, y se declara que son fundamentalmente fracasados. La raza de Adán es una raza caída. Se demuestra en todas las tragedias y locuras registradas desde el jardín del Edén en adelante. *"No hay quien haga lo bueno, no hay ni siquiera uno"* (Salmo 14:3).

El evangelio va a la raíz del problema. La gente peca porque es así, por lo tanto necesita un cambio de naturaleza. La gente no simplemente peca algunas veces; es pecadora por naturaleza. Es una raza de imperfección. Las enfermedades, la pobreza y la ignorancia son males pero son meramente los derivados. Éstos son el fruto amargo de la raíz del pecado. Usted no resolverá la raíz del problema proveyendo sanidad, educación, o la redistribución de riquezas. Debemos hacer todo lo que podamos para aliviar estos problemas, pero lo primero que debemos recordar es que proceden de lo que la gente es. Las cosas malas no ocurren porque sí como niebla en el mar. No, las hacemos ocurrir.

El problema es que conducimos por la vida solos, aunque nuestra licencia de conducir no lo autorice. Los accidentes ocurren como consecuencia de conducir mal, pero conducimos mal porque conducimos sin guía, sin un copiloto. Muchos sientan la incredulidad en el asiento del conductor de la vida. El juicio de la corte del cielo no es sólo unos cuantos puntos de multa en nuestra licencia de conducir. Jeremías contempló durante toda su vida a la nación de Israel vivir sin Dios, y clamó, *"Conozco, oh Jehová, que el hombre no es señor de su camino, ni del hombre que camina es el ordenar sus pasos"* (Jeremías 10:23).

La concordancia Strong cita más de 800 referencias bíblicas al corazón del hombre. De éstas, 700 están en el Antiguo Testamento. Jeremías 17:9 lo resume así: *"Engañoso es el corazón más que todas las cosas, y perverso"*. Pecado es lo que somos. Nuestro corazón está mal. Jesús dijo que, si la luz que en ti hay es tinieblas, ¿cuántas no serán las mismas tinieblas? (Mateo 6:23). La humanidad sufre de astigmatismo espiritual. Lo que parece estar bien, no está bien. Sin Dios tenemos una percepción deformada de nuestra existencia.

El mundo continúa como si todos fuésemos seres angelicales que ocasionalmente tropiezan. Nuestra norma es la de ser buenos cuando conviene a nuestra propia comodidad o conciencia. Los gobiernos sólo pueden legislar en contra de errores y castigar a aquéllos que 'tropiezan' gravemente, pero no pueden hacer nada para enfrentar la raíz de nuestro problema. El pecado es endémico en la vida humana. Es un virus que los establecimientos médicos nunca podrán erradicar.

Pablo clamó, *"¿quién me librará de este cuerpo de muerte? Gracias doy a Dios, por Jesucristo Señor nuestro"* (Romanos 7:24-25). Un antiguo himno solía decir, "Sólo soy un pecador salvado por gracia". No estoy muy de acuerdo con esa canción. Ya no somos sólo pecadores. Los creyentes son ahora hijos de Dios, redimidos, con una naturaleza nueva que es adversa al pecado. Puede que pequemos, pero ya no somos 'pecadores'. Nunca tendremos a los ángeles en el cielo susurrando mientras atravesamos las calles de oro diciendo, "Ahora están bien, pero deberías haber visto como eran. El Señor lo cubre todo, tú lo sabes". No venimos ante Dios como perdonados, sino más bien como justificados por fe. Caminaremos vestidos de blanco, en gloria, en Cristo. 1 Juan 3:9, *"Todo aquél que es nacido de Dios no practica el pecado, porque la simiente de Dios permanece en él; y no puede pecar, porque es nacido de Dios".*

Esteban fue martirizado porque entró en el corazón de la naturaleza humana. Él dijo que la raíz del problema, la causa del pecado, es la resistencia a Dios (Hechos 7:51). Los líderes religiosos le odiaban por haberlos confrontado con esa verdad. Hablamos de gente endemoniada. Deberíamos tener una palabra en español que quiera decir "en-pecaminosado". Adán y Eva no sólo comieron del fruto prohibido; ellos querían ser independientes, y huyeron de la presencia de Dios. El ingenio más grande del diablo fue enviar a la humanidad en su camino de autodependencia dioses por derecho propio. Pero el evangelio va directamente a la yugular del diablo.

- El evangelio no sólo cambia nuestras ideas; cambia nuestros corazones.

- El evangelio no es el poder del pensamiento positivo.

- No es simplemente ánimo para actuar como hijos de Dios.

- No es: 'todo está en la mente'.

- No es subjetivo, sino objetivo.

- No es un ajuste psicológico, sino un milagro divino.

- No es un evangelio de cómo ayudarse a sí mismo, sino un evangelio de ayuda a los desvalidos.

Si hemos de tener verdaderas iglesias cristianas, ellas han de ser compuestas por gente que ha sido liberada. De todos, el peor defecto de personalidad es estar orgullosos de nuestra autosuficiencia y bondad. Éste es un pecado impío. *"Todas nuestras justicias [son] como trapo de inmundicia"* (Isaías 64:6).

Muchas veces la gente va a una iglesia porque todo es tan bueno … buenas personas, buena música, buenos programas, actividades para los niños, muchos amigos, actividades sociales, líderes que se hacen querer, incluso hay fe para sanidades. Todo eso es como debería ser, pero el cristianismo es principalmente acerca del Salvador. Sólo podemos venir a Dios cuando este Salvador nos ha rescatado. A menos que le entreguemos la responsabilidad de nuestras vidas a Él, nosotros seremos responsables en el día del juicio por nuestras vidas, nuestros pecados y, en particular, por el pecado de rechazar a Cristo. Para conocerle tenemos que conocer su poder salvador. Los pecadores salvados por el poder salvador de Cristo hacen verdaderas iglesias.

Creyentes nacidos de nuevo puede que pequen, pero hay una diferencia: ellos se mantienen dentro de la familia de Dios. Juan concluye su primera epístola con estas palabras:

> *Si alguno viere a su hermano cometer pecado que no sea de muerte, pedirá, y Dios le dará vida; esto es para los que cometen pecado que no sea de muerte. Hay pecado de muerte, por el cual yo no digo que se pida* (1 Juan 5:16).

¿Qué quiere decir? Juan está hablando acerca de la diferencia entre pecar cuando estamos en Cristo y el principio del pecado. Él ha explicado este principio como aquél del anticristo, o el negar al Señor. El pecado es rebelión. Efesios 2:2 describe a la humanidad como *"hijos de desobediencia"* – hijos e hijas de la gran rebelión mundial.

Hasta que Cristo vino los pecados estaban cubiertos, pero había un núcleo de alienación que nunca cambió. La obra de Cristo fue la reconciliación. Él hizo la paz y reconcilió al mundo con Dios en la cruz. Él se encargó de la rebelión, nos hizo sus hijos, y nos trajo de vuelta a casa. Y aunque todavía pecamos, ya no nos separa de Dios. Si un ladrón tira una piedra a su ventana, él es un criminal. Si su hijo lo hace, él no lo es. Me recuerda la historia del hombre en la reunión de oración. Semana tras semana describía sus sentimientos a Dios, siempre diciendo, "Señor, limpia mi vida, remueve las telarañas". Finalmente un hombre harto de oír de las telarañas de este hombre dijo, "¡Señor, mata la araña!".

> El ingenio más grande del diablo fue enviar a la humanidad en su camino de auto-dependencia – dioses por derecho propio.

La gente más piadosa del Antiguo Testamento hablaba acerca del perdón, pero sabía que su necesidad fundamental era una relación con Dios. Esa es la genialidad de la comprensión religiosa hebrea.

Los paganos nunca tuvieron el más mínimo concepto de esto – ¡y nada ha cambiado desde entonces! Israel estaba más preocupado de que Dios estuviese con ellos que de un perdón superficial por sus maldades. El Señor los estaba preparando para el evangelio. Los judíos buscaban primeramente que el rostro de Dios no se apartase de ellos. Una vez al año en el gran Día de la Expiación, el sumo sacerdote entraba a la presencia de Dios (Levítico 16:34). Cuando éste salía, ellos comenzaban a tener cierta seguridad, quería decir que Dios estaba todavía entre ellos.

Eso tan sólo fue una sombra de las cosas buenas que vendrían (Hebreos 10:1). La realidad vino en la persona de Cristo. El cristiano viene por un camino nuevo y vivo, confiadamente ante su presencia. Jesús dijo, *"Yo soy el camino"* (Juan 14:6). Cuando el cuerpo de nuestro Señor Jesús fue desgarrado en la cruz, el velo del templo en Jerusalén fue violentamente rasgado por la mitad (Lucas 23:45). El lugar santísimo está abierto para que cualquiera entre. Jesús había llevado a cabo la verdadera expiación.

> Si un ladrón tira una piedra a su ventana, él es un criminal. Si su hijo lo hace, él no lo es.

Cuando leemos el Antiguo Testamento, hombres como David se destacan como personas adelantadas a su tiempo. Él entendió el hecho de que Dios estaba con él. Ésta fue una convicción y revelación profunda. Pocos parecen haberlo entendido como lo hizo David. La comprensión cristiana de esta revelación es aún mayor.

Cristo no solamente perdona, sino que nos reconcilia con Dios. Él no sólo trae el perdón de pecados, sino que nos lleva de regreso a Dios, nos trae a casa y derrama el amor de Dios en nuestros corazones a través del Espíritu Santo (Romanos 5:5). Haciéndonos amar lo que odiábamos y odiar lo que amábamos,

Él rompe las paredes que nos separaban de Dios. Esta verdad gloriosa está totalmente fuera del alcance del pensamiento de toda religión en la Tierra excepto el cristianismo. Es única. Eso es el evangelio como realmente es. Se encarga del pecado, no simplemente de los pecados.

☙

Capítulo 11

El Evangelismo en los Evangelios

En la extraordinaria historia del hijo pródigo que Jesús relató, el padre no sólo perdonó a su hijo, sino que también lo recibió de vuelta en la familia. Él pudo haberle dado al joven una mera seguridad verbal de su perdón por su insensatez; no tenía por qué permitirle entrar en su casa. El padre pudo haberle dicho, "Te perdono. Ahora puedes volver a tu criadero de cerdos. Voy a pasar por alto lo que has hecho". En cambio, corrió y le besó (Lucas 15:20). (En el griego, el tiempo verbal usado en este pasaje quiere decir 'no dejaba de besarle'). Llevó a su hijo a la casa, le vistió y alimentó, y le restituyó su cariño. Ésta es una representación sobrecogedora de cómo es Dios.

Esa certeza del amor del Padre para con nosotros también está en el Antiguo Testamento, pero sólo resplandece a través de pequeños agujerillos. Tenemos que buscarla, pero está allí desde el comienzo. Sin embargo, en el Nuevo Testamento, llega a ser una verdad resplandeciente. El pecado como principio se marchita: *"el pecado no se enseñoreará de vosotros"* (Romanos 6:14). No sólo uno o dos pecados en particular. Puede que hasta tengamos un pecado dominante, pero es desarraigado una vez que Cristo nos salva. Ese es el evangelio que llevamos al mundo.

Como evangelista ¿cómo veo a los cuatro evangelios? Son la revelación de Dios acerca de su Hijo Jesús. No hay ningún otro libro
en el mundo como ellos. No nos proporcionan simplemente la
historia de la vida de Jesús. No son biografías o historias. Por lo
menos yo no los veo de esa manera. En realidad, creo que son
libros diseñados especialmente por el Espíritu Santo para su uso
personal. Están hechos para que encajen en sus manos como
una herramienta personalizada, hecha a medida.

> Nosotros nunca
> le coronaremos.
> El mayor
> corona al menor,
> no el menor al mayor.

Él usa los evangelios como medio para
mostrarnos lo que quiere que sepamos
acerca de Jesús. Él puede usar otros
libros y otros medios, pero los evangelios son la fuente de lo que Él revela
acerca del Hijo.

Los milagros también testifican de Cristo, pero primero debemos averiguar acerca de qué Cristo. El Espíritu Santo nos abre
la mente al verdadero Hijo a través de los evangelios. Primero
nos dio los evangelios, y ahora nos da discernimiento para ver en
ellos la gloria de Cristo.

EL EVANGELIO SEGÚN SAN MATEO

El evangelio de Mateo presenta dos grandes temas que están rela-
cionados: el reino de Dios y el señorío o autoridad de Cristo Jesús.

EL SEÑORÍO DE JESÚS

La esencia del mensaje de la Iglesia primitiva era que Jesús es
el Señor, y miles murieron por atreverse a decirlo. Su prédica
era que Jesús es Señor ahora. No será coronado en algún futuro
indefinido. Él es Señor. Jesús mismo dijo, *"Toda potestad me es
dada en el cielo y en la tierra"* (Mateo 28:18).

Nosotros nunca le coronaremos. El mayor corona al menor, no el menor al mayor. Puede que Él nos enaltezca, pero nosotros no podríamos colocarlo en el trono. No podemos elegirle como Rey. Él no es elegido democráticamente. Él está en el trono por propio derecho como Creador y Salvador. Sólo Él es digno. Nadie más lo es.

El evangelismo es proclamar a Jesús como Señor. Él es capaz de salvar porque Él es Señor en toda dimensión, en toda esfera. El mundo se resiste, pero al final tendrá que capitular. *"Para que en el nombre de Jesús se doble toda rodilla de los que están en los cielos, y en la tierra, y debajo de la tierra; y toda lengua confiese que Jesucristo es el Señor, para gloria de Dios Padre"* (Filipenses 2:10-11). Éste es el tipo de lenguaje que Pablo usa cuando habla de ser embajadores con un mensaje de reconciliación (2 Corintios 5:18-20).

> Esta es la apasionada verdad de los primeros predicadores del evangelio: ¡Arrepentíos!

Jesús envió a sus discípulos dos veces, primero a los Doce (Mateo 10:1) y luego a los Setenta (Lucas 10:1), y a través de ellos, Él extendió su autoridad terrenal hasta que los viajes misioneros de éstos fueron completados. Más tarde, en el Día de Pentecostés, aquella extensión de autoridad fue renovada y llegó a ser permanente, alcanzando a todo el mundo.

Pablo predicó en Atenas:

> *El Dios que hizo el mundo, ahora manda a todos los hombres en todo lugar que se arrepientan; por cuanto ha establecido un día en el cual juzgará al mundo con justicia, por aquel varón a quien designó, dando fe a todos con haberle levantado de los muertos* (Hechos 17:24,30-31).

Ésta es la apasionada verdad de los primeros predicadores del evangelio: ¡Arrepentíos! Jesús es el Señor, su Reino está tomando el control del mundo y Él volverá para reinar como Señor de señores. *"Honrad al Hijo, para que no se enoje, y perezcáis en el camino; pues se inflama de pronto su ira. Bienaventurados todos los que en él confían"* (Salmo 2:12). Sea que el mundo lo acepte como Señor o no, Él es Señor.

EL REINO DE DIOS

Jesús le dio a Pedro las llaves del Reino (Mateo 16:19). Esto no significa que él llevaba las llaves de oro de las Puertas del Cielo, ¡como muchos imaginan! La llave del Reino es el evangelio. *"De cierto, de cierto te digo, que el que no naciere de nuevo, no puede ver el reino de Dios"* (Juan 3:3).

Pedro no fue el único entre nosotros a quien se le dio las llaves, pero fue el primero en usarlas el Día de Pentecostés (Hechos 2:14-41). Él también fue el primero en usarlas para hacer entrar a un europeo (Cornelio) al Reino (Hechos 10:1-48). Pedro abrió las puertas de golpe para judíos y gentiles.

Para entender mejor lo que se está diciendo, tenemos que ver otro versículo de la Biblia.

> *Desde los días de Juan el Bautista hasta ahora, el reino de los cielos sufre violencia, y los violentos lo arrebatan. Porque todos los profetas y la ley profetizaron hasta Juan* (Mateo 11:12-13).

Sé que este versículo es considerado difícil, pero una cosa es clara: hasta Juan el Bautista, el Reino no estaba presente. Juan predicaba diciendo, *"Arrepentíos, porque el reino de los cielos se ha acercado"*

(Mateo 3:2), y Jesús empezó su ministerio con el mismo mensaje (Mateo 4:17). El mensaje del Reino son las buenas nuevas frecuentemente mencionadas por Mateo. Eran 'nuevas' nuevas.

El evangelio del Reino es también nuestro mensaje, pero el mensaje tomó una nueva forma a partir de los eventos en el Calvario y la Resurrección. Somos hijos del Reino (Mateo 13:38) proclamando la necesidad de someterse a Cristo como Señor y llamando al arrepentimiento, de manera que todos los que lo hagan puedan entrar al Reino con toda su riqueza y gloria. No somos vendedores de doctrinas. Estamos llevando a cabo un anuncio histórico, una proclamación. ¡El evangelio proclama a Cristo como Rey!

Como hijos de Dios, vivimos bajo un nuevo orden Cristocéntrico.

Con gozo dando gracias al Padre que nos hizo aptos para participar de la herencia de los santos en luz; el cual nos ha librado de la potestad de las tinieblas, y trasladado al reino de su amado Hijo (Colosenses 1:12-13).

El mundo es un territorio ocupado en manos de rebeldes. En otro tiempo el mundo entero vivía bajo la opresión y el gobierno satánico (1 Juan 5:19), pero cuando Jesús salió a la palestra las fuerzas del reino de Dios empezaron a imponerse. Por primera vez los demonios fueron expulsados con una orden, como una señal de la autoridad del Reino en Cristo. Ahora a través de Su victoria final estamos expulsando al diablo, probando que somos más que vencedores por medio de Aquél que nos amó (Romanos 8:37). El evangelismo es una guerra espiritual: cada vez que avanzamos con el evangelio, empujamos a las fuerzas de las tinieblas a retroceder aún más lejos.

Pablo habla de las armas de nuestra milicia que son la Palabra de Dios (2 Corintios 10:3-5; Efesios 6:17). Enfrentarse al diablo en oración, orando contra él como en un combate cara a cara, es desconocido en las Escrituras. Tenemos la metáfora de Pablo, de ponernos toda la armadura de Dios, pero todos los objetos (casco, coraza, escudo, etc.) son para protección, excepto la espada del Espíritu, que es la Palabra de Dios (Efesios 6:11-17). 'Luchamos' contra estas fuerzas espirituales (Efesios 6:12), pero la Biblia no dice que sólo la oración ganará la victoria. La oración tiene un lugar vital, pero nunca fue designada como un arma activa.

No generamos nuestra propia autoridad y poder a través de la oración. Ya tenemos la autoridad en Cristo, que se nos ha dado a través de la victoria de Jesús. Leemos en Apocalipsis que *"ha sido lanzado fuera el acusador de nuestros hermanos. Y ellos le han vencido por medio de la sangre del Cordero y de la palabra del testimonio de ellos"* (Apocalipsis 12:10-11). Venceremos por la palabra de nuestro testimonio, no sólo por nuestro testimonio. La palabra de nuestro testimonio es testimonio de la activa Palabra de Dios. Hebreos 4:12 dice: *"Porque la palabra de Dios es viva y eficaz, y más cortante que toda espada de dos filos"*. En otras palabras, el testimonio efectivo no está basado en elocuencia sino en el mensaje divino.

Venimos como siervos del Rey, quien es Señor de los cielos y la tierra. Por la Palabra de Dios, ungida por el Espíritu, predicamos el evangelio con autoridad, mandando arrepentimiento y nuestra autoridad es confirmada con señales y milagros. Ese es un evangelista y eso es lo que se le ha asignado. Mateo nos provee la fórmula clásica para cumplir la Gran Comisión.

EL EVANGELIO SEGÚN SAN MARCOS

El evangelio según San Marcos es uno muy personal, a pesar del hecho de que el autor no fue un apóstol, y de que tal vez nunca conoció a Jesús en persona. Uno de los escritores de la Iglesia Primitiva dijo que Marcos escribió lo que había oído decir a Pedro, y realmente hay mucha evidencia de que detrás del evangelio de Marcos alguien observó a Jesús muy de cerca, alguien que conocía a Jesús íntimamente. Marcos usa con mucha frecuencia la expresión 'enseguida'. Ese aspecto del ministerio de Jesús impresionó a Pedro. Pedro mismo era del tipo de persona para quien todo era 'enseguida' [inmediato], y se dio cuenta de que Jesús no perdía el tiempo, sino que hizo lo que tenía que hacerse. Por supuesto, había una diferencia entre ellos: Pedro era impulsivo, mientras que Jesús obraba con perfecta sabiduría.

Mateo y Lucas empiezan sus libros con la narración del nacimiento de Jesús, y Juan habla acerca del Verbo *"en el principio"* (Juan 1:1). El comienzo de Marcos no es como los otros; no hay pastores, ni magos, ni ángeles. Él cita a los profetas Isaías y Malaquías.

Ya hemos visto que las buenas nuevas empezaron en el Antiguo Testamento. Los profetas generalmente hablaban de los problemas y males que le ocurrían a Israel, pero en medio de todos los problemas que Israel había traído sobre sí, había buenas nuevas:

Consolaos, consolaos, pueblo mío, dice vuestro Dios.
Hablad al corazón de Jerusalén; decidle a voces que su
tiempo es ya cumplido, que su pecado es perdonado; que
doble ha recibido de la mano de Jehová por todos sus
pecados. Voz que clama en el desierto: Preparad camino
a Jehová; ... Y se manifestará la gloria de Jehová, y toda
carne juntamente la verá; porque la boca de Jehová ha
hablado (Isaías 40:1-3,5).

Las buenas nuevas no son una nueva enseñanza o algún nuevo
regalo, sino un hombre ... una voz proclamando en el desierto
que debemos prepararnos para la venida del Señor mismo. La
buena nueva es personal: ¡alguien viene!
Eso es típico de Dios. Él no envía ideas
a las personas; Él envía gente. Él envió a
Jesús y Él nos envía.

> La buena nueva
> es personal:
> ¡alguien viene!
> Eso es típico de Dios.
> El no envía ideas
> a la gente;
> El envía gente.
> El envió a Jesús y El
> nos envía a nosotros.

El evangelio es un asunto personal, no
sólo doctrinas. Para ganar almas, tenemos que lograr que la gente se apegue
a Jesús, no a ciertas enseñanzas evan-
gélicas – aunque ciertamente una sana
enseñanza es importante (Mateo 18:18-20). Jesús dijo, *"al que
a mí viene, no le echo fuera"* (Juan 6:37). El cristianismo es una
relación, no un credo; por tanto, en nuestro rol como evangelistas o testigos, somos importantes como personas. Nuestras
personalidades y Cristo se combinan en esta obra.

Juan el Bautista era un profeta. Él presentó a Jesús. Puede que
seamos personas ordinarias, pero hacemos lo mismo. Eso es
evangelismo, es asunto de 'una personalidad'; hombres y mujeres
presentando al Hombre, Jesucristo. Cualquiera que sea el medio
de comunicación que usemos para anunciar el evangelio (radio,
cintas, televisión) de alguna manera tiene que tener el toque
personal. Puede haber mucho uso del pronombre de la primera
persona "yo" en lo que decimos, porque el Espíritu Santo minis-
tra a través de nosotros para revelar al Jesús viviente.

Ir al grano, un recuento simple de la verdad en Cristo, es el
espíritu del verdadero evangelista. Este espíritu contrasta con el
estilo evangelístico con el que muchos están familiarizados – del
tipo de 'Fuego y azufre' que apunta con el dedo amenazador a
sus oidores y que predica a la gente. Marcos no tiene nada de eso.

Él simplemente narra la historia y nada más. Permita que el Espíritu de Dios haga su propia obra; nosotros no podemos hacerlo por Él. Nuestro trabajo es proclamar la verdad. Cuando nosotros conocemos a Jesús, nuestras palabras honestas llevan toda la convicción que

> Cuando nosotros conocemos a Jesús, nuestras palabras honestas llevan toda la convicción que es necesaria.

es necesaria. Para los intransigentes y aquéllos que han determinado en su corazón no creer, los debates y las argumentaciones son inútiles. Deje que Dios tome control. Algunas personas tienen que viajar por un camino muy escabroso para encontrar al Señor.

Ofrecer el evangelio desde un punto de vista de debate o argumento puede conducir a una derrota propia. La fe no se basa en la lógica ni viene por la sabiduría de las palabras. Si declaramos la verdad, si conocemos la verdad, y si conocemos a Jesús, con eso es suficiente. Un proverbio dice, "Un hombre convencido en contra de su voluntad, aún sigue con la misma opinión". El evangelio de Marcos juzga a sus lectores. Si son humildes, abiertos y receptivos, éstos creerán. Pero aquellos orgullosos de su propio intelecto no creerán. Exigirán pruebas, que no son dadas sino a los creyentes. Crea y verá. Si usted no cree, no verá a Dios aunque Él abra los cielos y descienda frente a usted (Lucas 16:31; Juan 20:29). En realidad, ¡eso es lo que Jesús hizo! A través de Marcos, Pedro nos muestra cómo evangelizar: predique a Cristo, conózcalo mejor, testifique que Él es lo que la Palabra dice que es.

El evangelio de Marcos ha sido llamado una "narrativa de la pasión con un prefacio". La Cruz de Cristo ensombrece medio libro. No se dice mucho sobre la resurrección; sólo 14 versículos. Es el Jesús que anduvo por Galilea y fue a la Cruz lo que Pedro recuerda. El evangelismo es que un hombre hable del Hombre que conoce y ama; Jesús es el Hombre y el Cristo.

EL EVANGELIO SEGÚN SAN LUCAS

El comienzo del libro de Lucas establece el tema y la tendencia generales. Empieza con el recuento de una reservada pareja
de personas mayores, Zacarías e Isabel. Ellos son considerados
muy desdichados porque no tienen hijos y pertenecen a la tribu
sacerdotal. Para ellos, el no tener un heredero es una tristeza muy
grande. Pero para anunciar la venida de Su Hijo, Dios bendijo
a esta anciana pareja con un niño muy ilustre, Juan el Bautista.
Jesús dijo de él, que entre aquellos nacidos de mujeres no había
otro profeta mayor que Juan (Lucas 7:28). Mi impresión acerca
de Lucas es que está preocupado por la gente desfavorecida y, sin
embargo, parece enfocarse mucho en gente rica y muy conocida.
Él ve a éstos como gente desfavorecida espiritualmente.

EL RICO POBRE

Las buenas nuevas de Lucas son para aquéllos que han desperdiciado la vida, los extraños, en especial para aquéllos que, a los
ojos de la mayoría, tuvieron lo mejor de la vida – gente como
Herodes y los líderes espirituales de Israel. En el segundo volu-
men de Lucas, el libro de Hechos, él
continúa con la misma tendencia. Pablo
les predica a Félix y a Agripa y a sus cor-
tesanos reales y familia, y hay un tono
de lástima. Pablo exclama, *"¡Quisiera
Dios que por poco o por mucho, no solamente tú, sino también todos los que hoy
me oyen, fueseis hechos tales cual yo soy,
excepto estas cadenas!"* (Hechos 26:29). Es casi el tema principal
de Lucas y Hechos: el evangelismo para los ricos desfavorecidos.

> Lucas esta
> preocupado por
> gente desfavorecida y,
> sin embargo,
> parece enfocarse
> mucho en gente rica
> y muy conocida.

El evangelio de Lucas está lleno de ejemplos. Jesús se encuentra con un hombre que tiene una disputa concerniente a una

herencia, dinero que le pertenece. Jesús le muestra que el dinero puede ser una maldición y que debe buscar la felicidad en una dirección mejor, *"porque la vida del hombre no consiste en la abundancia de los bienes que posee"* (Lucas 12:15). Habla de aquéllos que quieren sentarse en la mesa principal en los banquetes y señala que podrían ser más felices sentándose en los lugares inferiores (Lucas 14:8-10). Jesús relata historias como:

- El pastor con cien ovejas que está preocupado por perder una (15:4-7).

- La mujer que tiene diez monedas pero que está en un estado casi de pánico porque ha perdido una (15:8-10).

- Un padre y dos hijos, todos ellos afectados por las posesiones de una manera perjudicial: el pródigo que piensa que el dinero le traerá vida; el otro hijo que tiene todo pero cuyo corazón está sucio y rehúsa unirse a la celebración; el padre cuyo dinero le ha traído tanto la aflicción de perder al pródigo, como el resentimiento del hijo mayor por el regreso de éste (15:11-32).

Luego está la historia del mendigo Lázaro y el hombre rico que pasaba cerca de Lázaro todos los días. Ambos mueren, pero el hombre rico acaba en el infierno, rogando – demasiado tarde – por la ayuda de Lázaro, quien fue al cielo (16:19-31).

> Dios es el Dios de aquellos que no pertenecen. El viene por los perdidos, gente a la deriva, sin ancla.

Jesús muestra preocupación por los 'ricos pobres'. Más de una cuarta parte de las referencias a la pobreza y a los pobres en el Nuevo Testamento se encuentran en Lucas. Los pobres materialmente, gente que no tiene dinero, son llamados bienaventurados, porque pueden ser inmensamente más ricos que la gente con mucha riqueza. El evangelio de Lucas contiene el gran poema profético de María, el pasaje que llamamos el Magníficat:

Hizo proezas con su brazo; Esparció a los soberbios en el pensamiento de sus corazones. Quitó de los tronos a los poderosos, Y exaltó a los humildes. A los hambrientos colmó de bienes, Y a los ricos envió vacíos (Lucas 1:51-53).

En Lucas 18:18-30 se nos habla del joven rico que vino a Jesús preguntándole como recibir la vida eterna. Ese pequeño episodio termina con el rico marchándose muy triste. Él retuvo su dinero pero ¿perdió su alma? Jesús comentó que era casi imposible para un hombre rico entrar al reino de Dios; sólo podría ocurrir por la grandeza de Dios. Esto trae a mi mente dos versículos en el libro de Apocalipsis. Aquí encontramos un contraste marcado entre la pobreza y la prosperidad:

El primero y el postrero, el que estuvo muerto y vivió, dice esto: Yo conozco tus obras, y tu tribulación, y tu pobreza [pero tú eres rico] (Apocalipsis 2:8-9).

Porque tú dices: Yo soy rico, y me he enriquecido, y de ninguna cosa tengo necesidad; y no sabes que tú eres un desventurado, miserable, pobre, ciego y desnudo. Por tanto, yo te aconsejo que de mí compres oro refinado en fuego, para que seas rico (Apocalipsis 3:17-18).

Cristo declaró su misión en Nazaret. Él dijo, *"El Espíritu del Señor está sobre mí, ... para dar buenas nuevas a los pobres"* (Lucas 4:18). Pero ¿quiénes son los pobres? Santiago tiene mucho que decir al respecto:

El hermano que es de humilde condición, gloríese en su exaltación; pero el que es rico, en su humillación; ...así también se marchitará el rico en todas sus empresas (Santiago 1:9-11).

Hermanos míos amados, oíd: ¿No ha elegido Dios a los pobres de este mundo, para que sean ricos en fe y herederos del reino que ha prometido a los que le aman? (Santiago 2:5).

¡Vamos ahora, ricos! Llorad y aullad por las miserias que os vendrán (Santiago 5:1).

EL DIOS DE AQUÉLLOS QUE 'NO PERTENECEN'

Cuando Jesús predicó en Nazaret, Su ciudad, Su sermón fue acerca de dos extranjeros (Lucas 4:24-47): la viuda que fue alimentada durante la escasez en los días de Elías (1 Reyes 17:1-16), y el jefe de las fuerzas armadas sirias que fue curado de lepra (2 Reyes 5:1-14). Dios suplió sus necesidades, a pesar de que ellos 'no pertenecían' a Israel.

Los judíos de los días de Cristo, tenían poca simpatía por los foráneos. Los que una vez fueron vecinos de Jesús perdieron los estribos ante la idea de que Dios favorecería a gente no judía, y pasaría por alto a Su pueblo en Israel. Lucas usa esta historia para decirnos que Dios es el Dios de aquéllos que 'no pertenecen'. Él viene por los perdidos, gente a la deriva, sin ancla.

El evangelio de Lucas es el libro al que muchos han ido para apoyar el 'evangelio social'. Sin embargo, Lucas realmente se hace a un lado en los asuntos de clases y se vuelca a los intereses de aquéllos que por alguna razón sienten que han desperdiciado su vida. Por ejemplo, Lucas 8:43-48 cuenta la historia de la mujer que tocó el manto de Cristo y fue sanada de flujo de sangre. La constante hemorragia de esta mujer era un desastre. La había dejado anémica, débil, sin aliento, y apenas podía andar. Más aún, era pobre, había gastado en médicos todo lo que tenía. Al no tener dinero, no podía comer alimentos nutritivos que compensasen su pérdida de fuerza. Además, era considerada inmunda, y por causa de su enfermedad, todo lo que ella tocaba se consideraba inmundo (Levítico 15:19-30). No tenía amigos y era una persona no deseada; vivía rechazada por la sociedad tanto como un leproso.

Jesús hacía viajes sistemáticos por los pueblos y ella sabía que Él vendría. Cuando lo hizo, ella se abrió paso entre la multitud y tocó el borde de su manto y al instante fue sanada. Ella lo sintió, y también Jesús. Ahora viene el punto central de la historia, que no fue tanto la sanidad sino lo que ocurrió luego.

Él preguntó quién le había tocado. Bien, docenas lo habían hecho. Estaba la gente que buscaba llamar la atención, quienes también eran quisquillosos y siempre en primera fila, para luego jactarse de que habían estado codeándose con Jesús. Luego había muchos otros enfermos quienes se arrimaban esperando recibir de Jesús, de alguna manera, un toque personal de sanidad. Había una constante aglomeración de gente que simplemente quería estar cerca del Nazareno que hace milagros, pero en ese momento todos se quedaron quietos. Jesús miró a su alrededor, casi como si estuviese acusando al que le había tocado. El círculo que lo rodeaba se extendió, la gente echándose para atrás al mismo tiempo que sus ojos examinaban la multitud.

En aquel momento la mujer vino temblando y temerosa. ¿Por qué? Porque ella le había tocado y sabía que su inmundicia había contaminado a Jesús. (De igual manera, nuestra inmundicia por el pecado le contaminó; Él fue hecho pecado por nosotros

[2 Corintios 5:21] en la Cruz). Todas las miradas se dirigieron a ella. La multitud estaba quieta, todos esforzándose por ver quién había interrumpido la fiesta de esa manera. Jesucristo, el Hijo de Dios, estaba completamente concentrado en una despreciada, un pequeño desecho de género humano desconocido.

Su soledad y enfermedad habían enfurecido al cielo, y en ese momento Dios había enviado a Su Hijo sólo por ella. Vino luego su veredicto. El mismo que un día juzgará a las naciones y pronunciará su veredicto sobre poderosos imperios, el Señor y Hacedor del cielo y la tierra, hizo una pausa por un momento y dijo: *"Hija, tu fe te ha salvado; ve en paz"* (Lucas 8:48).

Sea que seamos pobres o ricos, grandes o pequeños, los ojos de Cristo nos ven a cada uno como realmente somos. *"Él no tenía necesidad de que nadie le diese testimonio del hombre, pues Él sabía lo que había en el hombre"* (Juan 2:25). Su respuesta a la gente fue siempre la misma: Él les amaba. Marcos dice que Él amó al joven gobernante rico. Él amó a Juan, uno de los más jóvenes de sus discípulos, un mero pescador. La gente se sintió llevada por la ola de amor de este Hombre, con Su afectuosa, extrovertida, acogedora gracia. El conocerle era un momento inolvidable.

> Jesucristo, el Hijo de Dios, estaba completamente concentrado en una despreciada, un pequeño desecho de género humano desconocido. Su soledad y enfermedad habían enfurecido al cielo, y en ese momento Dios había enviado a Su Hijo sólo por ella.

En Lucas, leemos que un día de reposo Jesús pasaba por unos sembradíos. Sus discípulos estaban con hambre y empezaron a recoger algunas espigas de trigo, las restregaron con las manos y comieron el grano. Cuando los fariseos vieron que los discípulos estaban por definición segando – técnicamente trabajando – le dijeron a Jesús, *"¿Por qué hacéis lo que no es lícito hacer en los días de reposo?"* (Lucas 6:2). Lucas nos relata parte de la respuesta de Cristo, pero a Mateo le gusta citar la Escritura y nos dice que Jesús también dijo, *"Y si supieseis qué significa: Misericordia quiero, y no sacrificio, no condenaríais a los inocentes; porque el Hijo del Hombre es Señor del día de reposo"* (Mateo 12:7-8).

> Los fariseos no iban en busca de la necesidad humana – sólo del fracaso humano.

Jesús sabía que sus discípulos estaban con hambre, pero era el día de reposo y, por tanto, no podían ni comprar ni hacer pan. Los fariseos también sabían esto. Pero los fariseos no estaban viendo la necesidad humana, sino sólo el fracaso humano. Ellos no tenían ninguna preocupación por si estos hombres estaban con hambre o no, pero estaban muy preocupados por sus reglas y rituales.

Jesús nos estaba enseñando a estar atentos, primero por la necesidad de nuestro hermano en lugar de fijarnos en su piedad (Mateo 5:44-47; Lucas 6:27; 10:29-37; 14:12 en adelante). Jesús está preocupado por la gente, no por la religión.

Él dijo a los fariseos, *"El día de reposo fue hecho por causa del hombre, y no el hombre por causa del día de reposo"* (Marcos 2:27). En realidad, la ley del día de reposo tenía como objetivo ser una ley de libertad. Como esclavos en Egipto, los hijos de Israel habían trabajado siete días a la semana. Cuando salieron de la esclavitud, Dios les dijo a los Israelitas que descansaran un día a la semana (Éxodo 20:10-11; 31:15; Hebreos 4:2 en adelante). Pero a través de los siglos, los eruditos de Israel habían torcido el significado del día de reposo y lo convirtieron en un mandamiento de no trabajar, que llegó a ser una carga, incluso más que ¡el trabajo mismo! El día de reposo había llegado a ser una carga pesada … demasiado pesada como para ser llevada.

Pero Jesús fue el defensor del desvalido. *"Tuvo compasión de ellos* [la gente], *porque eran como ovejas que no tenían pastor"* (Marcos 6:34). Ellos no tenían a nadie que los defendiese, pero acudieron a Él en tropel porque sabían que Él era suficientemente poderoso para la tarea. El momento más memorable en nuestras vidas es del día y la hora en que Jesús entra en nuestros corazones, como si fuésemos los únicos. Es el día en que el mundo empieza para cada uno de nosotros, lo que por supuesto es estupendo para los evangelistas y para aquéllos que testifican individualmente. Tanto si testifica a uno o a cien mil, Jesús solamente salva individualmente. Él trabaja con individuos y cada uno es especial. Cada persona que Él llama para sí tiene una función futura, estratégica en los planes y propósitos de Dios.

Lucas 8:27-39 nos relata cómo Jesús expulsa una legión de demonios de un endemoniado, y les permite entrar en un hato de cerdos. Los cerdos poseídos y en frenesí se precipitaron al mar y se ahogaron.

Los que cuidaban de los cerdos corrieron y dieron aviso en la ciudad y por los campos, y la gente salió para ver lo que había ocurrido. Cuando vinieron a Jesús, vieron al hombre que había sido poseído por la legión de demonios, sentado, vestido y en su juicio cabal; y tuvieron miedo. Aquéllos que habían visto les contaron lo que le había ocurrido al hombre endemoniado, y también relataron lo de los cerdos. Entonces la gente rogó a Jesús que se marchase de la región (Marcos 5:14-15,17).

¡Asombroso! ¡Estos hombres tenían miedo del hombre con sano juicio! De la misma manera, la gente tiene miedo de los verdaderos cristianos, porque éstos son demasiado cuerdos para este mundo perturbado. Por supuesto que cuando el hombre era un loco, tenían miedo de su demencia. El mundo siempre tiene miedo, pero los cristianos no tienen por qué tenerle miedo a nada.

Por la reacción de los cuidadores de cerdos, es claro que era tan importante para ellos lo que les había ocurrido a los cerdos como lo que le había ocurrido al hombre. Las dos cosas parecían estar unidas en sus mentes. Cuando la gente vino, vieron al hombre liberado, sentado, vestido y en 'compos mentis'. Tenían miedo, quizás porque tenían entre ellos en Gadara muchas otras personas endemoniadas, y si Jesús echaba fuera más demonios ellos podrían perder más cerdos. O quizás ante la presencia de Jesús, simplemente se dieron cuenta de su propio lado oscuro. Cualquiera que fuese la razón, ¡estaban deseando que Jesús se marchase! Sin embargo, para Jesús, sólo este hombre valía más que todos los cerdos de la tierra. Los cerdos se dan por docenas, mas cada ser humano es una creación especial, única. Hay gozo en la presencia de los ángeles por un pecador que se arrepiente (Lucas 15:7,10).

Cuando Jesús resucitó de entre los muertos, una de las primeras palabras que pronunció no fue un grito resonante de triunfo. Simplemente fue su voz diciendo como en el pasado *"¡María!"* (Juan 20:16). Eso es evangelismo. No es una ostentosa y alborotadora psicología de masas, ni el despertar histeria en masa, sino es Jesús poniendo su mano de amor, sanidad y fortaleza sobre cada uno de los que están delante de nosotros; y nuestro comportamiento como evangelistas debe ajustarse a lo que Jesús está haciendo. Eso es lo que siento cuando leo los Evangelios del individuo: Marcos, con su toque personal, y Lucas, con su preocupación por los desconocidos, los olvidados, y los desplazados. El evangelismo trae a los perdidos y los hace parte de la familia.

EL EVANGELIO SEGÚN SAN JUAN

Todo testimonio cristiano tiene como objetivo hacer dos cosas: hablar de las cosas que son reales y demostrarlas. Cuanto más leo el evangelio de Juan, se hacen más claros esos objetivos. El predicar el evangelio hace que el evangelio ocurra. El evangelio es un generador de nuevas: usted predica las buenas nuevas y buenas nuevas ocurren.

Juan habla mucho sobre el agua, como lo veremos. Químicamente el agua es denotada como H_2O: dos partes de hidrógeno y una de oxígeno. Dos gases. Mézclelos en un recipiente y todo lo que obtendrá es gas. Los gases son invisibles y es posible creer que no están allí. Muchos creen que eso es todo lo que la prédica es: hablar, aire caliente, gas. Hablamos acerca de cosas que los incrédulos no pueden ver y de las cuales piensan que no son reales.

Aplique una chispa eléctrica a su mezcla de hidrógeno y oxígeno; los gases explotarán inmediatamente y se convertirán en agua. Lo invisible se convierte en visible, real. Lo mismo ocurre con la prédica. Usted puede presentar las verdades del evangelio, hablar hasta ponerse azul, pero sin el toque del Espíritu Santo,

> La gente tiene miedo de los verdaderos cristianos, porque éstos son demasiado cuerdos para este mundo perturbado.

estas verdades gloriosas permanecerán escondidas, ficticias, e incomprensibles a los incrédulos. El Espíritu Santo provee la chispa que enciende sus palabras y repentinamente el evangelio se convierte en el agua de vida. Pero el evangelio no tiene poder para cambiar vidas hasta que usted lo predique. Entonces, con la ayuda del Espíritu de Dios, el evangelio se convierte en el poder de Dios para salvación (Romanos 1:16). Por supuesto, también se requiere fe (Romanos 4).

El evangelio de Juan dice que Jesús le hablaba a una mujer que fue a sacar agua del pozo de Jacobo. Jesús le dijo, *"mas el que bebiere del agua que yo le daré, no tendrá sed jamás sino que el agua que yo le daré será en él una fuente de agua que salte para vida eterna"* (Juan 4:14). Agua de verdad. Después, Él le dijo que los verdaderos adoradores adorarían a Dios en Espíritu y en verdad (Juan 4:23-24). Jesús estaba haciendo un contraste entre lo terrenal y lo espiritual, el símbolo y la esencia. Luego los vecinos del pueblo le dijeron, *"sabemos que verdaderamente éste es el Salvador del mundo, el Cristo"* (Juan 4:42).

La noción de cosas reales o verdaderas y la realidad oculta detrás de ellas se encuentran más de una vez en este capítulo. Los discípulos habían ido a comprar comida y cuando volvieron le rogaban a Jesús que comiese, pero Él les dijo, *"Yo tengo una comida que comer, que vosotros no sabéis. Mi comida es que haga la voluntad del que me envió, y que acabe su obra"* (Juan 4:32,34).

Después habla acerca de la cosecha y usa el campo de trigo que ondeaba ante ellos para simbolizar la verdadera cosecha de almas (Versículos 35-36). Esa es una palabra preciosa para testigos y evangelistas en todas partes. ¡La verdadera cosecha! En nuestras iglesias tenemos acción de gracias por la cosecha, pero en el cielo los ángeles tienen acción de gracias cada vez que se cosechan almas.

Juan desarrolla este tema de la realidad a través de todo su evangelio. *"Y aquel Verbo fue hecho carne"* (Juan 1:14). La carne era carne – no un fantasma – pero la verdadera realidad era el Verbo. Juan quería que sus lectores vieran más allá de lo que sus ojos mortales observan y así extraer la perspectiva del Espíritu; pero a menos que la gente sea nacida de nuevo no pueden ver. Sólo cuando son nacidos de nuevo pueden ver el Reino (Juan 3:5). ¡De repente está allí en todo su esplendor y estremecedora esperanza y propósito! La realidad está más allá de las apariencias terrenales. Juan está siempre hablando de la luz verdadera, la verdadera vista, el pan verdadero, el agua verdadera, el pastor verdadero, el vino verdadero … la Verdad real.

Jesús dijo, *"Yo soy el camino, y la verdad, y la vida"* (Juan 14:6). La Verdad es la realidad, el original genuino. Jesús es la realidad detrás de todo lo que vemos.

> Jesús es la realidad de la cual todo procede.

Él es la verdad acerca de la creación, acerca del futuro, acerca de nosotros. Juan toma el mismo tema en sus epístolas: *"lo que hemos contemplado, y palparon nuestras manos tocante al Verbo de vida"* (1 Juan 1:1). Lo físico es un disfraz de lo eterno. Juan vio a Jesús y todo misterio fue resuelto. Todo encajaba. Fue el fin de la filosofía.

Juan comienza su evangelio de la siguiente manera: *En el principio era el Verbo.* Jesús es la realidad de la cual todo procede. La ciencia, al presente, se ha dado contra la pared en su intento de solucionar el problema del origen del universo. Hablan con seguridad acerca de una gran explosión a través de la cual el universo vino a existencia, pero no tienen ni idea de como "aquello" que explotó llegó allí. ¿Qué era eso? ¿De dónde vino? Nosotros sabemos que cualquiera que sea la manera en que el universo se inició, éste vino de Dios. Quizás Él empezó las cosas de esa manera: una insondable concentración de materia fue lanzada al vacío por su mano poderosa, al explotar se formó el universo con todas sus maravillas y diversidades, energía y vida.

Por la fe entendemos haber sido constituido el universo por la palabra de Dios, de modo que lo que se ve fue hecho de lo que no se veía (Hebreos 11:3).

[Abraham] creyó en esperanza contra esperanza, para llegar a ser padre de muchas gentes (Romanos 4:18).

En el Antiguo Testamento, vislumbramos a un Dios poderoso que interviene en un oscuro mundo pagano, confrontando y dejando perplejos a reyes, cambiando la historia ... el Dios que responde con fuego. Leemos que Dios ha creado en el corazón de las personas un anhelo por la realidad, por sustancia espiritual, por algo más allá y por encima y fuera del mundo de todos los días con sus eventos ordinarios, ciencia, razón y todo lo que es explicable. Pero la dimensión del Espíritu es el mundo de emoción y satisfacción. Pero, ¿como entramos en él?

Así pues llegamos al asunto crucial: ¿cómo hacemos que las cosas reales lleguen a ser reales para nuestra generación perdida, que anda a tientas en la oscuridad? Una vez más es a través del Verbo haciéndose carne – el Verbo de Dios en nosotros – a través del evangelio en nuestras vidas, en nuestros corazones y mentes. ¡Gente viva con la Palabra Viva! Evangelismo es todo lo que Dios pide de nosotros. Proclame Su palabra, y Él hará lo demás. Súbitamente la gente verá.

> Evangelismo es todo lo que Dios pide de nosotros. Proclame Su Palabra y El hará lo demás.

¡El evangelio es el puente! Une el abismo entre lo terrenal y lo celestial, este mundo y el otro mundo, lo mundano y lo divino. A través de éste el poder de Dios fluye como la corriente eléctrica invisible en un cable inerte y aparentemente inalterado. Pero tenemos este tesoro en vasos de barro (2 Corintios 4:7).

Con nuestro testimonio debemos construir ese puente del evangelio. La gente cruza ese puente hacia la luz, hacia el Reino, pasa de condenación a emancipación, entra a la casa del Rey, a la gloriosa libertad como hijos de Dios (Romanos 8:21). Los ciegos verán. El hambriento será alimentado con el verdadero pan. No hay ningún otro pan que satisfaga. No hay sustituto ni alternativa; sólo un pan, un agua de vida, una verdad, todo resumido en Jesús.

La manera de experimentar la vida espiritual no es a través del misticismo, la meditación trascendental, el ayuno, o la abstinencia. La Espiritualidad no viene a través de los sacramentos, o del aprendizaje, o de la sugestión que la arquitectura de la iglesia, la música, o la poesía brindan. Usted sólo la podrá encontrar en el evangelio, la Palabra de Dios. No estamos predicando un proceso sino una obra terminada, lista para ser puesta en efecto. No hay necesidad de hacer esfuerzos supremos. El evangelismo no es un asunto de desesperación. ¡Es un gozo!

Predicamos: *"y ni mi palabra ni mi prédica fue con palabras persuasivas de humana sabiduría, sino con demostración del Espíritu y de poder, para que vuestra fe no esté fundada en la sabiduría de los hombres, sino en el poder de Dios"* (1 Corintios 1:4-5). El evangelio es una fuente de poder, una fuerza generadora de vida. ¡Predíquelo y vea como obra! Es así de simple.

こう

Capítulo 12

El Evangelismo según el Apóstol Pablo

En realidad, todas las palabras del Nuevo Testamento respiran evangelismo. Incluso cuando Pablo les da instrucciones a Timoteo y a Tito respecto del nombramiento de líderes en las iglesias, todo es parte de una estrategia evangelística general. Volvamos ahora nuestra atención a las cartas apostólicas de Pablo a la Iglesia Primitiva.

Se cree que la primera de estas cartas fue 1 Tesalonicenses. Pablo y dos de sus acompañantes habían visitado Tesalónica por tres semanas. Durante ese tiempo ellos fueron acusados falsamente, golpeados, encarcelados, liberados e instados a marcharse por las autoridades, quienes temían que éstos incitasen disturbios. De alguna manera en ese corto periodo de tiempo, muchos de los lugareños se volvieron a Cristo. Los tres pioneros habían fundado una floreciente iglesia que pasó a cuidar muy bien de sí misma.

PREDICANDO A UNA SOCIEDAD PAGANA

¿Es posible que el trasfondo 'religioso' idolátrico que tenían los tesalonicenses les haya ayudado en su búsqueda? Definitivamente no. Pablo les escribió:

*... y como os convertisteis de los ídolos a Dios, para servir
al Dios vivo y verdadero, y esperar de los cielos a su Hijo,
al cual resucitó de los muertos, a Jesús, quien nos libra de
la ira venidera* (1 Tesalonicenses 1:9-10).

El evangelio de Cristo es idea de Dios, no del hombre. El hombre
nunca ha producido ni producirá algo como eso. Podemos predicarlo con orgullo. Podemos decir como Pablo, *"No me avergüenzo del evangelio"* (Romanos 1:16). Nada de lo que los paganos habían creído alguna vez pudo haberles ayudado a entender
el cristianismo. Tuvieron que darse la vuelta y mirar en una
dirección totalmente nueva.

> El cristianismo no se
> parece en nada a los
> pensamientos que
> hubieron antes de éste.

Los liberales han planteado que la religión pagana fue tierra fértil en la cual
el cristianismo echó raíces fácilmente.
Les gusta atribuir el crecimiento del
cristianismo a la ideología griega tanto
o más que a la inspiración divina. También se ha sugerido que
las religiones místicas tuvieron ideas similares a las enseñanzas
cristianas, como el nuevo nacimiento. Pero el cristianismo no
se parece en nada a los pensamientos que hubo antes de éste.
El evangelio no le debe nada a los paganos, no importa cuán
grandes y sabios hayan sido. Los primeros padres de la Iglesia
hicieron uso de las ideas de los filósofos griegos para desarrollar
sus enseñanzas, pero la verdadera Palabra de Dios es original.

*Las palabras de Jehová son palabras limpias, como
plata refinada en horno de tierra, Purificada siete veces*
(Salmos 12:6).

Para poder seguir a Cristo, era necesario que los idólatras cam-
biasen totalmente su manera de pensar. Tenían que convertirse
en nuevas criaturas (2 Corintios 5:17). El evangelio no coincidía

con nada de lo que estaba en sus mentes. Las religiones paganas estaban entretejidas en la vida oficial de la ciudad. No se podía hacer nada sin antes dar una ofrenda a los dioses. Cualquier falta de respeto a los dioses cívicos podía llevar incluso a la pena de muerte, un peligro que los cristianos tenían que tener en consideración cuando predicaban la Palabra. Multitudes de creyentes murieron porque se rehusaron a ofrecer una pizca de sal al emperador Diocleciano como reconocimiento de ser 'Señor y Dios'. Habría parecido imposible cambiar la cultura pagana. Las tinieblas se oponían desafiantemente a la luz. Sin embargo, los primeros pioneros cristianos prevalecieron. ¡Ese es el poder y la gloria del evangelio!

En comparación, compartir el evangelio en los Estados Unidos o en Europa puede parecer casi una rutina. Muchas de las conversiones son de los hijos de padres cristianos, y damos gracias a Dios por esa clase de familias. Pero hay familias enteras que están en completa ignorancia de la Biblia, y viven lejos de Dios. Se me ha dicho que es difícil penetrar en su mundo. Pero ¿qué hay del mundo al que los apóstoles hicieron frente? ¡No había ni un solo cristiano en toda Europa, o en la mayor parte del mundo romano!

Las epístolas escritas en esos tiempos difíciles, muchas de ellas desde las prisiones, pueden ser una excelente fuente de guía e inspiración. La iglesia enfrentaba miles de años de paganismo total que había cubierto toda la tierra, y Pablo enfrentaba todo esto casi solo. Los obstáculos eran intimidantes, aterradores. Él dijo que estaba en Corinto *"con mucho temor y temblor"* (1 Corintios 2:3). Pero Pablo reprimió sus sentimientos o más bien su pasión; por Cristo él venció todas las otras emociones (2 Corintios 5:14). Él afrontó la tarea,

> Jesús había sido crucificado, ejecutado como un criminal, tan sólo 20 años antes. Eso se convirtió en el fundamento de su mensaje.

predicó el evangelio y el futuro de Europa fue cambiado. El evangelio demostró estar a la altura del problema.

Eso fue evangelismo puro, agresión real, cara a cara por Cristo. Jesús había sido crucificado, ejecutado como un criminal, tan sólo 20 años antes. Eso se convirtió en el fundamento de su mensaje, una manera muy improbable de impresionar a las multitudes de aquel entonces. Pero la unción en la vida de los discípulos fue hecha manifiesta en Tesalónica y un gran número de idólatras griegos se volvieron a Dios. Esto mismo se puede hacer hoy en día. Más aun, ¡se necesita desesperadamente!

ENFOQUE A ESTADOS UNIDOS

Podemos comparar Estados Unidos y Europa en muchas cosas. Están ambas unidas por la historia y por mucho de lo que está ocurriendo hoy en día. Podemos aprender mucho el uno del otro.

Estados Unidos está bendecida. De acuerdo con investigaciones, del 50 al 60 por ciento de la población en esta nación tiene intereses religiosos de alguna clase. Esto representa una gran esperanza para el mundo entero. ¡Alabado sea Dios por eso!

Una tradición religiosa es una rica herencia. Las generaciones pasadas pusieron los cimientos para una población que asista a la iglesia. Jesús dijo, *"Otros labraron, y vosotros habéis entrado en sus labores"* (Juan 4:38). Como resultado, hay una reserva de interés cristiano preparado y esperando ser utilizado. Es un océano comparado al pequeño estanque de Europa.

Sin embargo hay otra cara, más inquietante, de este país pluralista. Decenas de millones de personas en Estados Unidos no están interesadas en los asuntos de Dios, o están enormemente interesadas en asuntos espirituales que no tienen que ver con el cristianismo; alcanzar a esta clase de gente es una tarea difícil. Entonces, ¿cómo es que las iglesias están creciendo? ¿Qué hay de las mega iglesias? ¿Están causando una disminución del número de impíos? o ¿están simplemente organizando a aquéllos que ya están de por sí interesados en Cristo, en lugar de arrebatar tizones del fuego (Zacarías 3:2)?

Estas personas de fuera deberían ser el primer asunto en el 'orden del día' de todas las iglesias, y no sólo ser consideradas bajo 'otros asuntos'. Si a una iglesia le va bien y reúne a una congregación grande, ¿debería estar satisfecha? Mientras haya una sola persona no convertida que pueda ser alcanzada, ¡no puede haber descanso! Una iglesia grande no es una meta por sí sola. Es un instrumento para la evangelización del mundo. Si la iglesia sólo se preocupa por sus propios asuntos y su propia congregación, se convierte en una máquina efectiva, que produce nada más que hojas que se ven bien (Marcos 11:13). Una iglesia no es una institución, sino las ramas de una vid destinadas a llevar fruto. Si las ramas no llevan fruto, finalmente serán cortadas.

Las iglesias pueden estimular el crecimiento usando buenos métodos de negocios, pero sólo donde hay un buen mercado y poca resistencia a la venta; ésta parece ser la situación en Norteamérica. Ahora es el tiempo que hay que aprovechar, 'para preparar alimento mientras dura el día'. Las técnicas comerciales simplemente utilizan las posibilidades ya existentes, pero el evangelio ataca las imposibilidades. El verdadero crecimiento de la Iglesia viene a través del evangelismo. *"Agradó a Dios salvar a los creyentes por la locura de la prédica"* (1 Corintios 1:21).

Ahora bien, ha sido reportado que más de un millón de personas han ido a una iglesia en Florida en los últimos años y cientos de miles han respondido el llamado al altar. Eso me dice que hay una emocionante y creciente ola de interés espiritual. Pero ¿qué porcentaje de esas personas que fueron no tenían interés en la religión? ¿Cuántos de ellos eran excursionistas cristianos que fueron porque habían oído de los milagros que estaban ocurriendo allí? ¿Ha cumplido esta iglesia su propósito al convertirse en una iglesia grande? Ahora que es grande, ¿puede esta iglesia dormirse en sus laureles? ¿Ha hecho esta iglesia su trabajo y completado la gran comisión? Por supuesto que no, como bien lo admite esta iglesia misma (Iglesia de las Asambleas de Dios en Brownsville, Pensacola). Por favor, no me malentienda: es bueno para los cristianos aprender de otros ministerios además de los suyos, pero ciertamente la necesidad crucial es que la Gran Comisión de Cristo arda en nuestros corazones.

Hay algo que quiero interponer aquí: no creo que el propósito final de nuestro ministerio sea enseñar a las personas cómo obtener cosas de Dios. El objetivo de la vida cristiana no es conseguir, conseguir, conseguir, sino dar, dar, dar.

Hay un avivamiento en China, pero allí los millones que se vuelven a Cristo saben muy bien que se están ofreciendo voluntariamente a tener problemas, posiblemente al encarcelamiento, en medio de la desaprobación implacable del gobierno. El cristianismo no es un sillón grande y cómodo, y Dios no está 'a nuestro servicio' para traernos cualquier cosa que le pidamos. Estamos aquí para llevar al mundo de vuelta a Dios.

EVANGELISMO DIARIO

El trabajo del evangelismo ha de continuarse aún cuando parezca que el avivamiento no se avecina. La idea del evangelismo muchas veces es confundida con momentos de grandes fenómenos visibles. Algunas personas declaran que el evangelismo es obra de la carne, a menos que esté unido a manifestaciones emocionantes e increíbles sacudidas. Puede que el evangelismo no sea el avivamiento que algunos tienen en mente. Sin embargo, es la obra que Dios nos ha encomendado. Puede ser difícil ... una batalla.

El evangelismo no siempre significa emociones intensas, fuegos de avivamiento, multitudes, prodigios, todo marchando sobre ruedas. El progreso de los apóstoles no fue medido de un avivamiento a otro.

> El objetivo de la vida cristiana no es conseguir, conseguir, conseguir, sino dar, dar, dar.

Pablo frecuentemente iba a las sinagogas (Hechos 17:2) y era expulsado después de una discusión. En términos generales, el trabajo de los discípulos era lento, poniendo ladrillo sobre ladrillo. Pablo lo describe de la siguiente manera:

En mucha paciencia, en tribulaciones, en necesidades, en angustias; en azotes, en cárceles, en tumultos, en trabajos, en desvelos, en ayunos (2 Corintios 6:4-5).

No era un día de campo sosegador. Era la guerra. *"Sufre penalidades como buen soldado de Jesucristo"* (2 Timoteo 2:3). Volviendo a 1 Tesalonicenses, Pablo habla de haber:

Antes padecido y sido ultrajados en Filipos ... hubiéramos querido entregaros no sólo el evangelio de Dios, sino también nuestras propias vidas; porque habéis llegado a sernos muy queridos. Porque os acordáis, hermanos, de nuestro trabajo y fatiga; como trabajando de noche y de día, para no ser gravosos a ninguno de vosotros, os predicamos el evangelio de Dios. Vosotros sois testigos, y Dios también, de cuán santa, justa e irreprensiblemente nos comportamos con vosotros los creyentes (1 Tesalonicenses 2:2,8-10).

En aquellos días, ese tipo de trato era inevitable. Por el privilegio de predicar el evangelio, uno se jugaba la cabeza por Dios. Es por eso que Pablo dice en 1 Tesalonicenses 3:3 que *"nadie se inquiete por estas tribulaciones; porque vosotros mismos sabéis que para esto estamos puestos"*.

Pablo escribió a los romanos, *"Y de esta manera me esforcé a predicar el evangelio, no donde Cristo ya hubiese sido nombrado, para no edificar sobre fundamento ajeno"* (Romanos 15:20). Se deben encontrar maneras de alcanzar a los perdidos o de atraerlos en grupos y tener un programa sólo para ellos. En Europa muchas iglesias están usando el curso Alfa – reuniones para gente de fuera de la Iglesia. Y esto es donde el enfoque de los asuntos de la Iglesia debería estar.

El Evangelismo es el llamado más importante de Cristo y el último mandamiento que dio. El apóstol Pablo habla de este tema:

Pues nuestro evangelio no llegó a vosotros en palabras solamente, sino también en poder, en el Espíritu Santo y en plena certidumbre, como bien sabéis cuáles fuimos entre vosotros por amor de vosotros. Y vosotros vinisteis a ser imitadores de nosotros y del Señor, recibiendo la palabra en medio de gran tribulación, con gozo del Espíritu Santo de tal manera que habéis sido ejemplo a todos los de Macedonia y de Acaya [Grecia] *que han creído* (1 Tesalonicenses 1:5-7).

Los seguidores de Pablo se convirtieron en líderes de otros. Tomaron el ejemplo del trabajo de Pablo. Para ellos, eso era de lo que el cristianismo se trataba: decirlo a otros. Pablo añade que él no necesitaría llevar el evangelio a esa región, pues ellos ya lo habían hecho. ¿Cómo? A través del testimonio personal de aquéllos que fueron en contra de la corriente de idolatría en aquella gran ciudad. Las autoridades se habían encargado de que no se hiciese a través de grandes reuniones públicas. Por el contrario, el ganar almas se realizaba usando el método 'uno a uno', aunque empezó por medio del gran esfuerzo evangelístico de Pablo. Los dos métodos, las prédicas públicas y el evangelismo 'uno a uno', son complementarios, partes integrales de la misma comisión.

Lo importante es que la gente debe ir a la gente. Al fin y al cabo Dios es el Dios del individuo. Él quiere que los individuos reciban atención individual de aquéllos que le sirven. En nuestras campañas en África, frecuentemente predicamos el evangelio a cientos de miles de personas a la vez, pero hacemos planes para que el seguimiento y contacto sea individual.

> Dios es un Dios del individuo. El quiere que individuos reciban atención individual de aquellos que le sirven.

Hacer visitas o llamadas inesperadas a la gente no es siempre fácil, pero una campaña a gran escala abre las puertas para establecer contactos individuales. Las campañas evangelísticas públicas rompen el hielo y proveen a los consejeros un contexto fuerte. Nosotros hacemos lo posible para que toda persona que registra algún tipo de respuesta al llamado del evangelio se reúna con algún otro cristiano tan pronto como sea posible.

Es algo maravilloso saber que Dios planea obrar usando distintas personalidades, personas de todo tipo que llevan el evangelio a gente de todo tipo. Cristo le dio la misma atención a una mujer samaritana inmoral que al destacado rabino Nicodemo, aunque no le dio ninguna atención a Herodes excepto para llamarlo 'zorro' (Lucas 13:32). Los menores y más pequeños deben ser atendidos con el mismo interés espiritual que el que se prestaría a los presidentes de los Estados Unidos, Alemania o la reina de Inglaterra. Un alma perdida es una tragedia, sea ésta un príncipe o un mendigo.

CRISTIANOS INCÓMODOS

*Nuestro evangelio no llegó a vosotros en palabras sola-
mente, sino también en poder, en el Espíritu Santo y en
plena certidumbre* (1 Tesalonicenses 1:5).

¡Así es como se hacía! Pablo predicaba con poder, aunque en
la debilidad humana. Declaró a Cristo crucificado, resucitado
y quien vendrá otra vez. No vino demostrando y jactándose de
lo sobrenatural, o tratando de manipular a sus oidores a que
viviesen experiencias estimulantes. El poder no es para ser
demostrado sino para ser usado; no está nunca a rienda suelta.
Dios no está metido en el mundo del espectáculo, y el poder del
Espíritu Santo no es el resultado de la novedad. Es el brazo de
Dios flexionando el arco del evangelio y disparando la flecha de
convicción al corazón de los oidores.

> Pablo
> predicaba con poder,
> aunque en la
> debilidad humana.
> Declaró a Cristo
> crucificado,
> resucitado y quien
> vendrá otra vez.

Los comentarios de Pablo en 1
Tesalonicenses son típicos de todo el
Nuevo Testamento. Todas las cartas
apostólicas son infundidas con el
mismo celo y entusiasmo por los perdidos, y por el compromiso en la expansión mundial de la Iglesia, para ganar a
todas las generaciones para Cristo. De
eso es de lo que se trata.

Hoy en día hay doctrinas que permiten a los cristianos cruzarse
de brazos. Esas personas defienden con pasajes bíblicos una
actitud despreocupada, indiferente, 'déjalo-todo-a-Dios'. Enseñan que Dios ha determinado de antemano que cierta gente
se salvará y que no hay nada que podamos hacer para cambiar
su soberana voluntad (ya los hemos mencionado en capítulos
anteriores). Bien, digo enfáticamente que no importa qué textos

esta gente cite, tal perspectiva es totalmente ajena al espíritu del Nuevo Testamento. No temo contradicción sobre este punto. El Nuevo Testamento vibra con actividad, y esa actividad no trata de hacer que los cristianos estén cómodos, sino más bien incómodos, hasta que lleven el evangelio a sus vecinos.

DIARIAS REVELACIONES DE CRISTO

Agradó a Dios, que ... me llamó por su gracia, revelar a su Hijo en mí, para que yo le predicase entre los gentiles (Gálatas 1:15-16).

Vive Cristo en mí; y lo que ahora vivo en la carne, lo vivo en la fe del Hijo de Dios, el cual me amó y se entregó a sí mismo por mí (Gálatas 2:20).

Dios envió a vuestros corazones el Espíritu de su Hijo (Gálatas 4:6).

De ninguna manera estas palabras pueden ser traducidas "Agradó a Dios revelar a su Hijo a mí". Es definitivamente *en mí* (del griego en emoi). Pablo no está hablando de lo que vio en el camino a Damasco, sino de lo que otros ven en su vida. Una vez que conocemos a Cristo, entonces otros pueden ver a Cristo en nosotros. Por supuesto la razón dada por la que agradó a Dios revelar a Cristo en Pablo fue *para que yo le predicase entre los gentiles*. Los gentiles son simplemente todas las otras razas fuera de la judía.

La palabra *revelar* en ese texto proviene de la palabra griega *apocalupto*, de la cual también se deriva la palabra 'Apocalipsis'. Usted y yo somos la revelación divina de Cristo al mundo. No podemos transmitir a Jesús efectivamente por nuestra propia cuenta, Dios suple el ingrediente esencial. La vida que vivo, la vivo por Cristo en mí. De otra manera el evangelismo sería un ideal imposible. Lo que somos en Cristo no podemos evitarlo. Yo soy alemán, y no tengo dificultad en serlo. Si usted tiene un don, éste se nota. Dicen que la música, así como el asesinato, aflorará; también lo hará el ser cristiano. Si su Hijo está en nosotros, seguramente se notará. Más aún, la Biblia dice que Dios revela a su Hijo en nosotros. Dios toma lo que somos y lo que tenemos y hace algo de ello.

Si eso no es evangelismo, entonces no sé qué es – Dios revelando a Cristo en nosotros para que podamos predicarle entre las naciones. El propósito no es hacer que la gente nos admire al adoptar una postura cristiana elegante. El propósito es el evangelismo funcional. ¿Se le ha ocurrido alguna vez que es así como Saulo de Tarso fue salvo? Él vio morir a un cristiano, Esteban, cuyo rostro era como el de un ángel y quien dijo, *"Señor, no les tomes en cuenta este pecado"* (Hechos 7:60). Nadie, pero nadie había jamás hablado de esa forma en toda la historia hasta que vino Jesús.

Por supuesto que habían habido mártires. El libro de Macabeos describe la muerte cruel de los siete hijos de una mujer, pero ellos murieron desafiantes, y no llenos de compasión por sus perseguidores. La ley, después de todo, era la venganza: trata al enemigo como a un enemigo. Pide a Dios que lo maldiga. Pero Esteban era un hombre que tenía el espíritu de Cristo en él, y destrozó toda convención conocida y oró para que Dios perdonase a sus malvados asesinos, aun cuando vociferaban y rabiaban en contra suya. Eso era nuevo para Saulo, y cuando Cristo habló con él en el camino a Damasco, las palabras de Esteban todavía turbaban su conciencia, asombrándolo.

Esa es la verdadera manera de llevar el evangelio al mundo: Cristo en nosotros. El amor divino es descrito en 1 Corintios 13, pero un mejor comentario es la vida de Cristo, quien nos amó y se entregó por nosotros. Es así como mostramos el amor de Dios en Cristo en nosotros: nos entregamos. Podemos amar a las personas, pero eso es sólo amor social, caridad, filantropía. Tenemos que poseer amor divino. Solamente el Espíritu de Cristo en nosotros nos convertirá en personas abiertas que se den a sí mismas y no en personas que sólo reciban. Debemos derramar nuestras vidas por los inconversos. Pablo habló de aquéllos que predican a Cristo por ambición egoísta (Filipenses 1:15-16); eso es contraproducente, la verdad entregada con una mano y quitada con la otra por envidia y contienda.

Usted conoce la máxima, 'lo que cuenta es lo que eres, no lo que dices'. Y ¿qué es usted? De eso se trata. Usted es lo que hay en usted. Ezequiel 3:1-3 dice:

> *Me dijo: Hijo de hombre, come lo que hallas; come este rollo, y ve y habla a la casa de Israel. Y abrí mi boca, y me hizo comer aquel rollo. Y me dijo: Hijo de hombre, alimenta tu vientre, y llena tus entrañas de este rollo que yo te doy. Y lo comí, y fue en mi boca dulce como miel.*

El rollo era la Palabra de Dios. La Palabra debe estar en nosotros. Somos expresiones de Cristo, cartas conocidas y leídas por todos los hombres (2 Corintios 3:2-3). Jesús es la Palabra hecha carne. Él es la Palabra viva. La palabra escrita cobró vida en Cristo, y de igual manera debería hacerlo en nosotros.

> Jesús es la Palabra hecha carne.
> Él es la Palabra viva.
> La palabra escrita cobró vida en Cristo y de igual manera debería hacerlo en nosotros.

El pan nuestro de cada día, dánoslo hoy (Mateo 6:11).

Muchos eruditos parecen no poder entender esta porción de la oración del Señor. Debaten sobre el griego al tratar al pan como un pan ordinario y no como el Verdadero Pan. Si usted lee esta porción dándole el significado de 'La Palabra de Dios', entonces no habrá problema con el griego o con el castellano. Hay un pan de cada día para nosotros, pero no viene por sí solo. Debemos pedirlo todos los días. Al igual que Ezequiel, debemos abrir nuestras bocas y Dios las llenará. No recibiremos nada a menos que Él nos lo dé. Puede que usted se sepa toda la Biblia de memoria, pero para que ella lo sustente como alimento, ésta debe serle dada fresca. Y habiendo recibido usted podrá dar.

¡HAGAMOS TAMBALEAR EL PUENTE!

Así, pues, nosotros, como colaboradores suyos, os exhortamos también a que no recibáis en vano la gracia de Dios (2 Corintios 6:1).

Un amigo me dijo que una vez, cuando él era un niño de tres años, su padre estaba empujando una carretilla de dos ruedas cargada con maderas y herramientas para reparar una casa. El padre sentó al niño en la carretilla que estaba empujando, pero unos momentos más tarde el niño se puso intranquilo y preguntó si él podía empujar la carretilla. Así que el padre lo bajó. La parte inferior de la carretilla le quedaba al niño por encima de la cabeza, mas con determinación el niño puso sus manos en una de las patas de la carretilla y partieron. Sólo que ahora su progreso era mucho más lento pues el padre tenía que medir sus pasos para poder ir al mismo ritmo que el pequeño. Cuando llegaron a la casa el padre le dijo al dueño "¡Mi hijo me ha ayudado a empujar la carretilla!". Mi amigo se sintió muy orgulloso y complacido ... realmente importante. ¡Sin embargo, ellos habrían podido realizar ese recorrido mucho más rápido si él no hubiese 'ayudado'!

Dios estaría mejor sin nuestra 'ayuda'. Probablemente le estorbamos más de lo que le ayudamos; como dijo Jesús: *"Así también vosotros, cuando hayáis hecho todo lo que os ha sido ordenado, decid: Siervos inútiles somos, pues lo que debíamos hacer, hicimos"* (Lucas 17:10).

> La grandeza de la iglesia y la grandeza del evangelio es la grandeza apasionada y viva del corazón y mente de Dios.

Sin embargo, el hecho es que Dios depende de nosotros. En este asunto del evangelio, Él no hace nada sin nosotros. Esa es la manera en la que Él quiere llevar a cabo su gran obra. Un versículo evangelístico estupendo es:

> *Ahora me gozo en lo que padezco por vosotros, y cumplo en mi carne lo que falta de las aflicciones de Cristo por su cuerpo, que es la iglesia; de la cual fui hecho ministro, según la administración de Dios que me fue dada para con vosotros, para que anuncie cumplidamente la palabra de Dios* (Colosenses 1:24).

Mire cualquier construcción que posiblemente exprese esplendor arquitectónico. En ella, las ideas de una mente humana ahora se erigen como una sinfonía en piedra, una grandiosa obra de arte. Sin embargo, es muy probable que el diseñador nunca pusiera una sola piedra allí.

La grandeza de la Iglesia y la grandeza del evangelio son la grandeza apasionada y viva del corazón y mente de Dios. Nuestro privilegio es decir que ayudamos a hacerlo realidad en las vidas de la gente hoy en día. Pero no podemos atribuirnos alguna parte o sugerencia en su concepción. El plan parece simple ahora que ya ha sido revelado, pero estaba más allá de la invención humana. A ninguna religión creada por el hombre jamás se le ocurrió esto. Pero para hacerlo efectivo en el mundo tiene que haber trabajo o sufrimiento, como Pablo dijo. Solamente puede ser implemen-tado cuando algunos ofrezcan sus vidas. Como Oswald Cham-bers sugiere, recibimos de Jesucristo nuestras órdenes para marchar.

Oí una historia de África. Una hormiga se sentó detrás de la oreja de un elefante cuando éste cruzaba un puente tambaleante. La hormiga le dijo al elefante, "Madre mía, ¿has visto como hemos hecho tambalear ese puente?". No hay nada de lo que Dios y nosotros no podamos encargarnos juntos. *"Porque tuyo es el reino, y el poder, y la gloria, por todos los siglos".* *Amén* (Mateo 6:13), y nuestra es la obra, la oración, la fidelidad, el coraje, el sacrificio. Algún día compartiremos Su gloria y entraremos en Su gozo.

॰ॐ॰

Capítulo 13

El Evangelismo y la Espiritualidad

La gente a menudo confunde ciertos términos; piensan que el evangelismo y el avivamiento vienen a ser lo mismo. Lo mismo ocurre con la espiritualidad; esta palabra pinta cuadros distintos en las mentes de diferentes personas. Algunos enseñan que el obtener avivamiento depende de la espiritualidad … ¡lo indefinible depende de lo indefinible!

Cualquiera que sea el concepto que usted y yo tengamos del término 'hombre espiritual', casi todos estaremos de acuerdo en que incluirá el concepto de obediencia a Dios. Y puesto que el evangelismo y el testificar han sido mandados por el Señor, ¿cómo podemos desarrollarnos espiritualmente sin obediencia a su mandato? ¿Podemos ser espirituales e ignorar la Gran Comisión? Algunas personas dicen que la Iglesia primero debe ponerse en orden antes de poder lanzarse con programas evangelísticos. Pero lanzarse con iniciativas evangelísticas es poner la Iglesia en orden. Como hemos visto, la Iglesia existe para testificar y el Espíritu Santo está presente en la Iglesia principalmente con ese propósito (Juan 4:23-24; Juan 16:9; Hechos 1:8; Apocalipsis 22:17).

Cuando una iglesia enfoca sus esfuerzos en traer a las ovejas perdidas, la calidad de la vida espiritual de la iglesia es realzada. El evangelismo tiene un efecto santificador. Una vez que los miembros de la Iglesia han cogido la visión de ganar almas, estarán

> Cuando una iglesia enfoca sus esfuerzos en traer a las ovejas perdidas, la calidad de la vida espiritual de la iglesia es realzada.

ansiosos de demostrar verdaderas cualidades cristianas.

Testificar es terapéutico para los malestares de la Iglesia, ya que las iglesias que están ganando almas no se pueden permitir tener divisiones, conflictos, chismes y demás. En el Nuevo Testamento, la espiritualidad está a menudo relacionada con la impresión que damos al mundo exterior. En Mateo 5:16, por ejemplo, Jesús dice: *"Así alumbre vuestra luz delante de los hombres, para que vean vuestras buenas obras, y glorifiquen a vuestro Padre que está en los cielos".* Pedro repite estas palabras de Cristo en su primera carta: *"Manteniendo buena vuestra manera de vivir entre los gentiles; para que en lo que murmuran de vosotros como de malhechores, glorifiquen a Dios en el día de la visitación, al considerar vuestras buenas obras"* (1 Pedro 2:12).

A menos que se realice un esfuerzo evangelístico conjunto, una iglesia local no verá muchas conversiones y sin los frutos del evangelismo, el desaliento se establecerá. Cuando hay falta de nuevas personas que respondan al evangelio, los rumores de que 'hay algo espiritualmente mal' salen a relucir. Una iglesia que se centra en sí misma y en sus miembros se vuelve cada vez más introspectiva y el criticismo mutuo tiende a desarrollarse. Cuando la primera misión de la iglesia cristiana es omitida del 'orden del día', alguien tiene que ser culpado.

El ganar almas no es meramente el resultado de ser espiritual; es una manera de llegar a ser espiritual. Para empezar, nuestras oraciones se vuelven apremiantes y objetivas y dejan de ser ambiguas: "Señor bendíceme, bendice esta iglesia". El enfoque en el evangelismo también requiere planificación práctica y verdadero trabajo arduo de todos los miembros de la iglesia local.

EL ESPÍRITU Y LA CARNE

En el Nuevo Testamento, el adjetivo 'espiritual' es aplicado a personas tan sólo unas pocas veces, y en un par de ellas el lector puede percibir un pequeño indicio de ironía. Por ejemplo, en medio de una reprensión a la iglesia de Corinto Pablo escribe, *"Si alguno se cree profeta, o espiritual"* (1 Corintios 14:37). A lo mejor Pablo tenía en mente a la gente que afirma con orgullo ser espiritual. Como ya lo he dicho, la gente tiene sus propios conceptos de lo que quiere decir ser espiritual.

Sin embargo, en 1 Corintios 2:15, Pablo escribe, *"En cambio el espiritual juzga todas las cosas"*. Eso es de ayuda. Esa era la enseñanza general de Pablo sobre la vida en el espíritu. En Gálatas Pablo contrasta la carne y el espíritu y nos provee una lista de las obras de la carne; Gálatas 5:19-21 dice:

> El enfoque en el evangelismo también requiere planificación práctica y verdadero trabajo arduo de todos los miembros de la iglesia local.

Y manifiestas son las obras de la carne, que son: adulterio, fornicación, inmundicia, lascivia, idolatría, hechicerías, enemistades, pleitos, celos, iras, contiendas, disensiones, herejías, envidias, homicidios, borracheras, orgías, y cosas semejantes a éstas.

Sin embargo, en la misma carta también describe buenas obras como obras de la carne; incapaces de lograr nada de consecuencia eterna:

¿Tan necios sois? ¿Habiendo comenzado por el Espíritu, ahora vais a acabar por la carne? Aquél, pues, que os suministra el Espíritu, y hace maravillas entre vosotros, ¿lo hace por las obras de la ley, o por el oír con fe? (Gálatas 3:3,5).

Así que, de la misma forma en que la inmoralidad sexual y la idolatría son obras de la carne, ¡también lo es cualquier esfuerzo por ser perfeccionado fuera de la fe! Muchos hoy en día creen que son salvos por fe pero santificados por obras. Se comportan como si creyesen que han sido salvos por el poder de Dios pero que tienen que 'ganarse' su entrada al cielo, perfeccionados sin Él.

> El fruto hecho por el hombre no es el fruto del Espíritu, no importa todo lo semejante al original que éste parezca ser.

Es muy difícil definir al hombre espiritual porque la espiritualidad es una cualidad interior. Las cualidades cristianas emergen de la condición interior, aunque podemos imitar tales cualidades por medio del esfuerzo humano. El fruto verdadero crece de forma natural en las ramas; no es atado con la mano. El fruto hecho por el hombre no es el fruto del Espíritu, no importa todo lo semejante al original que éste parezca ser. La espiritualidad produce ciertas cualidades, pero esas cualidades no producen espiritualidad.

Las iglesias tienen sus códigos, escritos o no escritos, y por cierto, deberían ser responsables de sus acciones los unos ante los otros (Efesios 4:3-5,15-21). Puede ser que naturalmente se espere que los miembros observen ciertas prohibiciones: no ir aquí, no hacer ciertas cosas, no fumar, no beber, no apostar, no decir palabrotas, etc. Tales valores están bien. La gente debería representar a la Iglesia de una manera que corresponda a Cristo. Pero si principios como éstos tienen que ser impuestos a la gente como una cuestión de disciplina de la Iglesia, entonces todo el concepto de la obra del Espíritu Santo se pierde. Entonces la Iglesia es legalista en vez de ser espontánea. Los Gálatas habían adoptado principios legalistas y estaban en dificultades. Pablo les advirtió que el escoger vivir bajo la ley – su ley o cualquier otra – significaría caer de la gracia (Gálatas 5:4).

CONOCERLE ES VIVIR

La lucha en la carne no hace a la gente espiritual. *"Donde está el Espíritu del Señor, allí hay libertad"* (2 Corintios 3:17). Los hijos de Dios, de una forma innata, manifiestan su naturaleza divina. El Espíritu Santo les estimula. Son guiados por el Espíritu, oran en el Espíritu, andan en el Espíritu y cantan en el Espíritu. Su felicidad no está ligada a bienes terrenales o circunstancias. Cuando a los asuntos del reino de Dios se les da primordial importancia entonces todo lo demás se compone.

> [Es] *mi anhelo y esperanza de que en nada seré aver-gonzado; antes bien con toda confianza, como siempre, ahora también será magnificado Cristo en mi cuerpo, o por vida o por muerte. Porque para mí el vivir es Cristo, y el morir es ganancia. Porque de ambas cosas estoy puesto en estrecho, teniendo deseo de partir y estar con Cristo, lo cual es muchísimo mejor* (Filipenses 1:20-21,23).

El apóstol Pablo escribió estas palabras desde la prisión donde, en su día, las condiciones eran tan malas que la gente deseaba morir ... y muchos obtuvieron su deseo. Pero Pablo era diferente. Él aceptó toda circunstancia como venida de Dios. Los otros prisioneros no querían nada más que la libertad de las miserias de la prisión, incluso a través de la muerte. Pablo no quería nada más que estar cerca de Cristo, donde fuese, en prisión o fuera de ella.

En las primeras palabras de su carta a los creyentes de Filipo, Pablo da gracias a Dios por su comunión con ellos. No obstante también deseaba de todo corazón comunión cara a cara con Cristo, *"lo cual es muchísimo mejor"* (Filipenses 1:23). A pesar de eso, Pablo puso el bienestar de sus hermanos antes que el suyo. Escogió permanecer entre los vivos porque era necesario

para *"provecho y gozo de la fe"* de sus convertidos (Filipenses 1:25).
No obstante, todo lo que él quería para sí era Cristo. Ese deseo
superó con creces toda pasión de este gran hombre. Más adelante en la misma carta oímos el mismo susurro de Pablo:

> [Quiero] *conocerle, y el poder de su resurrección, y la*
> *participación de sus padecimientos, llegando a ser seme-*
> *jante a él en su muerte, si en alguna manera llegase a la*
> *resurrección de entre los muertos.* No que lo haya alcan-
> *zado ya, ni que ya sea perfecto; sino que prosigo, por ver*
> *si logro asir aquello para lo cual fui también asido por*
> *Cristo Jesús* (Filipenses 3:10-12).

Pablo fue el más grande evangelista de todos. Cuando Ananías
fue enviado a la calle llamada Derecha en Damasco para imponer sus manos sobre Pablo, el Señor le dijo:

> *Ve, porque instrumento escogido me es éste, para llevar*
> *mi nombre en presencia de los gentiles, y de reyes, y de los*
> *hijos de Israel; porque yo le mostraré cuánto le es necesa-*
> *rio padecer por mi nombre* (Hechos 9:15-16).

Ese fue el trabajo asignado a Pablo. El libro de los Hechos es
en gran parte una documentación de la carrera evangelística
de Pablo siendo Roma su objetivo principal. El cristianismo se
extendía como un reguero de pólvora en aquellos primeros días
después de la resurrección, aunque su historia no haya sido registrada en su mayor parte. Los Hechos son sólo el perfil esbozado
de una estrategia divina. El plan era que el mensaje del evangelio
fuese oído por reyes y gobernantes y que finalmente alcanzara el
centro del mundo, Roma. Pablo era la saeta ardiente de Dios
disparada desde Su arco para penetrar esa ciudad. Y Pablo lo
hizo desde el interior de la misma, desde la prisión, e hirió el
mismísimo corazón del paganismo.

Tan claro como era su llamado, en su corazón Pablo albergaba un anhelo mayor. Su clamor es oído vez tras vez. Por ejemplo: *"limpiémonos de toda contaminación de carne y de espíritu, perfeccionando la santidad en el temor a Dios"* (2 Corintios 7:1).

Pablo decía que su objetivo en la vida era *"ver si logro asir aquello para lo cual fui también asido por Cristo Jesús"* (Filipenses 3:12). Bien, él fue llamado a ser un evangelista y trabajó como ningún otro hombre lo hizo. Sin embargo afirmaba que aún no había alcanzado lo que Dios tenía para él. Si Cristo sólo le hubiese tomado para el evangelismo, ¡ciertamente Pablo había tomado aquello! No podría haber hecho más. Está claro que Pablo tiene otra cosa en mente, un propósito mayor, por encima de ser apóstol o evangelista.

Esa aspiración mayor era conocer a Cristo. Aunque no hay fin al conocimiento de Cristo, Pablo anhelaba seguir conociéndole cada vez más. Pablo sabía que no había explorado las profundidades. Es cierto que conocía a Jesús íntimamente, pero Dios es un objetivo eterno. De hecho, el apóstol puntualizó que la única verdadera manera de conocer a Cristo era que fuera *"magnificado Cristo en mi cuerpo, o por vida o por muerte"* (Filipenses 1:20). Pablo quería que el poder de la resurrección de la vida de Cristo fuera manifestado en él más y más, allí donde él estaba, antes de que muriera.

Pablo aspiraba a que *"si en alguna manera llegase a la resurrección de entre los muertos"* (Filipenses 3:11). Es un deseo extraño. ¿Dudaba todavía Pablo de si habría de resucitar? ¿Estaba diciendo que tenía que trabajar arduamente para ser incluido? No, él sabía que resucitaría de entre los muertos de acuerdo a la promesa de Cristo. De hecho, Pabló expresó esa seguridad en el mismo pasaje:

Mas nuestra ciudadanía está en los cielos, de donde
también esperamos al Salvador, al Señor Jesucristo; el
cual transformará el cuerpo de la humillación nuestra,
para que sea semejante al cuerpo de la gloria Suya, por
el poder con el cual puede también sujetar a Sí mismo
todas las cosas (Filipenses 3:20-21).

La resurrección final del creyente es una de las enseñanzas
más continuas y categóricas del apóstol. Lo que Pablo estaba
pidiendo en el versículo 11 era experimentar de una manera
creciente el poder de la resurrección
de Cristo ahora en esta vida. Él creía
que la razón por la que Cristo le había
tomado era para disfrutar la vida de
resurrección, lo que implicaba más que
ser escogido para llevar el evangelio a
los gentiles. A Pablo no le era desconocida la vida de resurrección de Jesús (en
Colosenses 1:29, él da fe de "[la lucha]

> Un creyente ya no es
> una persona que ha
> sido creada para la vida
> en la tierra solamente,
> sino que ha nacido
> de nuevo para vida
> en el reino del espíritu,
> el reino de Dios.

según la potencia de él, la cual actúa poderosamente en mí") y
sabía por experiencia que había mayores alturas y profundidades,
una plenitud aun por ser alcanzada. Había encontrado aguas
para nadar, y éstas habían creado dentro de él una pasión para
explorar las profundidades. Para conocer y seguir conociendo a
Cristo; esa es la mayor recompensa de la vida.

De hecho, esa es la razón por la que evangelizamos. No sólo
estamos decididos a salvar almas del infierno y llevarlas al cielo.
Queremos que la gente entre en la dimensión de la resurrección
de Cristo. No sólo predicamos una promesa futura del cielo, la
mejor de dos direcciones eternas cuando muramos. Aunque esa
sea en sí misma una promesa maravillosa, estamos hablando de
una nueva forma de vida – física y espiritual – que puede ser
experimentada aquí y ahora. Un creyente ya no es una persona

que ha sido creada para la vida en la Tierra solamente, sino que ha nacido de nuevo para vida en el reino del Espíritu, el reino de Dios. Ese es el verdadero 'hombre espiritual': *"una nueva creación en Cristo Jesús"* (2 Corintios 5:17).

Cuando Pablo habla de conocer a Cristo, no se está refiriendo a lo que solemos pensar cuando decimos que conocemos a nuestros amigos. Los amigos nos animan; nos ayudan. La amistad es algo preciosa. Pero el conocer a Cristo es más que disfrutar de un apretón de manos y una charla. Cristo ha de vivir en nosotros. Algunos conocen a Cristo como una voz del más allá; lo conocen de una forma mística. Sin embargo, Él tiene que ser conocido de una forma dinámica. C. S. Lewis escribió acerca de los cristianos como gente que es 'Cristo-zada'. Jesús se identificó con nuestra vida humana a fin de que podamos identificarnos con su vida divina. Nuestra meta es ser como Cristo, no sólo en conducta, sino compartiendo las cualidades internas de su vida. *"Amor, gozo, paz, paciencia, benignidad, bondad, fe, mansedumbre, templanza"* (Gálatas 5:22-23) son evidencias externas de nuestra experiencia interna.

LA ESPIRITUALIDAD
Y EL PODER DEL ESPÍRITU SANTO

La espiritualidad, de la manera que Pablo la entendió, es un contacto de poder con Aquél que ha Resucitado. No una experiencia aislada sino un constante flujo de poder. La verdadera espiritualidad no es el resultado de un esfuerzo momentáneo, un milagro repentino, una súbita avalancha de poder. No la alcanzamos todos al mismo tiempo. Siempre estaremos de camino. La espiritualidad es un proceso. "Momento tras momento obtengo vida de arriba" dice el antiguo himno de D. H. Whittle. Otro himno, éste escrito por Carlos Wesley, dice que somos "transformados de gloria en gloria hasta que tomemos nuestro lugar en el cielo".

Quiero aclarar algo que parece ser la raíz de mucha confusión en la Iglesia. El poder del Espíritu Santo para testificar es una cosa, pero usted y yo también necesitamos Su poder para nuestro beneficio espiritual personal. Pablo disfrutaba del poder para el servicio y del poder para su vida personal. Pablo escribe:

> *A quien anunciamos, amonestando a todo hombre, y enseñando a todo hombre en toda sabiduría, a fin de presentar perfecto en Cristo Jesús a todo hombre; para lo cual también trabajo, luchando según la potencia de él, la cual actúa poderosamente en mí* (Colosenses 1:28-29).

Ese era el poder para su ministerio. Pero también necesitaba poder para resistir las dificultades y la oposición y para regocijarse en cada aflicción. Pablo oraba que ese mismo poder les fuese dado a todos los cristianos, por ejemplo a los colosenses:

> *Fortalecidos con todo poder, conforme a la potencia de su gloria, para toda paciencia y longanimidad; con gozo* (Colosenses 1:11).

Podemos tener poder para echar fuera demonios, y sin embargo fracasar de vencer al diablo en nuestros propios corazones. Es ahí donde la verdadera lucha espiritual se lleva a cabo, no en la estratosfera. Podemos sanar a los enfermos y, sin embargo, desmoronarnos a la primera tentación que cruce nuestro camino.

Pablo describió las características de un apóstol en 2 Corintios 12. No sólo se refirió a *"señales, prodigios y milagros"* (2 Corintios 12:12), sino también *"en las debilidades, en afrentas, en necesidades, en persecuciones, en angustias"* (2 Corintios 12:10). Cualquiera puede imponer las manos sobre los enfermos

Dios quiere bendecir a su pueblo dándole a probar de las delicias de resurrección.

e incluso niños han predicado el evangelio. El hijo pródigo tuvo la fe para reclamar y recibir su herencia, mas no tuvo el carácter para conservarla. Necesitamos poder divino para la fortaleza de carácter. La verdadera grandeza perdura, aun cuando el mundo entero se nos oponga. Sólo por el poder de Dios somos capaces de vencer a Satanás cuando maquina tramas, tanto sutiles como evidentes, en contra nuestra.

Dios nos ha salvado para bendecirnos, no sólo para hacer uso de nosotros. Somos sus hijos. No somos simplemente instrumentos convenientes que son cogidos momentáneamente y luego botados. Dios no nos 'utiliza'. Nos creó para amar, no para ser utensilios. Nos invita a su salón de banquetes, no a un taller. Somos la 'Novia de Cristo', y no simplemente su personal de cocina. Dios no quiere que seamos adictos al trabajo, mulas de carga. Él nos sienta con los príncipes (Salmos 113:8).

Pablo animó a sus convertidos a alcanzar a otros con el evangelio, aunque tenía otro objetivo a la vista. En Colosenses 2:6-7, dice *"Por tanto, de la manera que habéis recibido al Señor Jesucristo, andad en Él; arraigados y sobreedificados en Él, y confirmados en la fe, así como habéis sido enseñados, abundando en acciones de gracias".* Dios quiere bendecir a su pueblo dándole a probar de las delicias de la resurrección: libertad, alivio y felicidad. Trabajar para Dios es un privilegio, pero eso no lo es todo de la vida en Cristo. No deberíamos estar satisfechos con tan sólo hacer cosas.

Cuando Jesús estaba ministrando, encontró multitudes esperando. Los discípulos le dijeron, *"Todos te buscan. Él les dijo: Vamos a los lugares vecinos, para que predique también allí; porque para esto he venido"* (Marcos 1:37-38). Jesús no se abrumó a sí mismo tratando de hacerlo todo, usando todas las oportunidades. Él anduvo con Dios y le dejó a Dios que se encargase de los resultados.

Vivimos en un tiempo en el que 'producción' es una palabra clave, y afecta la visión de la Iglesia de Cristo: más trabajo, más oración, más actividades y más proyectos nuevos. Nos gusta ser vistos estando ocupados y no ser sorprendidos con los pies sobre la mesa. Como consecuencia, los pastores se encuentran abrumados, bajo presión, sus esposas y familias descuidadas. No es de extrañar que las familias se destruyan y haya divorcios en la Iglesia; muchas parejas no tienen tiempo el uno para el otro. Alguien alguna vez hizo una parodia de un texto bíblico conocido: "He venido para que tengan reuniones, y para que las tengan en abundancia". (Compárelo con lo que Jesús realmente dijo en Juan 10:10).

No hay ni una sola indicación en el Nuevo Testamento que sugiera que debemos orar por poder para hacer la obra de Dios. Después de que los discípulos habían esperado diez días y hubieron recibido el Espíritu en el día de Pentecostés, ellos salieron a testificar. Tenían todo el poder requerido, para siempre, a menos que contristaran o apagaran el Espíritu. Siguieron buscando al Señor, pero para su propio desarrollo espiritual. No estaban buscando hacer cosas superiores o hacer extraordinarios prodigios, sino simplemente crecer espiritualmente.

> A pesar de que el carácter de David estaba muy mezclado, su eficacia podría ser atribuida a un secreto: su fe activa.

A nadie que trabaje para el Señor tiene que faltarle poder. La verdad es que el factor limitativo es la medida de nuestra fe y no la de nuestras virtudes. El poder se basa en la medida de nuestra fe, y no en el de nuestra espiritualidad. Igualmente ocurre con el avivamiento. Algunos han escrito que el poder es suministrado en proporción directa al tiempo que uno pasa en oración. Eso es una teología del hombre. Jesús dijo, *"Y orando, no uséis vanas repeticiones, como los gentiles, que piensan que por su palabrería serán oídos"* (Mateo 6:7). Tristemente, una gran fe y una gran espiritualidad no siempre son vistas juntas. Jesús alabó a algunas personas por su gran fe pero que no tenían ninguna espiritualidad, incluidos extranjeros que no tenían conocimiento de las verdades cristianas, o del Dios de Israel. Y es por fe que recibieron extraordinarias sanidades.

SANTIDAD Y ESPIRITUALIDAD

Muchos cristianos quieren ser usados por Dios. Buscan vivir una vida perfecta que los haga adecuados para el servicio, y asumen que la santidad les asegurará el éxito como obreros cristianos; la santidad como un medio para lograr el fin. Pero la santidad es un fin en sí misma. ¿Es nuestra motivación ser como Jesús o ser 'algo mejor'? ¿Quiere usted ser como Jesús, sólo para poder ser un predicador famoso? El ser como Cristo no es un mero peldaño en la escalera del éxito. ¡El ser como Cristo es el mayor éxito que uno pueda alcanzar! *"sin* [santidad] *nadie verá al Señor"* (Hebreos 12:14).

El servicio no es el mayor bien. La santidad es mayor; el conocer a Jesús. Cristo nos dio esa lección en la casa de Lázaro. Marta estaba sirviendo, preparando una laboriosa comida para el Señor. Ni una pulgada del mantel se vería sin cubrir, como es costumbre en el este. Ella sola se impuso el deber, con la esperanza de complacer al Señor. Mas Jesús no quería que Marta fuese su esclava. Él quería que ella conociese Su amor. María simplemente se sentó con Cristo, lo cual le agradó más que el ajetreo de Marta. Él dijo que María había escogido la mejor parte, la cual no le sería quitada (Lucas 10:42).

El Antiguo Testamento está lleno de hombres y mujeres que hicieron grandes cosas para Dios por medio de su poder, pero pocos de ellos fueron famosos como santos. No vemos muchas iglesias que se llamen San Jacobo, San Moisés o San Abraham. ¿Sería aceptado alguno de estos hombres en el ministerio hoy en día? Suponga que Moisés solicitase las credenciales ministeriales en alguna denominación en América. ¿Sería aceptado? ¡Recuerde que mató a un hombre (Éxodo 2:11-12)!

David y Saúl son un estudio interesante. ¿Por qué usó Dios a David y no a Saúl? Dios perdonó a David algunos pecados horrorosos, pero no perdonó a Saúl. Algunas personas tienen una solapada compasión por el rey Saúl. No se le mostró ninguna simpatía. El profeta Samuel se oponía a que Israel tuviese un rey. Por 50 años Samuel había juzgado la nación. Cuando Saúl fue ungido como rey, significó que Samuel era desplazado. No estaba de acuerdo con la idea de un rey terrenal para Israel, y fue severo con Saúl. Saúl falló y no se le mostró misericordia, a diferencia de David, quien pecó más gravemente.

> El propósito del poder es testificar, mas el propósito de la santidad es la santidad.

Saúl era un hombre grande, más bien del tipo campesino tosco. No tenía la sutileza de David y era ignorante de los sinuosos caminos del poder. Saúl se volvió trastornadamente celoso de David, pero hasta cierto punto tal vez es comprensible. El joven David era dinámico, astuto, temerario y popular, y Saúl se sintió amenazado desde el principio.

Por lo menos Saúl era un hombre moral, que ciertamente David no lo era. Saúl admitió haber estado haciéndose el tonto; el rey David hizo algo peor que hacerse el tonto. Saúl nunca tuvo que escribir un salmo como la agonizante confesión de David en Salmos 51. Saúl tuvo un hijo, Jonathan, quien superó en carácter a todos los traidores hijos de David. Saúl era un campesino agricultor, nunca adoptó aires reales ni elegancia, y nunca construyó un palacio, o cultivó prestigio como lo hizo David.

Dios usó a David porque tenía una fe extraordinaria. Entendió a Dios y fomentó el entendimiento humano de Dios más allá de su tiempo. Su mismo pecado le abrió los ojos a la grandeza divina. La clave era que él se atrevía a creer en Dios, y reconocer que el Señor era su Rey ... el Rey de reyes. Dios usó a este hombre, David, de una manera asombrosa. A pesar de que David asesinó a un hombre, el Espíritu Santo le inspiró a escribir uno de los más extraordinarios salmos de arrepentimiento jamás escritos. De hecho, la fe y obras de David para Dios fueron de lo más extraordinario en aquellos tiempos. El conocimiento de Dios era poco comprendido; los profetas lo expusieron más completamente mucho después. David llevó la fe de Israel a nuevos niveles y organizó todo su sistema de alabanza. A pesar de que el carácter de David estaba muy mezclado, su eficacia podría ser atribuida a un secreto: su fe activa.

Como David, muchos de los grandes siervos de Dios han sido personas extrañas. Jonás huyó de delante de Dios, y se fue en dirección opuesta a la que Dios le había mandado. Fue el único profeta desobediente en la Biblia. Sin embargo, fue el único profeta que llevó a una nación al arrepentimiento. Recuerde, Sansón era un caso perdido. La Biblia es un registro de la disposición de Dios de tomar a hombres y mujeres que nosotros consideraríamos inadecuados.

Los apóstoles encontraron un hombre echando demonios en el nombre de Cristo y le dijeron que dejase de hacerlo. Pero Jesús les dijo que le dejasen continuar (Marcos 9:38-39). Este hombre desconocido había entendido que la fe en el nombre de Jesús hacía maravillas. De igual manera, hoy en día, algunos no parecen ser grandes ejemplos de espiritualidad cristiana. Por ese motivo, tampoco lo fueron los discípulos. Pero mucho antes de que se convirtieran en los santos que ahora tratamos de imitar, ellos echaban fuera demonios y sanaban a los enfermos.

Eventos recientes en América han demostrado que el hacer milagros y construir grandes obras para Dios no es garantía de la
virtud personal de uno. Es por eso que debemos buscar a Dios
para que obre en nuestras vidas y no sólo por poder para servir.
Podemos tener poder para servir y ser un fracaso como seguidores de Cristo. Al final, esto minará el testimonio cristiano. El
sembrador pisa demasiado fuerte el terreno como para que este
produzca una cosecha.

Jesús dijo que habría algunos que en el Día del Juicio le llama-
rían Señor y afirmarían que habían obrado grandes proezas
en su nombre, pero que Él les rechazaría como *"hacedores de
maldad"* (Mateo 7:23). Personalmente no pretendo entender
como un hacedor de maldad puede echar fuera demonios y
sanar a los enfermos, pero eso es lo que Jesús dijo. Esto ciertamente demuestra que ese tipo de poder no viene por la santidad.
Pablo dijo que él quería ser hallado no en su propia justicia sino
en la que es por la fe de Cristo (Filipenses 3:9). Dios puede obrar
a través de nosotros sólo por la provisión de su gracia y misericordia; estamos delante de Él lavados por el raudal de la sangre
del Salvador.

Cuando yo era un pastor joven, oí a un pastor mayor orar. Él
habló con mucho remordimiento de su grave fracaso. Recuerdo
orar aquel momento de esta manera, "Ah Señor, concédeme que
cuando sea tan mayor como este hombre, no tenga razón de orar
ese tipo de oración". Las tentaciones con las que nos enfrentamos
al seguir la obra de Dios son sutiles y casi ineludibles, por eso es
que necesitamos desesperadamente alcanzar la santidad, para ser
líderes y siervos cristianos de calidad. Antes he hecho referencia
a Samuel. Él era un líder de integridad impecable; sin embargo,
no era perfecto. Parecía que tenía antipatía contra Saúl y fue un
tanto despiadado con él. Aún así, al final de su vida él desafió
a la nación entera a que encontrasen alguna corrupción en él.

Samuel nunca se enriqueció a través del soborno o el uso indebido del poder. Samuel fue uno de los más célebres de la historia.

> El verdadero comienzo de la confianza en uno mismo es el poner esa confianza totalmente en Jesús.

En verdad, no tenemos que esperar toda la vida hasta llegar a ser perfectos en las virtudes cristianas antes de que podamos ser de uso para Dios. Pero por el bien de nuestras propias almas, deberíamos orar como lo hizo Pablo para conocer a Cristo. En el sentido más amplio, la efectividad de toda la Iglesia es afectada si los cristianos actúan como cristianos.

El propósito del poder es para testificar, pero el propósito de la santidad es la santidad. El propósito de la espiritualidad es personal – ser como Dios y, por tanto, cumplir con el propósito final de Dios, Su razón suprema e inicial de hacer al hombre, como fue declarado desde el principio: *"Hagamos al hombre a nuestra imagen, conforme a nuestra semejanza"* (Génesis 1:26). Dios tiene tratos con cada uno de nosotros personalmente, no meramente como sus siervos o instrumentos. Él nos ama, pero no porque le somos útiles. Usted y yo no tenemos parentesco con nuestros martillos y cinceles. Tampoco Dios tiene relación con nosotros como sus herramientas. El ser usado por Dios es simplemente uno de los beneficios, un privilegio de conocer a Cristo.

La caída de creyentes que están bajo el ataque de Satanás es común. Algunas personas pecan abiertamente y ocultan su bondad. Otros pecan en secreto mientras mantienen una apariencia de bondad. Pablo escribió, *"no juzguéis nada antes de tiempo, hasta que venga el Señor"* (1 Corintios 4:5). No tenemos la calificación para adelantarnos al juicio del Dios que todo lo sabe, que todo lo conoce. Algunos pecados son las heridas de aterradoras batallas en las que se obtuvo victoria. Algunas personas luchan contra más tentaciones en un día que otras en un mes. Grandes hombres pueden pecar de una manera grande, una pequeña falta amplificada por la lente de la fama.

VIVIENDO CON VERDADERA CONFIANZA

Consideremos el ejemplo del apóstol Pedro. Él era un hombre de acción, pero esa virtud también era su defecto: su ímpetu para actuar estaba a menudo desenfrenado. Hablaba cuando no debía hacerlo. Estaba lleno de entusiasmo y confianza. Cuando oyó a Jesús hablar de ser capturado por sus enemigos, Pedro hizo el papel de valiente, el héroe, el protector de su maestro (Mateo 16:21-22). ¡Proteger a Jesús bajo sus brazos es una gran tarea! Pedirle a Jesús que deposite su confianza en usted, ¡imagínese! Eso es alarde, vanagloria ... confianza en sí mismo, si prefiere. Ese era Pedro, en ese momento.

El verdadero comienzo de la confianza en uno mismo es el poner esa confianza totalmente en Jesús. Pierda confianza en Él y tarde o temprano su vanagloria reventará y se verá tan triste como un globo pinchado. Cuando Jesús fue arrestado y sentenciado, Pedro se asombró al verse achicar. Se volvió un hombre encogido, tan pequeño que las palabras de una joven criada lo aterrorizaron. Así que disimuló fingiendo ser uno de los muchos otros que estaban allí. Se calentó al fuego con otros impíos y se convirtió en uno de ellos, maldiciendo y jurando, negando que tuviese algo que ver con Jesús de Nazaret (Mateo 26:74; Marcos 14:54). Ahora, por una falta de esa magnitud muchos le habrían descalificado de participar en conferencias ministeriales y le habrían quitado las credenciales de apóstol.

Cuando Jesús llamó a Pedro por primera vez, le dijo "[Ven] *en pos de mí*" y le dio una pesca maravillosa (Mateo 4:19). Luego vinieron tres años maravillosos con Cristo hasta que la cruz acabó con ellos. Eso llevó a Pedro a una caída. Era una caída de grandes alturas. Aquellos días maravillosos con Jesús parecían desvanecerse como un espejismo. Pedro sólo encogió sus hombros, y volvió al punto de partida, de vuelta a lo que sabía hacer: pescar. Ese, sin embargo, era el primer lugar donde Jesús había intervenido en su vida y de donde lo llamó. Y ese era el lugar donde Jesús intervino otra vez. Jesús encontró a Pedro pescando otra vez ... el mismo Jesús de ayer, hoy y por los siglos. Él hizo el mismo milagro, una gran pesca. Y luego Jesús dijo una vez más las palabras que había dicho tres años antes: *"Sígueme"* (Juan 21:19). *"Porque irrevocables son los dones y el llamamiento de Dios"* (Romanos 11:29).

Efesios 4:11 dice que Dios constituyó a unos evangelistas. Podemos hablar del departamento de evangelismo de una iglesia o una organización cristiana, pero Dios no reconoce departamentos. Él sólo reconoce a la Iglesia. Toda la Iglesia es el departamento del evangelismo. Pero el evangelismo requiere más que evangelistas; el trabajo necesita apóstoles, maestros, profetas y pastores ... a todos ellos. ¿Para qué? Para alimentar a los convertidos. No hay nada equivocado con las cruzadas evangelísticas, pero podría haber algo gravemente equivocado después de ellas. Jesús les dijo a los discípulos, *"Traed de los peces que acabáis de pescar"* (Juan 21:10). No sólo los evangelistas estaban incluidos en ese mandato.

El asunto que nos asombra como algo peculiar en esta escena de la restauración de Pedro es esto: Jesús no repitió lo que había dicho antes acerca de darle a Pedro el Espíritu Santo o las llaves del Reino.

Él dijo, *"Apacienta mis ovejas"* (Juan 21:17). No tenía nada que ver con la pesca ahora, sino con ovejas. Comemos peces, pero las ovejas tienen que ser alimentadas.

Los críticos de la Iglesia tienen un dicho: "Los evangelistas producen decisiones, pero Jesús dijo, 'haced discípulos'". Pero los evangelistas no toman las decisiones. Son los convertidos quienes las toman. Los evangelistas no hacen nada. Ellos simplemente llevan la atención a Cristo y trabajan por una respuesta. Un evangelista consigue respuestas, pero se necesitan pastores para hacer discípulos. El evangelista trae la materia prima, y el pastor tiene que trabajar con ella. Por más concienzudo que el evangelista sea en su ministerio, el hacer discípulos lleva tiempo y no puede ser realizado en una campaña de seis días. Algunos pastores no logran hacerlo en años. Jesús pasó tres años con los Doce, e incluso después de ese tiempo no eran precisamente maravillosos. Ningún evangelista podría jamás alimentar personas nuevas en las iglesias, todas nacidas de nuevo y capacitadas en los principios del discipulado. Si lo pudiera hacer, no habría necesidad de pastores ni maestros (ni tampoco de otros creyentes, vea 1 Corintios 12; Efesios 3:18).

Comemos peces, pero las ovejas tienen que ser alimentadas.

A propósito, la Iglesia no escoge ni nombra apóstoles, profetas, pastores, maestros ni evangelistas. El Señor lo hace. Puede que designemos algunos y dejemos pasar a los que Dios ha elegido. La iglesia católica rechazó a Martín Lutero. La iglesia anglicana rechazó a Juan Wesley. Los metodistas rechazaron a Guillermo Booth. Los bautistas rechazaron a Guillermo Carey. La gente de La Santidad rechazó a Guillermo Seymour. Pero Dios no rechazó a ninguno de ellos.

Dios ha puesto pastores en cada iglesia de todo tamaño. Todos son parte de lo que llamamos liderazgo (1 Corintios 12:28). Ellos tienen un corazón para la gente, para cuidarla, para visitarla y para orar. Son los médicos y enfermeras de Dios detrás de la plataforma. La Biblia habla de gente que está *unida entre sí* (bien coordinado Efesios 2:21), en el original griego se refiere a restaurar un hueso dislocado o roto. Dios ha elegido a estos líderes y les ha dado sabiduría para aconsejar.

Puede que los pastores que elijamos no tengan ninguna de estas características. Tendemos a ser atraídos por hombres de negocios, personas populares, organizadores, administradores, quizás generales o comandantes generales. El verdadero trabajo descansa sobre aquéllos que tienen un corazón tierno y compasivo, aquéllos que están dispuestos a incomodarse en cualquier momento en favor de otros, jóvenes o adultos mayores, hombres o mujeres, en su mayoría desconocidos. Su don es reconocer rostros angustiados. Ellos pueden tener una palabra de conocimiento para compartir con los necesitados. O tal vez, tengan una palabra de conocimiento y no digan nada a nadie, pero se van a orar.

No veo cómo un evangelista puede crear una iglesia en unos cuantos días, proveyendo todo un cuerpo completamente capacitado como discípulos, de gente convertida de las calles. El evangelismo es sólo el primer paso, no el proceso completo. Para ser el tipo de hombre que puede hacerlo todo en una campaña de seis días, tendría que ser un tipo de gurú. Un evangelista no debería adoptar el papel de gurú con sus seguidores. Algunos pastores están temerosos de que un evangelista vaya a crear ese tipo de situación en su iglesia, un temor que tristemente no siempre ha sido infundado.

LA FE OBRA POR AMOR

Vosotros también, poniendo toda diligencia por esto mismo, añadid a vuestra fe virtud; a la virtud, conocimiento; al conocimiento, dominio propio; al dominio propio, paciencia; a la paciencia, piedad; a la piedad, afecto fraternal; y al afecto fraternal, amor. Porque si estas cosas están en vosotros, y abundan, no os dejarán estar ociosos ni sin fruto en cuanto al conocimiento de nuestro Señor Jesucristo (2 Pedro 1:5-8).

Como lo he dicho, la fe es la clave, pero la espiritualidad tiene que ser desarrollada. La espiritualidad es la cualidad que será reconocida en el cielo y nos dará nuestra recompensa o posición. Está compuesta por el modo de vida durante toda la vida, la superación y poniendo las cosas espirituales antes que las carnales. En el pasaje citado arriba, Pedro nos está diciendo que una virtud se deriva de la otra; por ejemplo, dominio propio de conocimiento o perseverancia de dominio propio. No avanzamos de una cualidad a otra, pero deberíamos tenerlas todas en una medida creciente. La fe finalmente nos lleva al amor, más bien la fe y el amor están conectados: la fe obra por amor.

Cuando Jesús restauró a Pedro no dijo, "Bien, estás perdonado. Olvida el pasado. Sigue con tu trabajo". Él dijo, *"Simón, hijo de Jonás, ¿me amas?"* (Juan 21:15-17). El amor de Pedro por Cristo fue el primer y último asunto. De hecho, es la única pregunta. No nos preguntará cuántas almas hemos ganado. Sólo nos medirá por nuestro amor. Sus palabras siguen siendo *"¿me amas?"*. Bueno, *"¿le amamos?"*.

❧

Capítulo 14

Predicando Juicio a un Mundo Políticamente Correcto

Llamó a Pablo, y le oyó acerca de la fe en Jesucristo. Pero al disertar Pablo acerca de la justicia, del dominio propio y del juicio venidero, Félix se espantó (Hechos 24:24-25).

Pablo fue el primer misionero a Europa. Por dondequiera que iba, encontraba gente cuyas ideas eran contrarias al evangelio; sus mentes habían sido amoldadas a un patrón diferente. Todas las indicaciones señalaban que Europa representaba un terreno duro y árido, imposible para sembrar las semillas del evangelio. El encuentro de Pablo con Félix fue uno típico. El cristianismo era recibido con miedo y recelo pues representaba una nueva manera de ver las cosas.

¿Qué novedad traía el cristianismo? Una cosa, simplemente no era la "religión" de siempre. Los griegos y romanos sirvieron a muchos dioses, pero aquellos dioses no tenían el poder para cambiarle a uno la vida por completo. Uno podía practicar los ritos, ofrecer los sacrificios requeridos, pero el cristianismo era una nueva manera de pensar, una nueva forma de vida. De hecho, Félix lo conocía como 'El camino'. Pablo estaba introduciendo una manera revolucionaria de conocer a Dios que cambiaba actitudes y todas las maneras del diario vivir de la gente.

Aún cuando él había sido educado estrictamente según las tradiciones judías, fue llamado por Jesús mismo a predicar el evangelio a la diversidad étnica y religiosa de los gentiles; al pueblo nojudío del mundo greco-romano (Hechos 22:21). Los gentiles del tiempo de Pablo eran devotos de distintas filosofías y creencias. El libro de los Hechos específicamente menciona a practicantes de artes mágicas (8:9; 19:19), creencias en dioses antiguos (14:11), cartomancia y adivinación (16:16), idolatría (17:16), filosofía estoica y epicúrea (17:18) y adoración a diosas (19:27). También, amplia y activamente fue practicada la adoración a los emperadores, la religión órfica de ciencias ocultas y misterios, los ritos de fertilidad de los cultos eleusinos, los oráculos a Delfo y demás. Incluso la comunidad judía estaba dividida religiosamente. El grupo de los saduceos negaba aspectos importantes de lo sobrenatural, mientras que los fariseos lo afirmaban (Hechos 23:7-8). Los esenios, en un intento de escapar del malvado sistema del mundo, formaron comunidades ascéticas en el desierto. Otros judíos fueron influenciados por el pensamiento y la cultura griega.

Hoy en día es lo que llamamos una sociedad pluralista. Pablo estaba llevando el evangelio a gente cuya educación y perspectiva eran ajenas e incluso opuestas a los principios básicos en los que el evangelio fue fundado.

Cada religión ofrece una forma de vida superficial, pero el verdadero cristianismo ofrece mucho más. Por ejemplo, los clérigos musulmanes y la policía religiosa regulan la forma en que sus seguidores comen, se lavan, se visten, llevan a cabo sus relaciones y oran, yendo a extremos para hacer cumplir sus reglas. La Biblia comprendida adecuadamente, no hace nada de eso. El verdadero cristianismo simplemente cambia los principios de vida. Todo es motivado por nuestro amor a Cristo. Una persona nacida de nuevo ve el mundo a través de ojos diferentes desde el momento en que él o ella los abren (2 Corintios 5:14-17).

En muchos países, los cristianos hallan que su forma de vida choca con las religiones y culturas que los rodean, lo que resulta frecuentemente en la cruel persecución de creyentes. Otras religiones están concretamente opuestas a la cultura norteamericana y europea; los extremistas musulmanes llaman a Estados Unidos "El gran Satanás". Hoy en día, el problema de comunicar el evangelio a grupos de diferente trasfondo religioso es afrontado por casi todo aquél que testifique de Cristo en casa o en el extranjero. En

> Cada religión ofrece una forma de vida superficial, pero el verdadero cristianismo ofrece mucho más.

mi caso, es un asunto diario pues predico a multitudes mixtas. Hemos producido 150 millones de libros y folletos en ciento cuarenta idiomas diferentes en un esfuerzo por establecer puentes con los que no son cristianos. A menudo el problema que encontramos es que en muchas culturas los individuos están estrechamente identificados con su país o comunidad a través de su religión. El convertirse es casi un acto de traición. Esto es especialmente cierto en naciones islámicas donde la conversión al cristianismo acarrea ¡la pena de muerte!

Sin embargo, el pluralismo ya no es simplemente un problema misionero. Desde la segunda guerra mundial, una nueva situación demográfica surgió en América y en Europa. Alemania, Francia, Gran Bretaña, los Estados Unidos y otros países han experimentado cambios significativos en la población ya que inmigrantes de Asia y del medio oriente han entrado masivamente. El occidente ha tenido que adaptarse debido a que las nuevas culturas no están integrándose a nuestra tradición oriunda y cristiana. El pluralismo crea fricción y, en América, en medio del surgimiento de la tolerancia y lo 'políticamente correcto', han sido adoptadas legislaciones para aliviar la tensión.

A QUIÉN NOS ENFRENTAMOS

Hechos 24:4-5 ilustra el enfoque de Pablo de cómo presentar el evangelio a aquéllos de distinto trasfondo nacional. Félix fue uno de los procuradores de Judea (y por tanto el sucesor de Poncio Pilato), pero posiblemente había sido alguna vez esclavo. De raza era romano, pero su esposa Drusila era judía. Él tenía algún conocimiento del cristianismo, posiblemente a través de su esposa. La manera en que el apóstol presentó el evangelio a este gobernante pagano es interesante e instructiva.

Él le habló a Félix sobre 4 cosas:

1. fe en Cristo
2. justicia
3. dominio propio
4. el juicio venidero.

En este libro he hablado mucho acerca de tres de estos asuntos, y ahora nos acercamos al cuarto. Como cristianos ¿cómo hemos de abordar el tema del juicio en una sociedad pluralista y políticamente correcta?

Hoy en día el evangelismo o las misiones son una red que ha sido echada en muchas naciones, idiomas, religiones y formas de pensar. Cuando los primeros misioneros modernos trabajaron en África y la India, trataron de imponer costumbres occidentales a los convertidos, como si el estilo de vida occidental fuese el estilo de vida cristiano. Los primeros misioneros modernos fueron en su mayoría ingleses; Juan Wesley fue originariamente un misionero a los indios americanos. Construyeron iglesias británicas, enseñaron maneras de adoración británica, himnos británicos y proveyeron vestidos británicos a los nativos.

Los primeros misioneros se crearon grandes problemas al tratar de occidentalizar a sus convertidos. En esas tierras lejanas, el cristianismo llegó a ser identificado con el occidente, una religión foránea. En algunos lugares todavía se cree que es una importación extranjera. Por otro lado, Hudson Taylor creía que la fe en Cristo podía expresarse a sí misma en cualquier forma cultural: Cristo pertenece a todas las naciones. En China, la fe en Cristo estaba siendo presentada en un estilo británico, pero Hudson Taylor creía que eso era un error. Es por eso que adoptó las costumbres chinas a fin de alcanzar a los chinos. Fue un comienzo.

> Pablo le habló a Félix sobre cuatro cosas:
> 1. fe en Cristo,
> 2. justicia,
> 3. dominio propio y
> 4. el juicio venidero.

Los convertidos al evangelio no necesitan cambiar su cultura nacional, excepto donde haya culturas demoníacas basadas en la adoración de espíritus. La cultura cristiana china o la cultura cristiana india son tan legítimas como la cultura cristiana occi-dental. En cualquier caso, es un error pensar de la cultura oc-cidental como completamente cristiana. Por ejemplo, la más antigua práctica de la democracia fue antes del cristianismo, procedente de la antigua Grecia, no en la Biblia. Y nuestro extenso sistema de deuda y crédito en el occidente no es preci-samente cristiano, pero vivimos y servimos a Dios dentro de él.

Hoy en día el problema de espiritualidad está siendo abordado de varias maneras por personas de diferentes creencias y trasfondos. Por ejemplo, algunos tratan de reconciliarse -a sí mismos y sus creencias- con el evangelio, afirmando que el cristianismo no es único, sino que en esencia es lo mismo que todas las religiones; es sólo un asunto de una experiencia común. Están tratando de resolver qué es realmente esa experiencia común, la 'luz interna' que todos compartimos. Después de todo no es políticamente correcto afirmar que el cristianismo es único.

Otro método pluralista es buscar las mejores partes de todas las religiones y juntarlas – un enfoque que llamamos sincretismo. Otros miran a los místicos orientales para desarrollar su conciencia religiosa, adoptando ritos sobrenaturales. Sin credos, ni doctrinas, ni siquiera cultos – simplemente sentimientos de elevación.

En América, frecuentemente la religión no significa más que la costumbre que viene de sentarse en una iglesia, la sensación del lugar en sí, con su quietud, paz y misterio. La liturgia tiene como objetivo acrecentar este mismo efecto psicológico y muchas veces el sermón es un interludio de simples trivialidades.

En la Iglesia hay un movimiento en marcha para tener 'diálogos' con religiones foráneas. Se dice que en todas ellas hay luz. Esto me preocupa. No me importa el diálogo si eso quiere decir que le puedo hablar a alguien acerca de Jesús, y yo oiré las creencias de otras religiones. Pero a menudo la idea es interactuar e integrarse. ¿Cómo podemos adaptar el cristianismo y sus prácticas para que encaje con el budismo, islamismo o hinduismo? Eso es consentimiento, lo cual no sólo es inaceptable sino también impracticable. No se puede meter todas las religiones en un crisol y crear una aleación más fuerte; nunca funciona. Usted simplemente acabará con una bolsa llena de absurda basura religiosa sin sentido.

El cristianismo, sin embargo, es una religión dogmática. El evangelio hace afirmaciones inquebrantables que deben ser aceptadas. El cristianismo es histórico; son hechos. El evangelio evoca sentimientos, pero no puede ser reducido a sentimientos. Es la verdad, no importa lo que sienta la gente. Personas han muerto en la hoguera por la verdad, no por sentimientos. Debemos declarar osadamente la verdad y nunca transigir o suavizarla para proteger los sentimientos de algunos.

Sé que podemos encontrar pepitas de oro en la arena. Pueden encontrarse nociones del bien aun en falsas creencias (Romanos 1). Pero no todo lo que es bueno salva y no toda verdad es verdad que salva. Buenos consejos y sabias máximas no traerán perdón. Jesús no vino para darnos consejo, distribuir conocimiento o para enseñarnos a encontrar nuestra luz interior. Él vino para que tengamos vida y para que la tengamos en abundancia.

> No todo lo que es bueno salva y no toda verdad es verdad que salva.

Si todas las religiones son iguales, noso-
tros también podríamos quedarnos en casa. Entonces dejemos a los musulmanes ser musulmanes. Hindúes, brahmanes, budistas, animistas, espiritistas, brujas … dejémoslos que sigan como están. ¡Pero no todas las religiones son iguales! Millones son desairados, no son bendecidos por sus religiones. A menudo sus prácticas sagradas producen males y condiciones de atraso: la opresión de la mujer, la intolerancia, la venganza, el fanatismo y la esclavitud de clases inferiores, entre otras cosas. Por otro lado, el evangelio ¡es un poder liberador e inspirador! Dondequiera que es aceptado produce mejoras sociales de todo tipo, y respeto hacia el más indigno e insignificante. Recuerde las palabras del gran himno de Isaac Watt "Jesús reinará":

> Las bendiciones abundan dondequiera que Él reine,
> El prisionero salta para librarse de sus cadenas,
> El cansado encuentra descanso eterno,
> Y todos los necesitados son bendecidos.

Hay millones aguardando y con la esperanza de algo más, algo mejor que sensaciones agradables. Después de 30 años entre gente no cristiana, sé que las almas de esta tierra anhelan algo que se halla sólo en Jesucristo. Ellos quieren una realidad superior, algo substancial; algo más que pompa, ceremonias, ritos, oraciones y símbolos. Ellos quieren una fe que será una roca en la tormenta.

La gente quiere saber que hay justicia en el mundo; yo predico a Cristo, el Juez de todos. Ellos quieren un poder para vencer la maldad en sus propios corazones; yo predico que Jesús salva. Ellos quieren el perdón de pecados; yo predico que a través de este hombre, Cristo Jesús, *"se os anuncia perdón de pecados"* (Hechos 13:38). Ellos quieren experimentar a Dios; yo predico el bautismo del Espíritu Santo que llena su mente, cuerpo y espíritu. Ellos quieren ayuda con sus luchas diarias, no una religión que imponga más obligaciones; yo predico de Jesús, a quien le pueden entregar sus vidas, quien se hará responsable de su pasado, presente y futuro. ¿Quién más puede hacer todo esto? Jesús verdaderamente es el único Salvador. Él no tiene rival, vivo o muerto. Cristo no pone normas para comer, lavarse u orar. Él cambia nuestros instintos más bajos. Su sabiduría es implantada en nosotros como una ley de la naturaleza: nuestra nueva naturaleza en Cristo. Somos nacidos de nuevo; tenemos genes divinos. Nuestro ADN, el espiral de doble hélice codificado en nuestros genes, guía el crecimiento y las características de nuestros cuerpos físicos. El ADN es como una grabadora, que instruye automáticamente a cada célula viviente lo que debe hacer. El Espíritu de Dios actúa como nuestro ADN espiritual, desarrollando y guiando nuestro crecimiento en Cristo.

PREDICANDO EL EVANGELIO EN UN MUNDO PLURALISTA

Los apóstoles predicaron juicio. En verdad, éste no era un tema acerca del cual los paganos pensasen mucho. No obstante, era la verdad y los apóstoles habían sido enviados a predicar la verdad. En los últimos años he predicado a cientos de miles de musulmanes e hindúes. No me hago ninguna complicación cuando predico el evangelio completo. Con mucho gusto predico de Jesús, la justicia, templanza y el juicio venidero.

Este evangelio se enciende en el corazón de la gente como un súbito amanecer después de una noche oscura y sombría. Jesús es una roca de seguridad para un mundo que va a la deriva en un mar de incertidumbre. Dios no nos ha dejado tratando de aferrarnos a sentimientos vagos, o asirnos a vestigios de esperanza pasajeros. Nuestro mensaje cristiano para un mundo confundido es verdadero, consistente y racional.

No critico otras creencias. No ofendo intencionalmente a los seguidores de otras religiones. No discuto acerca de religión o entro en discusiones sobre qué sistema religioso es correcto. Simplemente presento el glorioso evangelio de Cristo de una forma clara. Si mis oidores creen que sus dioses hindúes o Alá o Buda pueden ofrecerles perdón, darles poder sobre el pecado, revestirlos de justicia y darles esperanza cuando se vaya al juicio, entonces: está bien. Déjenlos que sigan como antes. Pero sé y ellos saben que no hay nada de eso en sus creencias y costumbres. ¡Sólo Jesús salva! No hay nadie más en ese asunto.

Si es ética lo que la gente quiere, la Palabra de Dios es completa. Nuestra ética cristiana viene de la Biblia. No tenemos necesidad de ir al Corán o a los mitos hindúes por dirección. *"Todas las cosas que pertenecen a la vida y a la piedad nos han sido dadas por su divino poder, mediante el conocimiento de* [Jesucristo]*"* (2 Pedro 1:3).

Todas las religiones tienen alguna teoría de cómo se conseguirá la justicia final. Es una doctrina básica. Es por eso que Jesús habló mucho acerca de ese tema. Jesús dijo, *"El Padre a nadie juzga, sino que todo el juicio dio al Hijo"* (Juan 5:22). El juicio está en las manos de Jesús, y qué manos son; con cicatriz del hierro que las penetró, son manos de misericordia. Aquél que nos ama es el Juez. ¡Qué alivio! El nombre de Jesús alegra los corazones en todo el mundo.

Note que los apóstoles no amenazaron a la gente con el juicio; era parte de las buenas nuevas. No salieron a sembrar miedo. Los apóstoles no tenían necesidad de advertir a la gente que sin Cristo perecerían. La gente sabía muy bien que estaban pereciendo. Ya estaban llenos de miedo por lo que les ocurriría, especialmente después de la muerte. Muchos creían que al morir descenderían a un infierno oscuro y espantoso guardado por un terrible perro de tres cabezas llamado Cerbero. Los apóstoles descubrieron que a la mención de muerte y juicio, el mundo pagano se doblegaba, atemorizado. Pero estos hombres de Dios vinieron trayendo el mensaje de la Cruz y Resurrección, de justicia y misericordia en el trono de gracia divina. ¡No hay nada de malo en ese mensaje glorioso! Es la palabra para toda la gente de todas las creencias, de todas las culturas, de todos los tiempos, de todas las razas. No necesitamos hacer concesiones con tales noticias maravillosas. Declaramos la verdad, los hechos. Y los hechos son cosas rígidas que todos en nuestra sociedad pluralista debemos enfrentar.

> Jesús es una roca de seguridad para un mundo que va a la deriva en un mar de incertidumbre.

Por cierto, los apóstoles predicaron juicio y no infierno. Sus epístolas y sermones en los Hechos mayormente no hacen mención del tema, pero son contundentes con el concepto de juicio. La palabra 'infierno' es mencionada sólo un par de veces en el Nuevo Testamento, fuera de los evangelios y el libro de Apocalipsis. El amenazar a la gente con el infierno no causa ningún efecto. La gente hoy en día se ríe de tal concepto pues ha sido caricaturizado tanto con llamas, azufre, cavernas y demonios con colas ahorquilladas.

En el pasado, los predicadores han descrito agonías en un infierno que Dios nunca diseñó, ni siquiera para lo peor de su creación. El cuadro ha sido exagerado. La iglesia medieval hizo hincapié en el infierno hasta el punto de la paranoia. Un escritor medieval dijo que los niños que no habían sido bautizados sufrirían en fuegos que serían peores y peores cada siglo. ¿Quién oiría tales cosas en estos tiempos?

Para predicar sobre el infierno (o cualquier otra cosa) dos cosas son necesarias. Primero, debemos dar una explicación adecuada sobre lo que la Biblia dice y segundo, debemos predicar como lo hizo Jesús ... si podemos. Su voz, así como todo lo que hizo, fue una expresión de profunda angustia e infinito amor por toda Su creación. No era ningún placer para Él advertir a la gente sobre el infierno. Él vino a hacer todo lo que pudo para evitar que la gente vaya allí, y no era de ningún agrado ver gente designada para ese lugar. Con una voz quebrantada Él expresó una profunda aflicción.

> Los apóstoles no tenían necesidad de advertir a la gente que sin Cristo perecerían. La gente lo sabía muy bien que estaban pereciendo.

Si hemos de ver resultados apostólicos, debemos tener prédicas apostólicas. En las regiones tenebrosas donde tan frecuentemente predico, cualquier otro tipo de prédica sería una traición escandalosa a lo que es el evangelio, y una traición a los que me oyen. Mi evangelio es el evangelio de Jesús, Pablo, Pedro y compañía. No importa con qué clase de creencias les han lavado el cerebro a sus oidores, el evangelio puede ser aplicado. El evangelio trata con los asuntos fundamentales en la vida de todos. El evangelio es el bisturí del cirujano que corta el cáncer del pecado. La prédica debe tener ese filo, que es *"más cortante que toda espada de dos filos"* (Hebreos 4:12), y trata honesta y efectivamente con el pecado, juicio, justicia, la salvación de la Cruz y el poder de Dios.

Estas cosas no están abiertas al debate. Están ahí para ser proclamadas.

CÓMO JESÚS RELACIONÓ SU MENSAJE
CON LOS ÚLTIMOS TIEMPOS

El juicio fue una parte importante de la enseñanza de Jesús; esto formalizó todo lo que Él tenía que decir. Algunas veces hablaba del juicio explícitamente, pero siempre estaba presente implícitamente. La eternidad está siempre a la vista en Su enseñanza. Los últimos tiempos deberían ser parte del paquete del evangelio. Lo fueron cuando Cristo predicaba, y es principalmente de Él que recibimos un conocimiento directo de los últimos días.

Es asombroso ver cómo el juicio estaba infiltrado en todo aquello de lo que Jesús hablaba. Él no vino para que todos tuviesen un buen tiempo de fiesta con el Mesías. Él habló francamente acerca de las recompensas y del castigo. Creo que la Iglesia en general ha dejado de enfatizar o mencionar el juicio hoy en día. Pero es una parte esencial de la enseñanza de Cristo. Él tuvo gran compasión pero nunca disfrazó la verdad. Es por compasión que Jesús nos mostró claramente que el juicio vendrá.

La necesaria realidad del juicio fue lo que trajo a Jesús a este planeta y lo llevó a la cruz. De todo el conocimiento humano, éste es el hecho supremo. Sintió tal compasión por las multitudes que alimentó a 5.000 de ellos, y luego les dijo cuál sería su destino a menos que creyesen en Él. Debemos pensar en algo más que en el sustento, y debemos confiar en que Él nos salva. Nadie más lo hará.

JESÚS Y EL JUICIO

Desde entonces comenzó Jesús a predicar, y a decir: Arrepentíos, porque el reino de los cielos se ha acercado (Mateo 4:17).

Esto es lo primero que oímos del ministerio del Señor. Sin embargo, Juan el Bautista predicó el mismo mensaje antes que Jesús (Mateo 3:2). Incluso se ha dicho que Jesús empezó como un discípulo de Juan, aunque yo no veo ninguna evidencia de ello en las escrituras.

Sin embargo, el mensaje de Juan estaba lleno de juicio, así como lo estaba el mensaje de Jesús. Juan usó expresiones como *"huir de la ira venidera"* (Mateo 3:7) y *"todo árbol que no da buen fruto es cortado y echado al fuego"* (Mateo 3:10), y *"Su aventador está en su mano, y limpiará su era; y recogerá su trigo en el granero, y quemará la paja en fuego que nunca se apagará"* (Mateo 3:12).

Jesús siguió esa línea de advertencias a través de su ministerio y usó similares maneras de hablar. Tanto Juan el Bautista como Jesús llamaron a la gente al arrepentimiento; sin embargo, Jesús fue capaz de añadir un nuevo elemento decisivo: *"y creed en el evangelio"* (Marcos 1:15). No obstante, Jesús nunca amenazó; Él simplemente describió lo que va a ocurrir, lo inevitable. No hay escapatoria, excepto en Cristo. El rechazar a Cristo y hacer obras de maldad, coloca inmediatamente a una persona bajo la ira de Dios. El juicio es un asunto de causa y efecto. Algún día, el trabajo de toda nuestra vida será juzgado.

> Si hemos de ver resultados apostólicos, debemos tener predicaciones apostólicas.

Nuestros hechos permanecerán en pie o se derrumbarán; serán barridos en una inundación final o permanecerá a nuestro favor para siempre. La Biblia ve más allá de las preocupaciones diarias y tensiones de este mundo para mostrarnos una realidad superior: es la eternidad lo que importa.

Cuando Cristo nació, la eternidad entró a los confines del tiempo y espacio. El cielo tiene asuntos pendientes con la tierra, y los juicios de Dios ya han empezado a ponerse en marcha. Las escrituras revelan la naturaleza de las fuerzas que dan forma al destino humano. Nuestro mundo temporal tendrá que tomar en cuenta lo eterno. El Sermón del Monte es una exhortación a vivir todos los días a la luz de las cosas que han de venir.

Esa verdad debería hacer de este mundo un lugar mejor. El conocimiento del juicio futuro traerá justicia ahora, haciendo que la gente esté ansiosa por hacer lo que saben que agradaría al Señor. Cuando es predicado, el futuro juicio de Dios tiene efectos tangibles en el presente.

El evangelista D. L. Moody una vez predicó a unos trabajadores que estaban en huelga. Fue criticado por ello. Hubo quienes afirmaban que Moody se había puesto del lado de los jefes, que estaba alentando a los trabajadores a aceptar bajos salarios porque sus verdaderos salarios les serían entregados en el cielo más adelante. Los críticos de Moody distorsionaron el mensaje del evangelio. Si vivimos bajo la luz del hecho de que estaremos frente al Juez justo, lucharemos por lo que está bien, y no estimularíamos a la gente a sentarse en silencio ante la injusticia. El evangelio levanta a las clases más bajas y les da dignidad. Cambia naciones, siempre para mejor. ¡El evangelio es la fuerza elevadora más poderosa jamás conocida!

JESÚS Y LA SALVACIÓN

Jesús habló de la salvación, pero también dejó en claro aquello de lo que Dios nos salva. Es inútil predicar que Jesús salva si la gente no está en peligro, o si no saben que están en peligro. El hecho de que la gente está en peligro es una verdad que debe ser parte de nuestra prédica del evangelio. La fe en Cristo nos rescatará del pecado, el juicio y la perdición eterna. Cuando compartimos el evangelio, estamos hablando nada menos que del asunto del destino humano.

El evangelio de Juan, por ejemplo, documenta dos elementos contrastantes de la enseñanza de Cristo: la promesa y la advertencia. En los pasajes siguientes, Jesús expone sobre su poder para salvar y lo que pasará si no somos salvos.

El que cree en el Hijo tiene vida eterna; pero el que rehúsa creer en el Hijo no verá la vida, sino que la ira de Dios está sobre él (Juan 3:36).

No os maravilléis de esto; porque vendrá la hora cuando todos los que están en los sepulcros oirán su voz; y los que hicieron lo bueno, saldrán a resurrección de vida; mas los que hicieron lo malo, a resurrección de condenación (Juan 5:28-29).

El juicio nunca estuvo lejos de la mente de Cristo. En el segundo de estos dos pasajes, Jesús acababa de sanar a un hombre que había sido inválido 38 años. Milagrosamente, este hombre pudo caminar por primera vez en cuatro décadas, y sin embargo esto llevó a que Jesús hablase de la gente levantándose de entre los muertos para ¡hacer frente a la condenación! Tal manera de hablar parece fuera de lugar, pero todo lo que enseñaba estaba relacionado con el juicio venidero.

Por ejemplo, cuando oyó que una pared había caído y matado a 18 personas y que los soldados de Pilato habían matado a un número de galileos, Jesús expresó muy poco en la forma de una condolencia. Por el contrario, Él remarcó que: *"si no os arrepentís, todos pereceréis igualmente"* (Lucas 13:3,5). Nuestra reacción sería expresar lo triste de la situación y prometer hacer una oración por los deudos. Pero para Cristo, la tragedia real era el pecado y la impiedad. Un destino mucho peor se avecinaba para los que no se arrepienten. Jesús aprovechó la oportunidad cuando la gente todavía estaba sorprendida, para hablarles de la mayor tragedia de todas: la gente que muere en sus pecados.

EL JUICIO EN EL EVANGELISMO APOSTÓLICO

Porque todos compareceremos ante el tribunal de Cristo
(Romanos 14:10).

Hay muchas poderosas expresiones de juicio a lo largo de todo el Nuevo Testamento. Apocalipsis 20:11 habla del gran trono blanco del juicio. Hebreos 9:27 dice que *"está establecido para los hombres que mueran una sola vez, y después de esto, el juicio"*. Cuando Pablo les habló a Félix y a Drusila, él habló sobre *"la justicia, el dominio propio y el juicio venidero"* (Hechos 24:25). ¡Una prédica bastante osada y franca a una congregación de sólo dos personas! No había ninguna duda de a quién Pablo se estaba refiriendo.

Todos los escritores del Nuevo Testamento declararon que la paga del pecado es cruel. Puede parecer que algunas personas malvadas lo pasen bien, pero nadie se sale con la suya al final. Moriremos en nuestros pecados a menos que nos arrepintamos y nos entreguemos a la misericordia de Cristo. El pecado tiene que ser pagado. El pecado lleva al juicio; estas dos cosas no pueden ser separadas. Es ahí cuando Cristo interviene y paga nuestra deuda, sufriendo las consecuencias en lugar nuestro.

Por lo general, las escrituras no declaran directamente que los impíos hayan sido destinados a perecer. Más frecuentemente encontramos declaraciones claras de que aquéllos que confían en Cristo no perecerán. En estos casos está simplemente implícito que la gente que no confía en Cristo perecerá. Hay pasajes, por supuesto, que claramente dicen que los injustos y los incrédulos están bajo condenación, pero muchas veces sólo podemos deducirlo. ¿Por qué es eso?

> Sintió tal compasión por las multitudes que alimentó a 5,000 de ellos, y luego les dijo cual sería su destino a menos que creyesen en El

La razón es que Jesucristo vino a salvarnos de la destrucción. Si rechazamos a Cristo, hemos rechazado el remedio, nuestra salida de escape. Cristo vino para ayudarnos, y si le rechazamos, simplemente recibiremos lo que estaba viniendo sobre nosotros.

La gente siempre ha sabido que ha de perecer. Jesús y los apóstoles no tuvieron necesidad de decirlo, tampoco nosotros. Pero el evangelio ofrece esperanza; es la respuesta al temor universal a la muerte y a la falta de esperanza.

Por todo el mundo romano en el tiempo de Cristo, la muerte era conocida como el rey de los terrores. En general, se pensaba en la muerte como una sub-existencia en las sombras del infierno. La personalidad perecía, incluso hombres fuertes y guerreros existían como meros espectros – débiles, exánimes, farfullando y rechinando. Jesús dijo: ese es el destino que nunca alcanzaría a aquéllos que confiaban en Él. Por el contrario, los suyos tendrían vida eterna – firme realidad eterna.

En el tiempo de Cristo, la mayoría en Israel creía en la vida después de la muerte. La palabra griega 'Hades' se refería al lugar de los muertos y a su estado en general; la gente que había muerto existía en algún lugar. Mientras tanto, la gente se había convencido de que también existían diferencias en aquel lugar más allá de la tumba y hablaban acerca del 'seno de Abraham' como un lugar especial, agradable (una especie de 'casa de campo') destinado a aquéllos a quienes Dios había mirado con favor (Lucas 16:22). En cuanto al otro, el lado desagradable de la vida después de la muerte, los maestros de Israel, los escribas y rabinos, decían que si la gente no conocía la ley era maldita (Juan 7:49). Como podemos ver, Israel tenía complicadas perspectivas acerca de la muerte, la vida humana y la vida después de la muerte; estas perspectivas eran diversas y tenían poco que ver con la certeza o la seguridad.

Fuera de Israel, la idea aceptada era "Come, bebe y diviértete que mañana moriremos". Muchos ni siquiera creían que tenían alma. Por otro lado, los egipcios tenían una obsesión morbosa por la muerte, y gastaban grandes fortunas tratando de asegurarse que de una u otra manera ellos prosperarían en el más allá.

Se nos dice en la Biblia que el apóstol Pablo debatió con los estoicos, para quienes la muerte significaba prácticamente la aniquilación (Hechos 17:18). La creencia estoica era que al morir, el espíritu del hombre volvía al gran océano de espíritus, como una gota de lluvia que cae al mar. Ellos consideraban el hablar de la resurrección como 'charlatanería'.

> Cuando Cristo nació, la eternidad entró a los confines del tiempo y espacio.

Hoy en día los budistas tienen expectativas similares. Otros creen en la reencarnación: el alma que retorna, quizás miles de veces, hasta que finalmente el alma se hunde en el océano de la in-existencia. Es liberada de la angustia de la existencia al dejar de existir.

En los Diálogos de Platón, Sócrates pasa sus últimas horas tratando de razonar qué es lo que le pasará cuando la muerte venga. Dice, "Nada le puede hacer daño a un hombre bueno, ni en la vida ni en la muerte". Sin embargo, sus últimas palabras muestran un patético apego a las supersticiones de su día. Sus últimas palabras: "Critón, deberíamos ofrecer un gallo a Asclepíades. Encárgate de ello, y no lo olvides".

Los cristianos piensan en el alma como "ellos mismos" en el más completo sentido de la personalidad (vea, por ejemplo, Mateo 16:26; Lucas 9:25). Los antiguos griegos no tenían la idea del alma como la esencia de su personalidad, y ciertamente no de su vida después de la muerte. Para ellos el alma era simplemente un fragmento fantasmal. El morir era convertirse en una cosa, no en una persona. A pesar de las grandes contribuciones de sus filósofos (incluidas sus ideas sobre el alma), lo que les faltaba, al igual que a todos los paganos, era la sencilla revelación vivificante del Dios vivo que hizo al hombre como una maravillosa unidad de espíritu, alma y cuerpo. Después de la caída, esta unidad fue restaurada a través de la obra redentora de Jesucristo, evidenciada por su resurrección y por su envío del Espíritu Santo (vea, por ejemplo, Génesis 2:7; 1 Corintios 15:45; Juan 20:20,22; 1 Tesalonicenses 5:23).

La promesa de Cristo es que nunca pereceremos. La salvación es la certeza de vida con Cristo después de la muerte; y la resurrección, una perspectiva de la vida y la muerte totalmente nueva para el mundo antiguo. Los salvos están en las manos de un poderoso Salvador que venció a la muerte. Esto quiere decir que hay Alguien a la puerta de la muerte que es capaz de cuidar de nosotros. ¡Qué poderosa Salvación! ¡Qué poderoso Salvador, una luz en la oscuridad y una roca de refugio en medio de la incertidumbre de la vida!

En el occidente, la penumbra de la incertidumbre ensombrece a millones, incluidos los ricos, los prominentes y los poderosos. Admiten estar turbados y temerosos frente al futuro. Entretanto, niños nacidos en América, después de la II Guerra Mundial, envejecen y se van dando cuenta de que están pereciendo, *"como aguas derramadas por tierra, que no pueden volver a recogerse"* (2 Samuel 14:14). Mientras padecen la arremetida de enfermedades y debilidades, se van sintiendo desvanecer, como la llama de una vela que se sume en el olvido. Si el evangelio significa algo, es la cura para esta horrible perspectiva.

Nuestro Salvador Jesucristo … quitó la muerte y sacó a luz la vida y la inmortalidad por el evangelio (2 Timoteo 1:10).

El evangelio es salvación y esperanza. No sé de ninguna religión o filosofía en el mundo que ofrezca tal esperanza, y que además ésta sea convincente para el alma humana.

Cristo transformó la muerte. Para aquéllos que creen, la muerte ya no es un castigo. Por el contrario, *"Bienaventurados los muertos que mueren en el Señor"* (Apocalipsis 14:13). *"Estimada es a los ojos de Jehová la muerte de sus santos"* (Salmos 116:15). La muerte ya no está dejada a la especulación. No vamos a morir como un árbol que se pudre en la tierra, derribado por el viento y los rayos. Somos salvos. ¡Vivimos en Él! ¡Aleluya!

Mientras avanzamos en el tercer milenio, el conocimiento humano ha avanzado mucho más de lo que podríamos haber predicho tan sólo hace 200 años. La tecnología hace que lo 'imposible' ocurra en todas las casas todo el tiempo. Pero los mismos antiguos problemas permanecen con nosotros: la maldad, el miedo, el juicio y la enfermedad.

En los últimos dos siglos, miles de nuevas religiones, pequeñas y grandes, han sido fundadas; pero ninguna de ellas tiene una respuesta al problema del pecado y del temor, y no tienen ni idea acerca del justo juicio de un Dios santo. Diez mil nuevas ideas han sido presentadas para explicar el universo, pero ninguna de ellas puede resolver la grave situación de la humanidad: salvarnos de nosotros mismos.

Y sin embargo la solución… o más bien, Aquél que tiene la solución está vivo y muy ocupado trabajando precisamente en esa tarea dondequiera que le permitimos entrar: *"Yo soy el primero y el último; y el que vivo, y estuve muerto; mas he aquí que vivo por los siglos de los siglos, amén. Y tengo las llaves de la muerte y del Hades"* (Apocalipsis 1:17-18).

El evangelio no falla. Es la revelación de Dios en su Hijo, Jesucristo. Cuando le buscamos, nunca nos decepciona. Se mueve a través de los siglos como el único Salvador y sus pies están firmemente establecidos en el nuevo milenio.

Pablo quiso predicar en Roma. Dijo que no se avergonzaría del evangelio, incluso en el centro del imperio pagano. Yo también predico, y no me avergonzaré del evangelio, pues aún es el poder de Dios para salvación de todo aquél que cree.

UNA ÚLTIMA PALABRA

Un día se cantará el último himno, se predicará el último mensaje y se ofrecerá la última oración. El juicio vendrá. Los santos de Dios, aquellas ovejas perdidas que fueron encontradas por el Salvador y Señor Jesucristo y quienes le siguieron a casa partirán hacia su recompensa celestial. ¡Qué día que será aquél!

Será una oportunidad incomparable para ver al Maestro cara a cara, para apreciar las hermosuras del cielo, para regocijarse en comunión con la familia de Dios y para aprender más acerca de nuestro destino eterno. Todo será perfecto, tan oportuno, la esperanza de los tiempos cumplida. Pero entonces será muy tarde para evangelizar; no habrá ovejas perdidas en el cielo.

He aquí ahora el tiempo aceptable; he aquí ahora el día de salvación (2 Corintios 6:2).

∽

Otros libros y folletos
por Reinhard Bonnke

El bautismo del Espíritu Santo

La más grande de las certezas fluye de la experiencia personal con el poder de Dios. Este folleto ofrece al lector explicaciones claras extraídas de la Biblia. Además, prepara nuestra fe para que podamos recibir el bautismo del Espíritu Santo, respondiendo nuestras interrogantes más comunes, y nos reta a pedir y a recibir.

- Aproximadamente 28 páginas
- ISBN 978-3-935057-35-6

Cómo tener seguridad de la salvación

La primera crisis que enfrentan los nuevos convertidos, cristianos, es saber que son salvos; y a su vez constituye el vínculo decisivo entre la salvación y la disciplina. A través de ilustraciones gráficas extraídas de la Biblia, éste mensaje sienta las bases para el libro "Ahora que eres salvo", que se les entrega a los nuevos cristianos en las campañas de CfaN (Cristo para todas las Naciones).

- Aproximadamente 26 páginas
- ISBN 3-935057-53-9

Lo primero ... la intercesión

En este folleto Reinhard Bonnke asegura que el evangelismo sin intercesión, es como un explosivo sin detonador. La oración y la intercesión echan fuera al enemigo, destruye sus fronteras y nos permiten recuperar el terreno perdido. Los cristianos tenemos un reino qué reclamar y qué ganar para Dios. En este libro se explica de manera detallada y concisa la labor que desempeña la intercesión, e insta a los cristianos a hacer uso de ella.

- Aproximadamente 28 páginas
- ISBN 978-3-935057-54-7

El secreto del poder de la sangre de Jesús

La sangre de Jesús es única. De la misma manera que fue creada por el espíritu, también tiene un poder espiritual. De joven, Reinhard Bonnke, se prometió a sí mismo que dondequiera que fuere predicaría del poder de la sangre de Jesús. Este folleto contiene un poderoso mensaje del Evangelio y nos muestra como la sangre de Jesús tiene la unción para cambiar nuestras vidas.

- Aproximadamente 26 páginas
- ISBN 978-3-935057-55-4

Cómo recibir un milagro de Dios

Puede que nuestro mayor obstáculo para creer en los milagros se derive de nuestras propia incapacidad para comprender la dinámica de Dios. La dinámica de lo increíble, lo sorprendente, lo milagroso está en La Palabra de Dios, la fe y la obediencia. Cuando éstas tres están en su lugar, los milagros ocurren. Este folleto nos presenta una perspectiva reveladora de la naturaleza, de Dios para hacer milagros, y nos acerca a ella.

- Aproximadamente 24 páginas
- ISBN 978-3-935057-56-1

El Señor, tu sanador

Dios se complace en sanar, de hecho aún en nuestros días, lo sigue haciendo. En las campañas de CfaN (Cristo para todas las Naciones) vemos miles de personas recibir sanidad y permanecer sanos. A pesar de ser fácil de comprender, este folleto ofrece al lector respuestas acertadas en cuanto a la sanidad, a la vez que desarrolla nuestra fe. Y nos muestra que no debemos buscar a nuestros líderes, o a Reinhard Bonnke para que nos sane, sino a Jesús, porque es el único que puede hacerlo.

- Aproximadamente 28 páginas
- ISBN 978-3-935057-52-3

El romance del amor redentor

Cuando Dios entregó a su hijo Jesús, para que muriera por nosotros, le costó todo. El regalo de la redención es la máxima expresión del amor de Dios. La creación fue fácil, pero por nuestra redención, Dios se dio a sí mismo. Basado en la Escrituras, este folleto revela el plan redentor de Dios: único y perfecto.

- Aproximadamente 30 páginas
- ISBN 978-3-935057-58-5

Evangelismo con Fuego
Encendiendo la pasión por los perdidos

"Este libro no solamente es poderoso, sino que ¡también es sus-
tancioso! Volverá a encender los rincones de su alma y la volverá
receptiva a lo que más le interesa a Dios – la salvación y liberación
eterna de las almas. Las palabras de Bonnke lo harán arrodillarse
ante el altar de Dios para ser bautizado una vez más con el fuego
de Jesús".

Jack W. Hayford, D. Litt.

- 320 páginas
- Sección de 16 páginas de fotografías a colores
- ISBN 978-3-935057-21-9

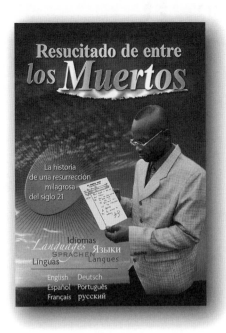

Resucitado de entre los Muertos (DVD)

Esta es la increíble historia del Pastor Daniel Ekechukwu, quien resultó herido de muerte à causa de un terrible accidente automovilístico. Durante su dramático viaje al hospital, perdió toda señal vital y se le declaró muerto. Lo que sigue a continuación es una historia que usted nunca va a olvidar.

• ISBN 978-3-937180-08-3

PRODUCTIONS
Evangelistic Resources

Para más detalles sobre los productos del ministerio de
Reinhard Bonnke, por favor consulte nuestra página web:

www-e-r-productions.com

Para más información sobre otros **productos en otros idiomas** como
en alemán, portugués, francés ... por favor contáctenos en nuestra oficina más cercana:

North America & Canadá	**Europe**	**Asia & Australia**
E-R Productions LLC	E-R Productions GmbH	E-R Productions Asia Pte Ltd.
P.O. Box 593647	Postfach 60 05 95	451 Joo Chiat Road
Orlando, Florida 32859	60335 Frankfurt am Main	#03-05 Breezeway in Katong
U.S.A.	Alemania	Singapore 427664

Latin America	**Southern Africa**
E-R Productions	E-R Productions RSA
Caixa Postal 10360	c/o Revival Tape and
Curitiba – PR	Book Centre
80730-970	P. O. Box 50015
Brasil	West Beach, 7449
	Sudáfrica

Para recibir más detalles sobre
el ministerio de CfaN, escribe a:

CfaN CHRIST FOR ALL NATIONS

North America	**Canadá**	**Asia**
Christ for all Nations	Christ for all Nations	Christ for all Nations
P.O. Box 590588	P.O. Box 25057	Asia/Pacific
Orlando, Florida 32859-0588	London, Ontario	Singapore Post Centre
U.S.A.	N6C 6A8	Post Office
		P.O. Box 418
Latin America	**Continental Europe**	Singapore 914014
Christ for all Nations	Christus für alle Nationen	
Caixa Postal 10360	Postfach 60 05 95	**Australia**
Curibita – PR	60335 Frankfurt am Main	Christ for all Nations
80.730-970	Alemania	Locked Bag 50
Brasil		Burleigh Town
	United Kingdom	Queensland 4220
Southern Africa	Christ for all Nations	Australia
Christ for all Nations	250 Coombs Road	
P O Box 50015	Halesowen	Por favor consulte
West Beach, 7449	West Midlands, B62 8AA	nuestra página web:
Sudáfrica	R.U.	**www.cfan.org**